21世纪科学教育书系

科学教育改革的蓝本

BLUEPRINTS FOR REFORM

SCIENCE, MATHEMATICS, AND TECHNOLOGY EDUCATION

美国科学促进协会　著
中国科学技术协会　译

“2061计划”丛书

AMERICAN ASSOCIATION FOR THE ADVANCEMENT OF SCIENCE
PROJECT 2061

科学普及出版社
·北京·

《21世纪科学教育书系》指导委员会

主　任　张玉台
副主任　胡启恒　徐善衍
委　员　（按姓氏笔画排序）
王大中　母国光　朱清时　许智宏　杨福家
张玉台　陈佳洱　胡启恒　徐善衍

《21世纪科学教育书系》研究策划课题组

组　长　李　士
副组长　颜　实
成　员　（按姓氏笔画排序）
王铁麟　许　英　许　慧　李　士　杨　艳
肖　叶　单　亭　胡　萍　徐扬科　桂民荣
陶　翔　黄爱群　颜　实

《“2061计划”丛书》编辑、翻译小组

组　长　李　士　程东红
副组长　颜　实　李秀亭
成　员　（按姓氏笔画排序）
王晓平　朱守信　许永康　李　士　李秀亭
闵　实　张正则　张晓林　陈莉萍　林　婉
周满生　单　亭　胡　萍　夏葵荪　顾维伦
徐扬科　程东红　颜　实

责任编辑　胡　萍
装帧设计　吕兆樑
责任校对　赵丽英
责任印制　李春利　王　沛

科学教育改革的蓝本

BLUEPRINTS FOR REFORM

SCIENCE, MATHEMATICS, AND TECHNOLOGY EDUCATION

朱守信　许永康　顾维伦　张正则　译

李　士　校订

图书在版编目（CIP）数据

科学教育改革的蓝本／[美]美国科学促进协会著；中国科学技术协会译．—北京：科学普及出版社，2001.5
（21世纪科学教育书系．"2061计划"丛书）
ISBN 7-110-05086-6

Ⅰ.科… Ⅱ.①美…②中… Ⅲ.科学知识—教育计划—美国 Ⅳ.G571.20

中国版本图书馆CIP数据核字(2001)第029162号

Copyright © 1998 by American Association for the Advancement of Science

This translation of Blueprints for Reform: Science, Mathematics, and Technology Education, originally published in English in 1998, is published by arrangement with Oxford University Press Inc.

著作权合同登记号 北京市版权局图字：01-2000-3107

本书中文版权由牛津大学出版社授权科学普及出版社，未经出版者许可不得以任何方式抄袭、复制或节录任何部分

版权所有 侵权必究

科学普及出版社出版
北京海淀区中关村南大街16号 邮政编码：100081
电话：62179148 62173865
新华书店北京发行所发行 各地新华书店经售
北京利丰雅高长城印刷有限公司制作
中国科学院印刷厂印刷
*
开本：850毫米×1168毫米 1/32 印张：11.25 字数：355千字
2001年5月第1版 2002年10月第2次印刷
印数：5001—10000册 定价：29.00元

（凡购买本社的图书，如有缺页、倒页、脱页者，本社发行部负责调换）

序

人类经过几千年漫长的农业经济时代，由于诞生了近代科学，导致了产业革命的兴起，人类历史才真正跨入工业经济时代。随着21世纪的到来，人类社会由工业经济迈向知识经济的步伐不断加快，科技和教育在经济和社会发展中的地位正日益增强。在人类文明历史的长河中，科学技术将发挥关键性的作用。在这样一个科学技术快速发展的时代，党中央和国务院提出了“科教兴国”的伟大战略，这对于实现我国经济腾飞，实现中华民族的伟大复兴，造福子孙后代意义重大。

可以预计，21世纪科学技术将更加迅猛发展，未来的国际竞争，焦点是科学技术，最激烈的应是人才的竞争。这种竞争的态势要求人才培养和教育体制必须及时跟进与调整，以适应21世纪国际竞争的需要。在当今时代，科学在基础教育中比重正逐渐加大，西方尤其是美国的教育比较宽松，聪明的孩子如果给他机会能很快地成长。而亚洲特别是我国的教育重视基础，培养的学生基础知识扎实，但对学生约束太多，不利于学生的个性发展。所以，东西方教育的取长补短，相互交融，非常重要。为此，及时研究、借鉴发达国家人才培养和教育的经验十分重要。

“2061计划”是美国科学促进协会联合美国科学院、联邦教育部等12个机构，于1985年启动的一项面向21世纪人才培养、致力于中小学课程改革的跨世纪计划，它代表着未来美国基础教育课程和教学改革的趋势。“2061计划”在美国和西方发达国家的未来发展战略中具有极高的影响和地位，该计划认为：美国的下一代必将面临巨大的变革，而科学、数学和技术位居变革的核心，它们导致变革，塑造变革，并且对变革做出反应，它们对今日的儿童适应明日的世界十分重要。“2061计划”还提出了未来儿童和青少年从小学到高中应掌握的科学、数学和技术领域的基础知识的框架，包括主要学科的基本内容、基本概念、基本技能，学科间的有机联系，以及掌握这些内容、概念和联系的基本态度、方法和手段。由于1985年恰逢哈雷彗星临近地球，改革计划又是为了使美国当今的儿童——下世纪的主人，能适应2061年哈雷彗星再次临近地球的那个时期科学技术和社会生活的急剧变化，故取名为“2061计划”。所以，在我国目前开展素质教育的探索和改革中，借鉴美国“2061计划”具有一定的现实意义。

最近，科学普及出版社与美国科学促进协会和牛津大学出版社取得联系，购买了有关“2061计划”全部出版物的版权。目前即将出版的“2061计划”系列著作包括:《面向全体美国人的科学》、《科学素养的基准》、《科学教育改革的蓝本》、《科学素养的导航图》、《科学素养的设计》、《科学素养的资源》（3卷，包括专业的发展、课程教材和评估）等。我相信，“2061计划”系列著作的翻译出版，对推动我国素质教育的探索和改革、提高全民科技教育意识、培养跨世纪人才及制定科技教育发展规划等方面都具有一定的借鉴意义。

我也希望，这套书的出版，能引起我国科学技术教育领域及广大读者的兴趣，并将为繁荣我国的科学技术教育事业做出贡献。

張玉台

2000年12月

《科学教育改革的蓝本》（中文版）序言

“2061计划”在《科学教育改革的蓝本》一书中提出了在数学、科学和技术三方面达到大学水平的要求。首先，它把教育体制分成12个部分，并试图激励人们就每一部分所需要的改进进行思考。尽管中国教育体制的组成部分可能与之迥然不同，但是，《蓝本》一书的主旨是教育体制的所有部分都需要变革。在这一点上，它们是一样的。其次，《蓝本》一书使这一体制的各个组成部分并非相互独立无关。儿童教育是一个复杂而又相互影响的过程。在某一部分中进行变更的决定——比如缩小班级规模的政策决定——将会影响所有其他部分，诸如财政或者学校结构，并且，将不可避免地导致对于整个原始计划的修改。考虑整个系统——包括对相互影响的所有部分进行思考是从事改革所必须的。最后，《蓝本》表明，在采取行动之前进行这种缜密的思考和计划实际上可以加速过程改善的步伐，并减小不良后果的可能性。《蓝本》一书提出的问题有些尚未得到回答，但是，从事“2061计划”的人们认为，对于真正的改革来说，求索的精神是必须具备的基本要求。

因为《蓝本》这本书是为美国读者写的，并非书中所有内容皆与中国教育体制有关。但是，从事“2061计划”的人们希望，这本书的精髓对中国的教育工作者们弥足珍贵，并希望对于致力于改善你们孩子的数学、科学和技术教育的所有有关人士来说，也是珍贵而有益的。

“2061计划”和美国科学进步促进会感谢中国科协玉成《蓝本》一书的翻译，对科普出版社出版此书亦表欣慰。

美国科学促进协会“2061计划”主任

乔治·尼尔森

Preface to Chinese Translation of Blueprints for Reform

In Blueprints for Reform, Project 2061 takes on the challenge of achieving universal literacy in mathematics, science, and technology on three levels. First, it divides the education system into twelve components and attempts to stimulate thinking about improvements that are needed in each. While the components of the Chinese education system may be quite different, the main idea of Blueprints stays the same: changes in all parts of the system are required. Second, Blueprints makes the case that the individual components of the ystem are not independent of each other. The education of children is a complex and interactive process. A decision to change in one part—perhaps a policy decision to reduce class size—will affect all of the others, such as finance or school structure, and will inevitably lead to modifications to the original plan. Systems thinking, involving all of the interacting components, is necessary for reform to succeed. Finally, Blueprints asserts that this kind of careful thought and planning prior to acting can actually speed up improvements and reduce the likelihood of unintended consequences. Blueprints probably raises more questions than it answers, but Project 2061 believes that a spirit of inquiry is fundamental to real reform.

Because Blueprints was written for an American audience, not everything in it will be relevant to the Chinese education system. But Project 2061 hopes that the main ideas can be valuable to Chinese educators and others who are involved in improving mathematics, science, and technology education for all your children.

Project 2061 and the American Association for the Advancement of Science are grateful to the Chinese Association for Science and Technology for stimulating the translation of Blueprints and to Popular Science Press for publishing this volume.

George D. Nelson, Ph.D.
Director, AAAS Project 2061

目　录

简　介

美国科学促进协会(American Association for the Advancement of Science 简称“AAAS”)成立于1848年，是世界上规模最大的科学研究团体，拥有将近300个单位会员，以及由科学家、工程师、科学教育工作者、政策制定者和对此有兴趣的公民等组成的14万多名个人会员，从而成为世界上最大的一般性科学组织机构。该协会的目的是促进科学家的工作，促进科学家之间的合作，鼓励科学自由和探讨科学肩负的责任，改进科学促进人类福利的有效性，促进科学教育的进步， 并提高公众对于科学在人类进步事业中的重要性和应负责任的理解度及支持力度。

“2061计划”是美国科学促进协会的一项长期计划，旨在改革自然科学、社会科学、数学和技术方面的K－12（从幼儿园到高中毕业)教育。“2061计划”始于1985年，是要开发一套综合性的科学教育改革手段，帮助教育工作者实现他们的理想——让美国的所有学生掌握科学知识。1989年《面向全体美国人的科学》一书出版。按照所有中学毕业生需要掌握的知识和技能，“2061计划”界定了科学知识的范畴。为了对学生应当如何向科学知识进军这一问题提供更为具体的指南，《科学素养的基准》一书描述了学生在各年级阶段应知应会的科学、数学和技术。1997年，“2061计划”出版了题为《科学素养的资源：职业培训》的一套光盘。这套光盘旨在让教育工作者能更好地理解科学知识,以便使他们更好地帮助学生向科学进军。“2061计划”还将继续出版各种各样的出版物和电子读物，并向美国的教育工作者提供教育改革的讨论和其他职业发展的服务机会。

美国科学促进协会愿借此机会向大力支持“2061计划”的下列单位深表谢忱：

纽约市卡耐基公司(Carnegic Corporation of New York)

约翰D和凯瑟林T.麦克阿瑟基金会(John D. and Catherine T. MacArthur Foundation)

安德鲁W.梅隆基金会(Andrew W. Mellon Foundation)

罗伯特N.诺易斯基金会(Robert N. Noyce Foundation)

普慈善信托公司(The Pew Charitable Trusts)

国家科学基金会(National Science Foundation)

美国教育部(U.S. Department of Education)

前　言

当《面向全体美国人的科学》一书即将付梓之际，如何实施的问题油然袭上心头。“2061计划”需要更好地理解教育体系这一问题也变得愈益明显。后来，这项计划随机地——但却是在许多建议帮助下——理出了教育体系的12个关键部分，然后，又取得许多专家的帮助，描述了这些部分及其相互的关联。《科学教育改革的蓝本》(简称《蓝本》)一书便是这些辛勤努力的共同结晶。

教育体制改革可以视作为一系列行动和一系列思维。一直在进行中的大部分是属于行动的范畴——将合适的组织机构、学校和单位组织到一起，解决各种紧急问题。这是一个敏感而必要的步骤。但是，思维也是一个重要的方面，人们对它尚少注意。这完全可以理解。毕竟，我们知道，除非我们共同努力，找出解决方法并付诸实施，而且现在就着手进行，否则，我们就无法取得改革成功。理解尚未急如燃眉。

在行动和理解之间有一个给予和取得的关系问题。改革者已经通过他们的行动帮助我们理解了改革必须承担的任务。但是，为了在将来长期有效起见，必须将教育理解为一个体系，而且还必须将这种理解付诸于我们的行动。为此，“2061计划”发现《蓝本》是有用的，并且认为，对于涉足并正在思考科学、数学和技术教育体制改革的同事们说来，也可能同样有用。

然而，这至多也只不过是向着那种理解迈出的第一步。《蓝本》已发布于“2061计划”互联网网址，它将成为全国对于教育体制问题大讨论的一个焦点。希望这将及时引向对所有问题的更深的见地，从而有助于持久的体制改革进程。

美国科学促进协会“2061计划”（前）主任

詹姆斯·卢瑟福(James Rutherford)

美国科学技术教育理事会

联合主席

唐纳德·兰根伯格(Donald Langenberg) 马里兰系统大学校长

小劳尔·阿尔瓦拉多(Raul Alvarado, Jr) 麦克唐纳·道格拉斯公司空间站分部小企业办公室

戴安娜·阿斯考佚(Diana Azcoitia) 伊利诺斯州芝加哥市卡农马哥内特学校校长

威廉 O.贝克(William O.Baker) AT&T贝尔电话试验室董事会主席(已退休)

苏珊·凯里(Susan Carey) 纽约大学心理学系教授

琼·杜伊(Joan Duea) 北衣阿华州立大学教育学教授

伯纳德·法格斯(Bernard Farges) 旧金山统一学区数学教师

斯图尔特·费尔德曼(Stuart Feldman) IBM公司沃森研究中心互联网应用与服务部门小组经理

琳达·弗罗斯乔(Linda Froschauer) 康涅狄格州崴斯顿中学科学系主任

帕齐D.加里奥特(Patsy D. Garriott) “东方人”化学公司教育提案代表

弗雷德·约翰逊(Fred Johnson) 田纳西州谢尔比县教育董事会，学监助理

罗伯茨T.琼斯(Roberts T. Jones) 全国企业联盟主席兼首席执行官

休·马修斯(Sue Matthews) 乔治亚州埃尔伯顿县学区科学教师

加里A.纳卡格里(Gary A. Nakagiri) 加利福尼亚州红木市圣马特奥县数学和科学课程协调员

罗伯特·西德冒(Robert Scidmore) 威斯康星州欧克莱尔学区技术人员开发专家

本杰明S.申(Benjamin S. Shen) 宾夕法尼亚大学天体物理学荣誉教授

克莱本A.史密斯(Claibourne D. Smith) 杜邦公司技术职业开发

副总裁

赛缪尔·沃德(Samuel Ward) 亚利桑纳大学分子学和细胞生物学系教授兼系主任

特里·怀亚特(Terry Wyatt) 俄亥俄州托莱多公立学校教学计划部科学教师

约翰·佐拉(John Zola) 科罗拉多州博尔德市新维斯塔中学社会科学教师

前任理事

马西娅C.林(Marcia C. Linn) 加利福尼亚大学教授兼数学、科学与技术教育学术协调人

乔治·尼尔森 (George D. Nelson) “2061计划”主任

XIV　　**哈雷彗星**　奇利（Chile)1985 年 3 月摄自智利的拉斯坎帕尼亚斯天文台

序　言

系统是一种帮助我们思考部分与整体的思想，它把我们的注意力吸引到某一事物的各部分彼此之间的相互作用以及各部分与整体的关系上。这种思想也强调相互作用——什么东西影响着某一事物的状况，而反过来，这一事物又能达到什么结果。《科学教育改革的蓝本》(简称《蓝本》）是在这样的前提下形成的：即把教育作为一个系统来考虑是有益的。更具体地说，它是从“2061计划”的信念中产生出来的，这个信念就是，为达到《面向全体美国人的科学》中确定的科学素养的目标所进行的严肃认真的工作，都应该建立在把教育作为一个系统来理解的基础上。

“2061计划”所研究的改革尝试是全国性的和系统性的。我们所界定的教育系统不仅包括学生、教师和学校管理人员，而且还必须包括人们在其中工作的组织机构以及对他们产生影响的法规和政策。此外，如果要使人人懂科学成为现实，改革就必须达到应有的深度和广度，这就要涉及更多的人，包括商界领袖、课本和习题的出版商、学术界和工业界的科学家以及其他人等。

关于《蓝本》的想法

如果一个系统是由一组相互联系的各个部分（目的、资源、现象、过程、思想、原则、法规、机构、人员）相互作用而形成的一个可以识别的整体，那么，作为一个教育系统的K－12(幼儿园到高中毕业)是由哪些部分组成的呢？由于一个系统的组成部分取决于对该系统的界定，所以，系统的组成部分也因目的不同而有所不同。于是，“2061计划”的问题便成为：在考虑要让所有K－12毕业生都能达到懂科学的目的时，至关重要的教育系统应由哪些部分组成？对这些组成部分应做些什么必要而又可能的改革？这一系统的范围如何确定？系统各组成部分互相作用的方式是否也需要加以考虑？

经过与教育工作者、科学家、决策者和资金提供者广泛讨论之后，“2061 计划”认为，为达到工程目的，应对 K-12 教育系统的 12 个方面进行考察。为弄清每一个组成部分所包含的内容，我们对自己提出了下面这些问题：

1. **公平** 哪些政策和做法妨碍所有的学生达到科学素养的基准？哪些能促进他们？需要进行哪些必要的和可行的改革？如何界定“所有的”？

2. **政策** 现行的地区、州和国家教育政策是有助于还是有碍于“2061计划”的科学素养目标的实现？管理学校的法规制度有哪些需要改变而又可能改变？做这些改变需要在经济上和政治上付出什么代价？

3. **经费** “2061计划”所提出的改革措施对于资金和其他资源的分配会有什么影响？特别是基于公平思想提出的科学素养活动需要多少经费？现有教育经费基础如何？为改革可能筹集到多少资源？不发生更大的开支能否改变学校的现状？

4. **研究** 要进行一些什么研究以获得必要的知识，使科学素养成为大众必备的实际素质？为促进这类研究需要采取什么样的刺激手段？对系统研究的成果如何评审、编辑和传播，使它们比过去更有效地对 K-12 教育政策、教学工作、资源开发和课程设置发挥作用？

5. **学校组织** “2061计划”目标的实现需要在班级结构、教师协作、课程资源管理和评估方面做些什么？学校应如何安排时间与空间？有没有其他形式的学校组织可能更符合《面向全体美国人的科学》提出的改革指导意见？

6. **课程联系** 在目前的学校里，有没有典型事例能说明自然科学、数学和技术课程之间的联系是富有成果的？在科学、数学、技术和艺术以及人文科学之间的联系又是如何？是否应有更多的联系？如何促进这类联系？

7.教材和教学法 为帮助学生获得科学素养，老师们需要些什么新教材？如何使现有资源更好地发挥作用？需要什么样的机制帮助教育工作者们确定所需要的教材并适应和改进它们，使它们更有效地为《科学素养的基准》所规定的国家科学标准和知识目标服务？如何经济而又及时地做到这一点，从而避免在学生身上“做试验”？

8.评估 目前的评估工作是有助于还是有碍于《面向全体美国人的科学》中所推荐的那一套——包括从授课时的课堂评估、校方对计划的评价到州一级和国家一级对教育开展的监督？新办法是否真能改变现状？如果能，那么改革现行的做法须付出什么代价？

9.教师培训 在中小学科学、数学和技术课教师的培训方面，现在有什么正在进行的有前途的创新方法？为使教师具有必须的知识和技能去完成根据“2061计划”目标和原则设置的课程任务，需要在教师培训方面做些什么改革？哪些知识和技能是可以在培训中获得的，而哪些需长期积累？如何使教师的在职培训更连贯、更有效？

10.高等教育 为响应“2061计划”所倡导的改革，大学入学标准需要做些什么必要的改变？如何根据《面向全体美国人的科学》确定的科学素养的目标，特别是为那些可能决定去当教师的大学生去发展大学（从社区大专到研究生院）教育？高校的科系如何更积极地参与科学教育改革？

11. 家庭和社区 家庭和社区对《面向全体美国人的科学》可能作何反应？家庭和社区在赞同、支持和贯彻《科学素养的基准》方面应起什么作用？在科学素养的养成活动中，家庭的参与能否更多一些？谁代表社区的意见？

12.工商界 工商界和教育界应以什么样的伙伴关系为实现全民科学素养做出贡献？如何使这种伙伴关系更有效？工商界强调的劳动力储备，对《面向全体美国人的科学》的目的是有利还是不利？

请注意，人们有理由期望包括其中的东西有一些并没有包括在上述12项之内。学习目标没有列举，因为《面向全体美国人的科学》和《科学素养的基准》已做了规定。教育系统是手段，它们是目的。同样，虽然与课程有关的一些问题已包含在《蓝本》的若干章节内，但课程并没有列举出来。因为即将出版的“2061 计划”《科学素养计划纲要》中，课程是中心议题。学生也没有列出来，但他们却是我们所有工作的中心。在列举的各项，特别是“评估”、“公平”、“家庭和社区”、“研究”等项目下，处处可以感觉到他们的存在。最后，教学也没有单独讨论，因为与教学有关的各种重要问题在“教师培训”、“高等教育”、“学校组织”、“教材和教学法”、“评估”和“研究”等几个项目中已直接谈到了。

《蓝本》是如何成形的

《科学教育改革的蓝本》和《蓝本在线》是吸收了许多人的意见制定的[①]。今后《蓝本》的修订和加工将需要同样的工作和协助。

全国各地的专家组都应邀为“2061 计划”的12 项课题写出报告。对报告作者提出的要求是，必须牢记此项计划的宗旨是实用性的，而不是学术性的。因为它需要的是关于使教育系统作为一个系统的真知灼见，从而有助于形成一套有效的改革方案。此外，还向报告的作者们提供了《面向全体美国人的科学》、《科学素养的基准》初稿以及“2061 计划”的其他文件。

报告的作者们集体会见了“2061计划”的工作人员(包括来自“2061计划”6个学区中心的代表，他们在过去几年里一直为这项计划工作)，了解了有关此项计划的情况，大家交换了意见，找出了各课题之间可能发生相互交叉的地方。计划还聘请了外部人员审阅初稿，提出意见，作者们做了相应的修改，然后提交报告。外部的顾问为各报告的全文写出了提要，便于作为一套资料供工程工作人员研究。

然后召开了三次外聘专家会议，对报告提要和推荐意见进行了审查，工作人员才写出了现已上网并印成本书的文本。这一文本的写作目的，主要是为满足州和学校一级的教育改革工作者的需要，而不是为了满足专家们的需要(尽管一个学科的专家可能会发现，谈他的专业之外的那些章节可能是很有启发性的)。“2061 计划”还编制了一个参考

注：① 撰写报告、审阅稿件、拟定提要，以及帮助过“2061 计划”人员编撰本章的人们的名字，详见本书《致谢》部分。以后章节同此。

书目、文献目录和与科学教育有关的组织联系机构，以便提供具体的例证，说明《蓝本》中的一些推荐意见是如何得以贯彻执行的。

《蓝本在线》

虽然原始报告和它们的提要是为“2061计划”内部使用而编写的，但是有几点考虑使我们决定将它们搬上信息网络。同事们要求共享“2061计划”文件，而上网是经济可行的。另一个原因是，随着工作的进展，可以明显地看出各个章节，不管其深度如何，也不管其是否全面，都能促进对有关科学教育改革的系统问题的有益讨论。用《蓝本》的章节作为网上交流的中心议题，吸引更多的教育工作者参加这样的讨论，还有比这更好的办法吗？

第三个考虑是《蓝本》的工作并没有结束。我们说过，我们的宗旨是从把教育系统作为一个系统工程的角度去考察如何达到《面向全体美国人的科学》所阐述的目标。这就是说，要把整个系统各个组成部分的相互作用一起加以考虑，而不能满足于一次只考虑12个部分中的、或任何数量的单个方面。确定一个复杂系统的各个不同部分是一回事，描述它们之间的关系是另一回事，而要制定出一套行动的指导方针和计划则更是另一回事。《蓝本》的现状是，虽已要求做出行动计划，但到目前为止，还只是就几个重要问题提供了应有的提要和重要关联问题的几点说明。制定采取行动的实用《蓝本》这一重要工作尚未完成，尚有待于热衷此议题的网民积极投稿协助。

正因如此，《蓝本在线》变成了一个挑战：我们能否在教育系统上共同形成一种开辟新天地的新思路，它集思广益，建立在对系统各个部分的深刻理解的基础之上。我们相信，只要我们更深入地探讨各种可能性，上述目标是可能达到的。

要同时考虑12个题目，实在太多了。题目少一些，再加上一定的上下文更便于思考。为此，我们把12 个题目划分为三组(另行分组也是可以的)，每组内的章节至少在上下文间都有联系。三组划分如下：

基础：公平、政策、经费及研究。

学校环境：学校组织、课程联系、教材和教学法以及评估。

支撑体系：教师培训、高等教育、家庭和社区以及工商界。

比处的目的不是要建立一种分类学，而是要让讨论更易集中并富有成果。总之，我们邀请大家和我们一起工作，共同努力开创比现存的教育系统更系统、更联贯、更综合的新思路。我们的共同目标是撰写一本有助于更有效地促进科学素养的《科学教育改革的蓝本》。提交给“2061计划”的报告和提要，以及根据它们编写的各个章节已经出书，而且业已上网。它们是很好的出发点。下一步请大家帮助我们继续前进，超越它们。

如何参与

教育工作者、家长、社区及工商界领袖、议员及其他人等，凡有兴趣者，可通过如下几种途径响应这一挑战：

1.在万维网上回答每月的“2061计划”《蓝本》调查 (http://www. project 2061.aaas.org/)， 此调查将集中于某些章节或题目，而不是全部章节。调查结果将以综述的形式在同一个在线网址上公布。

2.参加有关《蓝本》课题的网上会议和讨论。我们将给予充分的时间提前宣布这样的网上会议和讨论，让大家有机会深入交换看法，使“2061计划”和参加者都有收获。

3.把问题、反应和建议用电子邮件发给我们（E-mail:blueprints @ aaas.org)。

4.向我们提供有关的计划、工程、报告和研究论文的信息，以扩展和更新《蓝本》的资料来源和参考书目。

下面几个问题是“2061计划”希望得到回答的。当然你也可以就别的方面发表看法。

第一组问题是针对各个章节的，第二组问题是针对全部章节的。

一、关于单独的章节问题：

1.信息有没有过时，是否准确?

2.所谈的各点是否真的重要?

3.有没有漏掉重要问题?

4.有没有正在进行的工作或研究可以支持我们提出的论点?

5.结论与给出的论据是否吻合?

6.是否还有另外的重要观点、论点或说明?

7.在文献、工程和资源方面还需要增加什么重要的参考书目和文献资料?

二、有关全部章节的问题:

1.这12个章节是否足以把教育系统作为一项系统工程表示出来?需要增加什么?减去什么?

2.有必要把这些章节分成几组吗?有没有更好的分组方法?

3.为更好地突出这些章节间的相互关系,需要对它们进行什么修改?

4.有没有什么主题可用来使这些章节更具有连贯性?

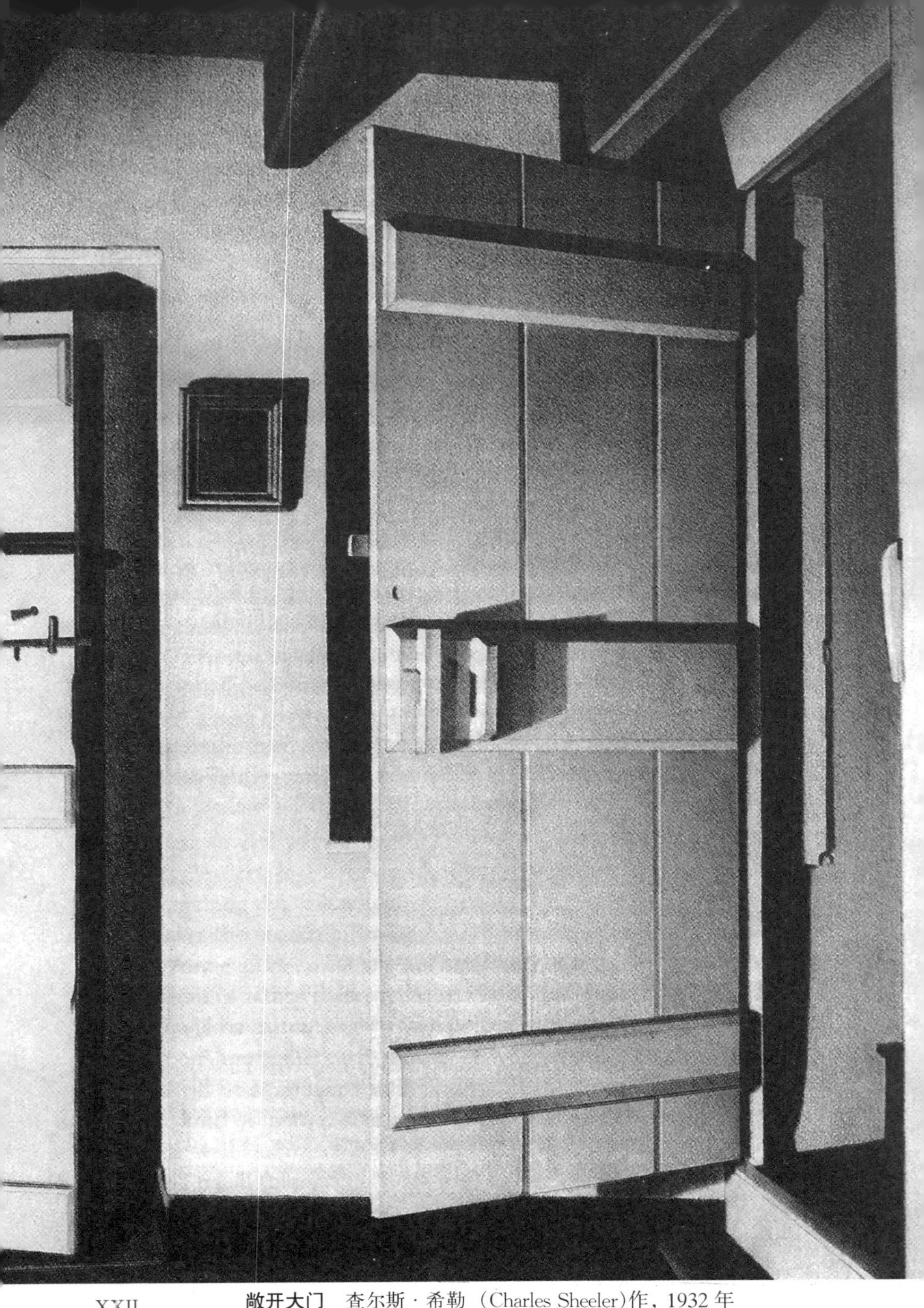

XXII　**敞开大门**　查尔斯·希勒（Charles Sheeler)作，1932 年

第一部分

基 础

引 言

在科学教育中，如果要想在政策上和经济上制定公平的决策，实际上是一件困难的事情，因为其中存在种种原因。如何能够通过各式各样的地方选民去影响国家、州以及当地的政策制定者，这是其一。缺少各地区之间的公平立法协议，这是其二。从长期的趋势来看，很难制定能够导致真正公平的良好决策，因为，所需的有关数据和研究实在是太有限了。“2061计划”是针对所有学生应具备的科学素养而制定的，并为此目标而制定相应的标准和期望值。已获成功的多项计划实例表明，就有关方面的意愿和必需的资源而言，这个目标是可能达到的。

有时，政策和经费如光随影形影不离。两者通常存在因果关系，经济来源即使不属于决定性的，通常也是颇有影响的。如果考虑到正常的教育原则，学校董事会所制定的各种政策方面的决策，大多是要降低学生与教师的比例、延长学年或增加课外活动，这些都会大大增加年度预算额。对于同一个学校董事会而言，如果面临巨额预算赤字的威胁，它为了维持正常的财务状况，就不得不提高学生与教师的比例、缩短学年或减少课外活动。

在实践中，政策和经费之间的相互影响，肯定不是一件简单的事情。它们之间的相互影响，并不总是那么明显。举例而言，既不能肯定一项教育政策的决策能够产生多少元的价值，也不能肯定一项预算的决策能够产生多少教育的价值。但是有一点却完全可以肯定，这就是，一项政策上或经费上的决策，很难会对所有的学生产生同样的影响。在美国，人们一直在呼吁教育要公平，但这个目的始终未能达到。要使所有的公民具有同样的科学水平，这种设想是否能成为现实，完全要取决于今后政策上和经费上的决策考虑得有多周密。面对政治上的多元化，以及决策上的分散化，这种前景真是有些令人气馁。看来，美国的教育制度一定要具有一定的本国特色才行。

人们需要对教育的正确形式和质量进行系统性研究，以便形成教育的政策和实践。对教育的各个方面进行研究和思考，其基础应当尽量着眼于对未来的乐观希望，而不是根据无可否认的以往的悲观事实。当前的教育研究，只是描绘出教育中的成功与失败以及困难与机遇，但是，它显然未能围绕科学素养这个中心思想而建立一个明确的研究日程表。这种研究日程表的一种重要特性是，它应当是跨学科性的，这不是指其内容，而是指其研究方法。教育研究作为一种相对较新的学术领域，在这方面还只是刚刚出现一批开创者。定性方法已得到越来越多的应用，这有助于教育研究与课堂实践之间的协调一致。但是，要想找出一些能使研究人员和教员相互接近和更积极配合的有效途径，其前景可以说满布荆棘和富于挑战。

在后文的“公平”、“政策、”“经费”、“研究”等各章中，大多只说明其本身的内容，而未阐明其间的相互关系。但是，读者阅读这些章节还是有益的，可以注意其中所含的相互联系，并将其中所未说明的联系自行列出。以下所列的各项问题，是针对相互联系而提的。我们之所以要提出这些问题，是想和读者进行对话，使读者对各章的议题获得更深的了解，而不要求读者对其褒贬。其中有些问题，似乎可以从某章中直接得到答案，而另一些问题则无法直接得到答案。无论属于其中哪种情况，在您仔细阅读各章之后，我们再一次请求您，把您所提出的各项问题通过电子邮件地址 blueprints @ aaas.org 通知《科学教育改革的蓝本》新闻室 (Blueprints News Room)。

公 平

1．公平的机会有无可能保证得到公平的结果？应当用什么方法来衡量机遇？应当用什么方法来评估效果？有关机遇与效果之间的关系，在《研究》一章中有哪些叙述？

2．在美国教育制度的特点中，有哪些是公平的机遇和效果的最大障碍？其中有哪些是最易于改进的？

3．在现有的经费资源分配不公平的情况下，能够做到使人人都具有相等的科学水平吗？公平的经费分配，能够实现真正公平吗？在提供公平机遇时，是否有某些资源比其他资源更重要？

4．在科学和数学方面，有哪些学生群体更需要帮助？他们的需要都相同吗？相同的教学政策、相同的支援政策、相同的组织政策，能够同样好地为他们服务吗？他们需要同样比例的投资吗？

5．在承认个人差异和文化差异的前提下，怎样才能达到共同知识水平的一组目标？需要新的教学设备和教学方法吗？我们怎样才能使所有的学生都达到高标准的期望水平？

政　策

1．在政策决策中，如何体现"为所有的学生制定一组高标准的知识水平"以及"注意到个人差异、社会经济差异和文化差异"等要求？在制定这些决策时，有无可靠的教育研究作为依据？

2．制定政策决策时，是否要分为联邦政府、州、地区、学校和课堂等层次，有无可能制定出相互协调一致的政策，而不是出现相互冲突的政策？

3．如果制定政策决策的权利由国家政府这一级下放到州政府、地区和个别学校等多个级别，那么，到底由哪一级来负责保证教育的公平性呢？制定对教育公平性有影响的州级政策和地区政策时，如何在财源的权利和法庭的权利之间取得平衡？

4．州级教师培训的各个机构以及各地区的各种政策（如雇用、工资、专业发展机会以及任期等），都会影响教师的质量，那么，如何才能改进这些政策呢？如果要改进这些政策，需要花多少钱以及由谁来承担这些费用？州或国家是否有某种政策，可供改进城市或边远山区学校的高质量教师的分配？

5．是否存在能够影响教育政策的专业协会或联合会？如果有这样的组织，它们的影响是加强改革呢还是阻碍改革？尤其应该关注的是，这些组织是否能够推动教育的公平性？

经 费

1．促使所有的学生都具有科学素养，并将此列为最优先的政策，那么，采用这些政策会耗费多少经费呢？对于将来可能从事科学事业的人或可能从事与科学有关领域的人，这些政策会产生什么样的效果呢？需要什么样的教育研究来回答这类问题呢？

2．对于科学和数学教育（或任何其他学科）而言，如果钱怎么花要比花多少钱更为重要的话，那么，为了指导用好现有的经费，是否存在以研究为基础的某些原则？为了估算投资的下限，在这方面是否有什么基本原则？

3．改革所需的经费是否会成为一种额外的费用？或者，它仅是现有经费的重新分配？是否存在这样一种学问，它可以为决策提供依据，以便指导如何分配各项改革费用，如：重新培训教师、为教学提供较好的设备、提高技术水平、重新安排组织结构以及教育系统的其他方面？

4．为了进行教育改革，拨款政策的制定可以通过哪些形式？例如，国家机构、州机构、慈善基金会或建立某种新形式。怎样才能使拨款政策变得效率更高一些？各拨款者之间是否需要协调一致？能做到协调一致吗？

5．是否采用了经济刺激的方法，以鼓励各州和各地区使用自愿的标准？这种经济刺激的费用需要花多少钱？由谁来负担这个费用？为了能够得到各州和各学区的积极响应，有没有其他的刺激方式？

研 究

1．考虑到整个美国教育企业的总费用是有一定数额的，国家究竟应该在教育研究方面投资多少？在研究如何提高知识水平和研究政策课题时，两者之间应该怎样取得平衡？在研究如何扩大基础知识和研究如何协助解决迫切问题时，两者之间应该怎样取得平衡？在研究教学、政策与经济等决策和研究如何决定这些决策效果时，两者之间应该怎样取得平衡？

2．采用什么样的政策，可以使现有符合科学标准的研究机构现状，由过于分散变为较少分散？采用什么样的政策，可以保证在尽量长的时间内带来有用的知识？是否需要一个研究日程表？或者，不管那些富于创造性的研究者正在着重研究什么课题，只要他们的研究是针对教育研究中的系统知识就行，是否有某种支援政策能更好地为他们服务？

3．在以各种标准为依据的改革目标所进行的研究中，如何才能强调学术和政策上的公平性？通过这种研究所得到的学问，是否有可能得到较广泛的应用？

4．这种学问创造出来之后，怎样才能影响教育政策和教育实践？对于教师、教学设备的设计者、管理人员以及教育系统中的其他人员而言，需要接受什么样的培训，才能使他们理解和应用这种学问中的各种创见？

5．在强调长远观点的教育研究时，怎样才能赢得研究界的支持，并同时使他们得到鼓舞？在一项教育研究中，怎样才能揭示人们从儿童到成年的学习水平成长的整个过程？他们对于重要问题的理解能力是怎样得到发展的？一项教育研究，怎样才能将学习、教学、教学设备、评估等知识综合为一体，使得所有的教育工作者都能利用这种学问？

第一章
公 平[1]

对于教育改革者来说，其中心问题是，要使所有的K-12年级学生(从幼儿园到高中毕业)都感到科学是能被理解的，容易接近的，甚至是乐趣无穷的知识。所有的学生都希望达到某种程度的阅读水平和数学水平。事实正好相反，科学一直被人们认为是少数人的私有领域。甚至到了今天还有人认为，大多数人充其量只能学习科学，而不能从事科学事业（Shamos，1996）。

本章要探讨对不同群体学生的科学教育的含义。这些学生并不能代表从事科学事业或从事与科学有关事业的各阶层，他们尚未达到较高的科学水平，他们在进入合适的科学环境方面还存在一定的困难，他们也比不上现在那些已经塑造成形的热衷于科学的学生。此外，本章还考虑了那些受到很好的科学传统教育的学生群体，并力图评估科学教育改革将会对他们产生何种影响。

本章有三个目的：对美国学校的K-12年级科学教育的公平性进行描述、讨论和分析；对科学教育改革如何冲击某些阻碍其公平性的事物进行预测，并对阻碍公平性事物反过来会影响科学教育改革的可能性进行预测；为科学教育改革制定近期和长期的奋斗目标而提出一些建议，这个目标就是，要使全体美国人都能具有科学素养。

现状：人口统计数据和科学教育趋势

美国人虽然都承诺机会均等原则，并深信民主的核心就是公平原

注：① 本章所引用的数据，取自*Indicators of Science and Mathematics Education 1995* (National Science Foundation，1996)，*1995 Digest of Educational Statistics* (National Center for Education Statistics，1995)，and *The Condition of Education 1996* (U.S.Department of Education，1996).

则，而与这种承诺同时并存的，却是另一种明显的现象，即美国人中的某些群体要比其他群体更有可能参与科学活动。说得直率一点，人们虽然有着最良好的愿望，但教育中存在差别，却是不可否认的现实，而且，这种差别还相当大。本章所提供的一些问题（如墨守成规和缺少资源等）实例，虽然是属于某些人群所独有的，但是，这些实例中的大多数，却蕴含着更广泛的意义，因此，有必要对此进行讨论，以便实现科学教育中的公平性。各种人群确实是不相同的，而且，某些个别人也会与其所属的群体有着差异。但是，相似的问题和可能的解决方案，却常常能适用于许多不同的人群。

性别　有大量的证据表明，与男性相比，女性可能更难于进入应用数学、物理科学、工程学等专业领域。在高中时，这种性别的差异已经变得显而易见了，进入高等院校后，这种性别的差异尤为明显。例如，女性获得工程和物理学士学位的比例，虽然在前十年中确实有所增加，但是，女性在这些领域内的比例仍然过低。这是因为，社会力量和个人信念在维持某些差异时，仍然起着重要作用。

美国黑人学生[①]　在过去十年中，与白人学生和亚裔学生相比，美国黑人学生、美籍西班牙裔学生以及美国印第安裔学生，在科学和数学方面的学习成绩已出现较大的提高。但是，这种提高的绝对数量还是比较少，各类学生群体之间在科学和数学成绩上的差距仍然相当大。

美籍西班牙裔学生　“西班牙裔”一词，一般是指说西班牙语的多种民族，其中包括美籍墨西哥族，他们好几代都生活在美国，并且只会说英语；新近来到美国的某些国家（如萨尔瓦多）难民，他们可能不会说英语，而且似乎很少受过正规的学校教育。西班牙裔学生数量是近年增长最快的。在过去十年中，美籍西班牙裔学生获得科学、数

注：①　本章使用了美国联邦政府所制定的关于许多民族群体的术语。例如，“美国黑人”一词，其含义是包含一切美籍黑人在内，而不是专指“美籍非洲人”，因为，许多加勒比黑人和非洲黑人是以他们所属的国家来和别的黑人相区分。“西班牙裔”一词，则包括了许多国籍和许多文化背景的西班牙裔人。但是我们认识到，按照个人和群体本身的意愿而不是按照给他们贴上的某种标签来定义这些术语，这一点也是很重要的。我们所使用的这些术语，只是为了叙述方便，而不是有意把这些具有重要的个别特点的群体硬性地归并为一类。

学和工程学等大学本科学位的数量，已有某种程度的增长，但与其他群体的学生相比，其相对比例则毫无变化，这一群体的学生，在与科学有关领域中的比例，仍然极低。

美国印第安裔学生和阿拉斯加裔学生　美国印第安人和阿拉斯加人在全美人口中的比例只占1%，但是他们却分为500多个部落，讲200多种不同的语言。在高等院校中，美国印第安裔学生和阿拉斯加裔学生的退学率，要比其他群体学生的退学率高。他们存在贫穷问题和

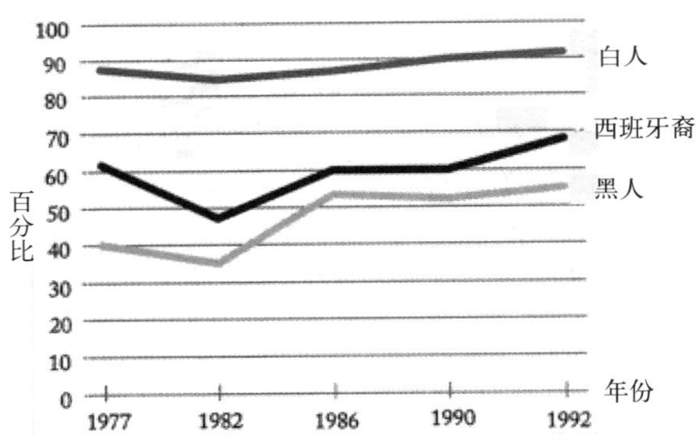

对数学能达到基本掌握或较为熟练的17岁学生各种群体的比例

来源：Mullis，I.V.，et al.(1994).*NAEP* 1992 *trends in academic progress* (Report No.23-TR01).Washington，D.C.：National Center for Education Statistics.

严重的健康问题（如酗酒、自杀和意外事故），他们的这些问题，所占的比例在美国各人种中属于最高之列。在K-12年级中，如按科学成绩和数学成绩来衡量，美国印第安裔学生所占的比例要大大低于白人学生和美籍亚裔学生，但要比美国黑人学生和美籍西班牙裔学生为高。美国印第安裔学生和阿拉斯加裔学生获得各科学领域大学本科学位的比例相当低。

美籍亚裔学生　美籍亚裔人通常一直被形容为“模范少数民族”，他们被特别定性为“具有数学和科学天分的人群”。但是，他们就像其他群体一样，采用“美籍亚裔人”这个笼统含义的术语时，还应

想到其中又可分为不同的亚群体，如：菲律宾裔、华裔、朝鲜裔、日本裔、东南亚裔、太平洋各岛裔、南亚裔以及亚洲其他种族人。这些亚群体的人们，在数学和科学方面的表现，是存在相当大的差异的。第二代和第三代的美籍亚裔学生，在数学和科学方面的成就，与白人几乎没有什么差异。1990年美国人口普查(U.S.Census)数据指出，美籍亚裔人仅占美国总劳动力的3%，但他们竟占美国自然科学家和工程师总数的7%，他们和白人一样，都在专业性职位上占了很高的比例。

1991 年授予科学或工程学学士学位的人数比例

美国人种	数　量	百分比
白　人	303532	82.7
黑　人	23170	6.3
西班牙裔人	17021	4.6
亚　裔　人	21628	5.9
美洲土著人	1594	0.4

来源：National Science Foundation (1996). *Indicators of science and mathematics educaion* 1995. Arlington, VA: Author.

残疾学生　“残疾”一词包括下列各类：学习困难；语言障碍；智力障碍；严重的精神紊乱；听力障碍；视力障碍；身体畸形；健康障碍（包括注意力不能集中、父母滥用药物所致残疾、外伤或疾病所致残疾等）。目前，大约有12%的美国学童患有一定的残疾，其总数近500万人。伴随残疾识别方法的进步，残疾学生的总数正在增加之中。残疾学生通常可分为两大类。其中第一类约占1%，他们都在一定程度上患有身体残疾（例如，身体畸形、视力障碍或听力障碍）。其余的99%都可归为第二类，这些残疾学生表现为，或在认识能力上有困难，或个人内心与社会有冲突，或在智力上有障碍，这些都影响了他们进行正常课堂活动的能力。

目前，大约有12%的美国学童患有一定的残疾，其总数近500万人。

所有的残疾学生，都有可能具有科学方面的潜力。但是，教育工作者和整个社会似乎都认为残疾学生缺少才智，人们的这种偏见，已成为影响残疾学生取得科学成就的最大障碍。例如，残疾人不能很好地表达自己的思想，因此人们就认为他们没有能力学懂科学，也无法从事科学事业。未来的技术进步和先进设施的出现，很可能会改善残疾儿童的学术表达能力。但是在目前，有50%～60%的残疾学生未能学好一门或多门功课，他们在科学和数学方面的表现也比其他功课逊色。这种情况也反映在，他们的教育成绩测试（Scholastic Achievement Test，简称SAT）得分较低，其他测试成绩的得分也较低。但是这种差距并非不可逾越，因为，据说8%的大学本科生都有一定程度的残疾。残疾的种类和范围有着很大的差异，有残疾的人要想获得学术成就，也许会受身体残疾的影响，也许不会。事实证明，有许多残疾学生在学校中的表现显然胜过常人，他们也能够接受较高的教育。

英语初学者　如果不考虑性别、种族和各种残疾，则“精通英语”是学习科学的必备能力。有近700万儿童，原来把英语作为第二语言（English as a Second Language，简称ESL），或原来接受双语教育，现在，他们却要把英语转变为主要语言，以便符合学术英语的要求，可是，他们却在学说英语时遇到了种种困难。近75%西班牙裔和亚裔儿童的家庭是不说英语的。很少有教师能够在课堂上做到双语教育（如英语和亚洲语言）。能够用印第安语和阿拉斯加语来讲授科学的教师就更少了。因此，双语学生在学习科学时，所遇到的困难就更大了。

考虑到英语初学者，当今世界上的人们往往忽略了双语教学的好处。消灭母语，偏爱英语，这是一种早期的偏见，我们不应该再重复这种偏见了。学校应为学生提供说多种语言的机会，这是有好处的。既会说英语，又会说第二种语言，再加上数学和科学技巧，就能为人们提供无穷的机遇。英语初学者如果想在学校里获得成功，他们就应该了解这个事实。

课堂与社会经济状况　以上所说的各种族群体和运作中的各种定

义（例如“残疾学生”），只是反映了学生在学习科学时的某些方面。性别、社会经济状况、地理位置分布以及精通英语，它们都是相互影响的，而且也影响到学生的表现和学校对学生的期望。在这些变动因素之中，社会经济状况（socioe conomic status，简称SES）可能是影响最大的惟一因素了，它能够决定学生是否能在学校中获得成功。生长在低收入家庭的男孩中，只有12%能够攀登到社会的最高层，而69%只能留在社会底层（Kahlenberg，1995）。这种顽固存在的社会现象，也反映在其他方面，其结果是，不同群体的学生在数学和科学教育方面出现了差距。

考虑到各群体在科学成就方面的各种差距，有三点可以说是最重要的：

(1) 在班级中应当避免无序竞争，这一点很重要。根据社会经济状况的背景来看，黑人、西班牙裔、美国印第安裔和阿拉斯加土著等学生的数量，实在不成比例。

(2) 必须区别对待学生的家庭背景和学校本身的社会经济特点，因为，各类学校的资源分配并非公平分配。

(3) 学生的成绩水平会受到学校所能提供的课程水平和类型的限制。如果学生并未学过某种课程，他们当然就无法掌握它。

对于残疾学生和有色人种学生而言，这些因素之中有很多都是互相冲突的。与社会经济状况较佳的学校相比，社会经济状况较差的学校往往在残疾学生班级中安排了多一倍的学生。这些社会经济状况较差的学校，在低程度的数学班组、特殊教育班组、智力障碍学生班组中，黑人学生往往比较多。

所需的变革：实行科学教育改革

影响教学的社会力量

在公众对公平性原则的支持和公众对于旨在帮助实现公平性的政策的支持上存在着一定的差距。使这一问题复杂化的是长期存在的美国人对顽固的个人主义观念的承诺，即期望任何人，无论其环境如何艰苦，都有通过自己的努力达到成功的道路。虽然人们承认群体障碍，但是许多美国人支持这样的观念，即这些障碍可以并且应当通过个人努力来克服。

结果，如果个人似乎没有“抓住机会”，他们的未能成功就可能会被看作是他们的“过错”。他们可能会被认为是努力不够或者是不具备达到成功的素质。在科学教育中始终贯穿着这种态度。例如，一个明文规定的趋势就是黑人学生、拉美和美籍印第安人学生少学几门科学和数学课程；白人和亚裔美籍学生则多学几门课程［国家科学基金会(NSF)，1996］。随着承诺人人需要科学和认识到代数和化学这样的入门课程对于未来学术成功的重要性，人们对这一问题的意识也日益深化。

社会态度、墨守成规和歧视是在科学教育方面最不公平的根本原因。只要这些观念仍然占据在就“公平问题”应当做些什么这一问题的主导地位，通过改革对于成绩欠佳和发挥欠佳的问题进行补救即便不是不可能的，也会是很困难的。相反，也许需要对思维和实施改革采取一种极为不同的方式。

目前，假定科学教育改革运动的基本前提是纠正下述弊端——正如当前规定的，课程中充满了相互无关的事实，其组织方式妨碍人们学习，它集中的知识既是过了时的，又与分享民主和包括工作环境在内的日常生活几乎无关。又假定教学重复地包括同样水平的内容，几乎不(或者根本不)向学生提供任何机会让他们感受正在学习的内容。任何人都有理由脱离他们反感的活动——既不阅读教材，也不参加课堂活动，无视教师的存在，相互交头接耳，并从事更为有意义的活动。毫不奇怪，如果考试，这些学生将考得一塌糊涂。更有甚者，他们可能会径直停学科学课程。

如果上述现象是对学校科学课程不适当的合理反应，那么，问题就是：在学生当中，谁最可能有此行为呢？答案肯定是在有关科学的课程和职业生涯中成绩欠佳和才华未得到充分施展的那些群体——许多来自低收入家庭的学生；拉美学生、美籍黑人学生和印第安／阿拉斯加土著学生；有残疾的学生；某些女生和有某些异常的学生（这些类型的学生当然是不可避免的)。与认为没有科学知识、冷漠或者某些别的不适当看法形成的成见相反，也许这些学生一直在用一种可以理解的方式对改革运动当前已经意识到的那些东西做出反应。

如果上述分析是部分正确的，那么，它就至少意味着三点。第一，围绕成绩欠佳和发挥欠佳的谈论如果不是需要完全改变，也需要扩展，因为成绩欠佳也许是学校科学教育总体状况糟糕的早期告警信号。第二，研究工作需要更好地致力于某一具体群体的什么特点可能解释这些年轻人为什么会像他们目前这样行事。第三，科学教育方面的改革需要从这些学生开始，即抵触学校先前就学习科学课程所做出的各种努力的那些学生。这些学生很可能就是改革工作是否正确的最佳试金石：课程的设置考虑到学生的理解能力了吗？课程与外部世界联系的方式同掌握科学的目标类似吗？教学真正建立在学生已经知道和理解的内容上了吗？科学课是所有学生生活的一部分吗？

科学教育上的改革需要从对于学校为学科学做出的努力早就心存抵触的那些学生开始

如果成见、陈规和对机会的限制确实隐蔽地或者公开地影响到谁就读科学课程，谁在这些课程中取得了成功，和谁将在同科学课程有关的领域中谋求职业的话，那么，为消除这些负面因素而设计的教育就应当表现出迥然不同的结果。的确有充分的证据证明情况确实如此。例如，从全女子学院毕业的女性和从历史上专门为黑人开办的高等院校毕业的美籍黑人的例外成功被很好地记录在案。像雅伊梅·埃斯卡兰特(Jaime Escalante)和尤里·特雷斯曼(Uri Treisman)(1990)之类的教育工作者的突出成就证明，高期望值和丰富的内容相结合，监视和注重个人需求和个人文化是有效的。卡瑟里(Casserly)(1980)的关于在科学上有巨大成就的女性的著作找到了对于所有学生都会有效的方式：招收有前途的学生，在课程安排上消除成见，教师在课堂上提供直截了当的鼓励，形成学生的关键性的素质，并形成培养社会团体对于科学的兴趣。

世界观和文化

学生进入学校时是带着各自的传统文化色彩的经历、知识和信仰去接触学校的科学知识的，这种文化观和世界观方面的差异也反映在刚到美国的学生身上。例如，当老师从科学角度对飓风和龙卷风的形式作出解释时，学生却可能从其根深蒂固的宗教信仰或神话角度对这类现象作出另一种不同的解释，这就是说，在学校所教的科学知识和指导人们日常生活的信仰之间缺乏“文化连续性”。

这种对文化和世界观的观察分析有着多方面的影响。儿童的文化和背景为他们学习科学知识提供一种起点。例如，许多来自其他国家的学生了解公制,因而能据此对其他国家的科学问题提出自己的看法。当对自然现象的科学解释与学生自己的价值相冲突时，重要的是老师应很好地了解这种冲突，并采取适当步骤解决。最后，科学教育改革者应阐明他们对这种文化多元化的观点以及这种多元化对科学观念在总体上的联系。

教育资源的分配

当对农村、郊区和城市的学校作比较时，在全国范围内它们所具备的资源相差极大。在美国的各个地区，甚至同一个州内，学校经费差别很大，从而影响为K-12科学学生所提供的资源（核准和合格的科学老师、专业发展的机会、学科材料、供应品和实验室设备，有关技术)。由于科学教育和资源紧密联系，这种条件上的差异在科学教育方面的影响更为突出。

实施科学教育改革的费用将是巨大的。由于科学教育改革依赖于资源，除非采取重大措施，否则学习科学的机会，尤其对低收入的学校和学生来说，将会进一步出现分层次的现象，在某些城市学校由于被认为不安全、不牢靠和长期滑坡而出现的危机更使这种局面复杂化。在某些城市学校内，即使在有经费的情况下，要改变科学教育也被证明是困难的，甚至是不可能的，因为城市学校的体系结构会允许学校把改革和资源吞没，只需简单地把这种改革和资源并入无效状态交易中即可。除少数几个例外，如联合重点中学、詹姆斯·科默中学(James Comer’s schools)和快节奏学校计划，迄今为止，城市教育被证明几乎不可能进行改动，上述计划看来只在单个学校的基础上产生积极的

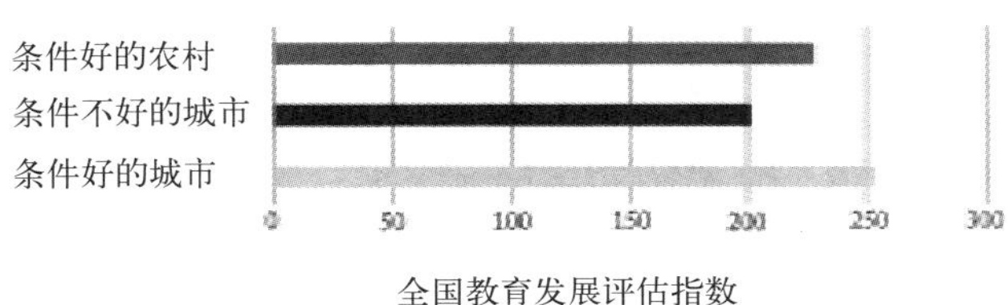

全国教育发展评估指数

1992 年平均的科学水平

来源：U.S.Department of Education，National Center for Education Statistics，National Assessment of Educational Progress. (1994，May).*NAEP 1992 trends in academic progress.* Prepared by the Educational Testing Service. Washington ，D.C.：Author.

变化，而不是在系统范围内的变化（参见《蓝本》的《资料来源》部分关于这些计划的介绍）。

教育资源和技术

目前几乎没有人能说出需花多少钱装备一所学校才能教授改革过的科学知识。根据各学校现有资源的不同，所需费用会有很大的差异。有这样一种论点，为了能在不同小组间产生有效的结果，必需对某些学生提供不相同的输入，即对出身下层或低收入家庭的学生提供更多的资源。虽然这种观点可能是对的，但人们仍希望所有的学校在一开始就能提供像富有的学校目前所拥有的相同的资源。

对技术原则的深刻了解对于科学扫盲极为重要，在科学教室内广泛使用计算机对于学习来说也至关重要。许多白人和拉美的女孩对计算机的兴趣不如男孩强，而老师常把计算机看成男人的技术并认为它对女孩未来的职业没有多大意义，这种看法也使问题复杂化。此外，新的CD-ROM技术的市场主要是男孩，国际互联网（Internet）的绝大多数用户也是男性。对于美国黑人来说也有类似的趋势，他们使用家用计算机要落后于白人和亚裔。

你花钱是否正确[①]

1989年，作为法令的废除种族歧视案例的一部分，在德克萨斯州奥斯汀市，16所小学在5年内每年给予30万美元，用来改进教育效果。在5年结束时，其中两所学校，即Zavala小学和Ortega小学，其出勤率和教育效果皆达到该市小学的前列，但其他学校则没有改进。这两所学校继续从邻近最贫困的地区抽调学生，它们都取得了某些意想不到的效果。这说明花费的方式不同，效果差别极大。

在14所学校内，经费曾花在缩小班级的规模上，但班级内部事务几乎不加变化。一位管理人员这样描述："……每班有10个学生，共两排，每排5个学生。老师仍然坐在教室的前部，仍然用着同样的教案……"

在Zavala小学和Ortega小学，班级规模也缩小，但仅是作为一项综合计划的一部分而已。在年度开始时，校长要求家长大声读出学生在州内统考中的成绩。当初始的愤怒平静下来后，家长和老师决定采用这种阅读分数课程，这种方法该区以前仅用于有天赋和聪明的学生。专门拨出经费帮助老师学习新的课程，以提高专业素质以及对有需要特殊帮助的学生的班级进行管理。学校引入了医疗服务，家长开始参与学校管理，包括参与学校关于人员聘用和预算委员会的工作。

这两所学校所发现的答案是必需集中在一个目标上，而不应同时全线出击。一旦确定高标准教育质量的目标，其他方面都成为可管理的并支持此目标。

学校的组织

目前缺乏在科学教育方面对按学生成绩分班的作用以经验为根据的研究。存在着一些早期的研究，其一般性的结论与科学教育改革的公正性讨论有关：低水平班级的学生的比例多为有色人种（亚裔美国人除外）、低收入的学生和残疾学生，他们得到较少的资源，所经历的

注：① 来源：Richard J. Murnane & Frank Levy, "Why Money Matters Sometimes," Education Week, Septemberll, 1996

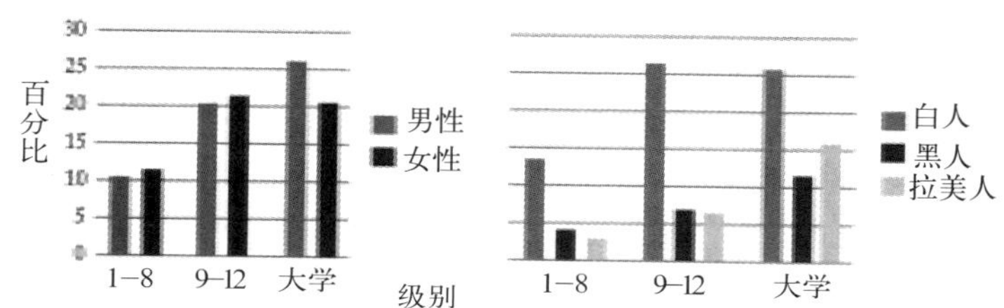

在家里用计算机做学校功课的学生比例统计

来源：National Center for Education Statistics. (1996). *1995 digest of educational* statistics. Washington, D.C.: Author.

1−8: 相当于中国的小学一年级到初中二年级；9−12: 相当于中国的初中三年级到高中三年级

科学教育也与高水平班级的学生有很大不同。他们的教育效果比掺杂分组的班级的同伴要低。对于低层次小组来说，选择入门科学和数学课程（化学、几何等）方面的不同导致这些学生被排除在高水平课程之外，从而限制了他们追求科学、数学和工程方面的职业的机会。

许多这类问题只要取消按学生成绩编班的做法即可解决，而且许多学校已经开始这样做。已做好准备并积极想超过由《科学扫盲标准》（美国科学促进协会，1993年）所设定的标准及《国家科学教育标准》（国家研究委员会，1996年）的标准的学生，在这种不按学生成绩编班的安排下，看来能得益良多，而不会有什么损失，在学校组织方式放松其固定档次分级做法的情况下，更是如此。新技术能为打算做先进工作的学生提供许多机会。此外，由于标准是以等级带（K−2、3−5、6−8、9−12，分别对应于中国的幼儿园到小学二年级、小学三年级到小学五年级、小学六年级到初中二年级、初中三年级到高中三年级）形式安排的，等级带顺序地积累知识和技能，学生如果较早地掌握某个等级带内的内容，就可以开始下一个等级带的学习。这种废除传统的固定年龄／年级的做法对于并非要求更高追求的学生也有好处，如某些残疾学生可允许进展较慢，可能得到较好的服务。

科学课程

学校内科学课程的差异反映出所要求的学生质量和教师及学生理解科学的潜力的限制。课程反映出科学家、教师、社会领导人、商界领导人、议员和父母认为今天学生在学校内应该和能够学习的科学知识。科学课程因此嵌入在文化中，不能将它从其文化背景中的神话、习惯、戒律和历史分开。课程制定者面临困难的挑战，必需考虑多个基准体系和观察世界的不同方法。标准提供了解决这些问题的基础，而把如何教这些课程和创造与社区的需求和关心的问题有关的教学设计机会留给学校所属地区。同时，掌握标准能确保社区的学生掌握牢固的、广泛的非个性的科学基础，使学生随后能参加专科和大学的学习。

随着新课程教材的制订，重要的是这类教材不能仅仅依靠于要求有专家阅读能力的印刷品。阅读能力差的儿童、英语语言学习困难的学生，他们当中有机会学习不是完全依赖于阅读和写作的课程时，也能学习科学和展示其对概念的理解。可以设想，在一种必需通过书面文字交流科学知识的教育系统下，有多少残障儿童失去了学习机会。

科学教师的准备和专业发展

除了选择优秀和广泛的教师人选外，还能为教科学的教师的培训工作做什么呢？有几个教师教育计划要求新教师应学习如何教各种不同的学生，并规定对特殊教育规章制度应熟悉的程度。但是，一项对特殊教育教师的调查发现：①42%的特殊教育教师没有经过科学方面的培训；②38%的自足式特殊教育班级的学生没有接受过科学方面的任何教育；③在教过科学的特殊教育工作者中，几乎一半人每周花在科学方面的时间少于60分钟，几乎60%的教师依赖课本教科学(Patton，Polloway，& Cronin，1986)。

> 调查发现42%的特殊教育教师没有经过科学方面的培训

联邦政府条例规定，所有学生应在正规的教室内接受教育，除非说明必需在另一地点进行。学校所在地区应有专业发展计划为教师提供必需的支持和培训，以帮助残疾学生能在正规教室内上课。虽然在广泛技术方面有些进展，但在帮助教师了解他们在满足所有学生需要的责任方面都几乎没有做什么工作。诸如准备和使用适用的教材、修改课程和方案、改进实验室环境以允许全体学生参与以及修改对残疾学生的评估标准等干预措施则仍然被认为是特殊教育者的责任。

对于英语语言学生来说，在科学教学方面也存在类似的情况。可能会需要ESL和双语教育教师向英语语言学生教授科学，但他们常常对科学内容和教育学知之甚少。另一方面，在其教室内有英语语言学生的科学教师却通常在第二语言教学方面没有经过培训。此外，一旦学生掌握基本的人际交流技能后，他们常会脱离ESL或双语教学计划并成为其主要倾向。但熟练的正规的语言水平需要5～7年的学习，即使学生在其第一语言方面有基本的语言技巧也是如此。这就意味着大多数学生在进入主流和在传统科学方面取得良好效果之间将经历一个中断时期。然而，经过用第一语言教授过内容丰富、从解决问题出发的科学知识的学生，一旦进入主流后即会有良好表现。如果教师能将科学与学生的家庭语言和文化联系起来，则他们就能向这些学生教授科学。就是如何将这类成果用于单语种的英语教师，这些教师的学生具有不同的语言背景和参差不齐的英文水平。当然，有一些基本做法，如简化口头和书写语言，将学生分组以便能相互讨论科学问题（如果不是和教师的话），将有关资料翻译成学生本国语言，协调教学使得科学教师和双语或ESL教师能在一起工作，而不是分开地或彼此不合拍地工作。为了更好地了解这些挑战及如何解决它们，需做进一步的研究。

科学教学

即使在美国日益多样化的科学课堂内，有色人种和女性学生也很难找到貌似匹配的角色模型。学校需要更多的有色人种教师、更多的双语种教师及能与残疾学生配合的教师，并且所有这些教师都应了解科学。但问题在于角色模型不止一个，事情在于找到能理解其学生的文化和社区的教师。成功的教师利用其知识和对学生家乡文化与背景的了解来建立课堂的行为和语言的规范。例如，教师应鼓励学生采用他们在家里与大人交流的方式在课堂上交流。

大多数教师在一定程度上能感受到在确定期望值时学生文化的价值，从而能区别地对待学生。疑难之处在于难以掌握这种区别对待会产生正面的还是负面的影响，因为学生可能把这种行为理解为肯定的或受委曲的。虽然能从性别和种族角度把这种区别对待的方式编成文件，但很难知道如何用它。关键在于学校应聘用和支持这样的教师，他们不仅全心投入科学教学，并愿意检查其教学实践，从事有利于提高对不同背景学生进行科学教学的专业提高活动。

最有效的向各类学生教授科学的策略应该是建立在学生自身理解的基础上

最有效的向各类学生教授科学的策略应该是支持学生对他们自己动手的和与他们的生活和文化相关的活动形成他们自己的理解。科学教育工作者应该承认，自己动手和以询问为主的授课的成功在一定程度上依赖于学生以前的经验、他们对做诱导式跳跃的准备及学生在其自己动手实践上反映出来的机会。

目前有一些（不是很多）对于向英语语言学生教授科学的经过验证的方法研究。为了便于科学教师向英语语言学生授课，斯珀林（Spurlin）于1995年建议以下活动：

(1)分析书面科学教材教案中的语义、句法和语言学方面的问题；

(2)修改和简化书面教案；

(3) 在动手的环境下教师急切需要的资料；

(4) 帮助学生形成其自己的含义；

(5) 观察学校内英语语言学生，指出对待他们的方式和他们接受教育的形式；

(6) 观察在教学中如何使用语言；

(7) 确定教师如何将具有不同背景和文化经历的学生引入科学教室中去。

此外，教师可使用各种有前途的方法来废除各种无效的条件。这些有前途的方法包括自己动手的教学、发现式教学、基于命题的教学、合作式教学以及在丰富而有趣的环境中教授科学内容。

公平的科学课课堂

就课堂环境的公平性而论，仅仅提供动手活动和小组工作是不够的。确切地说，教师必须是机敏而警觉的，并且能积极活跃课堂气氛，让所有学生都学会使用设备和操作计算机的方法，开拓他（她）们的想象力，并就其想象进行试验，讨论观察到的现象和结果。当教师使用非竞争教学方法，列举科学在诸如医疗等应用场合的大量例子，强调数学和科学的创造性成分，并提供大量动手学习经验的时候，女生的参与会更为经常，并且取得更好的效果。

对公平性问题的注意还应当纳入对学生的教学时期和在学区范围内的教师评价体系中。改变对待性别和科学的态度，达到让所有学生——女生和男生，所有种族的学生，以及有残疾学生——都掌握科学这一目标是必要的，这些变化要求学区全体人员做出一项重要承诺，其中包括一项“软”建议，例如需要更加“关心教授科学课的教师”。这似乎多少有点不够协调，但这是必须要做的一条。科学教育需要更多的科学课教师，他（她）们关心他（她）们的学生，并且将他（她）们的职业规定为向所有学生教授科学。

评估、鉴定与年级划分

评估具有潜在的危险性，而且在使用不当时具有破坏性，但是评估也代表了种种机会，使人们能更好地理解和改善对过去未曾接受科学教育的那些学生进行的科学教育工作。像全国数学教师委员会的《评估标准》(1993) 和国家研究委员会的《国家科学教育标准》(1996) 等文件应当得到赞扬，因为他们关注评估在教学中的使用，他们强调学生们知道什么和能够做什么，还因为他们明确地关注公平性。教育工作者不应当愚弄自己。评估一直主要用来分类学生和对学生分班；用他们的知识来判断什么是错误的；并且在总体上，赋予了限制学习机会的做法合法化。教育工作者需要知道对评估的传统用法和改革者设想的新用法之间的细微界限。学校是保守的，并且对它们的诱导将是把现在的做法改换成新的评估法。例如，在按照通过更为可靠的评估方式划出的新的能力界限来分班时，将存在一定压力。而预防这类行为的安全措施又尚未开发出来。

大有希望将评估变为更加“权威”的方式，减小数学和科学成绩度量尺度上固有的种族和性别差异——新的评估可能较少地依赖背景知识、经验和阅读技能，并且，因而较少地依赖偏见。这些假定中的每一种假定都要求更多的探索经验。人们期望各种评估能够用来影响改进后的课程和教学。人们也担心学生开始时的悬殊程度加大将被用作口实，使得对待有色人种学生的严厉后果合法化。这种担心会抵消上述期望。例如，有人担心，无固定答案的作业将在学业上存在偏见，将某些学生集中在某一层次，或者使得加强教育机会的种种计划受到不适当的监视或者不适当地被中断。

计划、行政管理和对无固定答案的学业评估打分的做法容易出现偏见

计划、行政管理和对无固定答案的学业评估打分的做法容易出现偏见。例如，加州数学评估法的一种雏形含有一项，即一位10年级(相当于中国的高中一年级)的学生确信她能上大学，因为大学A和大学B各接收这所中学毕业班的一半。现在的任务是解释为什么持这种见解是错误的。尽管这项工作要求用数学推算，但它还是有偏见的：因为用加州评估法评估的学生有一半或者更多将不上大学，并且因而不可能真正关心这个问题。

书面考试可能也含有微小的偏见。例如，操非英语语言的学生可能会做这些题目，但在用英语写出答案方面存在困难。这些学生需要比标准化测验规定的更长的时间来充分表达和修改他们的答案。许多评分陈规故意贬低带有科学性的书面表达。之所以如此，其部分原因是极难——有人认为不可能——将此二者区分开来；有人就无法区分它们列举了大量的理由（Fradd & Larringa-McGee,1994）。制定测验的典型方法是要摒弃看来有失公允或者不能预测学生全面成绩的那些题目。一种替代措施可能是制定多种题目，这些题目要求类似的能力，但却隐含在不同的上下文环境里。学生可以从题卷中选择一项或者多项。另一种方法是让编写和开发评估方法的人们本身的素养修为应有尽有，不拘一格。

评估结果可以并且应当用来作为学生与校方学习和教授科学课的档案。正如各州已经开始公布学校水平评估结果那样，学校已经能够（并且在某些情况下，学校还受到鼓励）将评估学生的工作排除在外。为了能够影响它们的平均测验分数，学校可以只管理将得到适当分数的学生的测验。有可能要求残疾学生、学说英语的学生和来自教学贫困环境的美籍黑人学生在测验期间不到校（Darling-Hammond，1991；lacelle-peterson & Rivera,1993)。这是在不希望难为学生的名义下经常的做法。因为这些学生的科学课经常是由质量最低的教师（几乎没有科学背景的特殊教育教师和英语为第二语言的双语教师，或者能力极弱的科学课教师）教授的，人们奇怪正在从这种尴尬困境中被解脱出来的究竟是谁。如果教师不用某种有意义的方式来评估学生的进步，他们如何知道学生真正学到了什么？更进一层，人们如何知道课程是否有效或者合适？各州公布了在学生出身的社会阶层和其他背景情况相类似的那些学校的业绩。这些做法的理由是让学校只负责他们认为学校能够起影响作用的那些因素。一名学生入学时的语言水平、特殊需求和其家庭所处的社会阶层便是学校认为几乎无法控制的那些因素。排除学业差的学生的做法可能导致学校徒有虚名。

许多残疾学生在传统测验条件下无法展示他们理解和胜任学习科学课程的真实水平。在测验条件或者报告机制不做任何调整的情况下，对残疾学生使用和对待非残疾学生同样的方式可能会对其分数带来负面影响，而失于对他们真正达到的水平做出恰如其分的评估。

对诸如排名次之类的考试进行评估和面向学生的教学成绩测试(SAT)

具有讽刺意味的是，虽然有些学生具有学习的机会，但他们却拒绝了那些机会。原因是通过评估指定他们到较低的班级和质量比较低劣的教学环境，对于诸如排名次之类的考试进行评估和面向学生公开的教学成绩测试（SAT）亦然。数量日益增加的女生和有色人种学生正在接受这些考试，利用它们得到进一步受教育的机会。

参加排名次考试的学生人数

	1987	1996	增加(%)
白人学生	175 556	345 189	96.6
黑人学生	8 141	22 373	174.8
拉美学生	9 632	45 021	367.4
亚裔学生	21 101	58 778	176.6
美国土著	643	2 491	287.4

来源:Published on the College Board' s World Wide Web site at http://www.colegeboard.org/

长远地看,评估可以有其他正面影响。评估报告可以强调考试分数与底线分数相比发生的变化，而不是报告不同成分组成的小组，或者报告正在学习英语的学生、有学习障碍的学生、或者正在接受资助(低收入家庭子女)的学生的个别数据。这些报告能够缓和社会团体关于是否学生群体中的所有成员都在进步和都在学习的焦虑。报告还有助于那些需要特别关注的目标领域。如果学校改革受到评估结果的鞭策，那么，列表表示出例如残疾学生在科学课程上的进步，而不是在科学课的评估中忽略这些学生，那便是合乎人们希望的。

学生、家庭和社区：属性理论

公平问题是从个别学生开始的，但是，反过来，每一个学生又是他或她的整个社区的发展产物。在讨论一个学生科学素养上的进步时，以及每一学生其科学课堂上所表现出来的独特技能、能力、属性和信仰时，我们必须公正地考虑有助于形成那个孩子的总的个性特点的社会、文化、社区和家庭。

在公平问题上，性别和科学课教育在过去已经受到最大的研究关注。性别问题影响到所有种族群体和每一社会经济阶层，尽管这种影响各有不同。后来，我们已经开始看到适用于某一白人中产阶级群体的关于性别和科学课教育的概括，在应用到其他种族群体或者别的各种各样的社会经济阶层时会有千差万别。杰克·埃克尔斯(Jacque Eccles) 和她的密歇根大学的同事们创建并试验了一个模型。这个模型解释了社会力量如何影响年轻妇女对于学习科学的决策。她（他）们已经研究了影响长期和近期成就目标及行为的心理和社会因素，诸如职业抱负、职业和业余爱好选择、课程选择、坚持从事不同任务的毅力，以及在各种与成就有关的活动中精力和时间的分配等（Eccles，1992）。

杰克·埃克尔斯和她的同事们利用与决策、成就理论和属性理论有关的理论研究和实验工作，精心制作了一个关于与成就有关的选择的模型。这个模型把教育、职业和其他与成就有关的选择同两套观念联系起来：即个人对成就的期望值以及个人与假定可得到的各种选择联系起来的重要性。个人观念是由文化准则、经验和习性形成的。个人做出选择的心理过程是社会化的过程，是从这个人在家中、在其所属的社团里和在学校中的多年经验养成的。顺理成章，社会只应对这些过程中的差异和悬殊负责，就像它只应对在学校中进行的实验里存在的不公平性负责一样。

具有各种能力的所有种族和背景的年轻人，如果他们在掌握数学和科学的能力上表现出信心不足，和在要求这些技能的职业上取得成功的信心不足时；如果他们对这些领域的参与和他们对于在这些领域取得成功的估价低于他们对其他领域的参与和他们对于在其他领域取得成功的估价时；如果他们不喜欢数学和科学课时；并且，如果他们在学校或者在家中学习数学和科学课时处于一种无助的环境和氛围时；他们参加数学和科学课的可能性也将是比较少的。因而，为在数学和科学课上已经未得到充分表现的那些学生群体弥补上所需条件就是特别重要的了。

建　议

公平问题是对社会的最大挑战之一。公平同时要求承认、回报和鼓励反抗。因为没有任何人只定义为团组成员，而是被复杂地规定为性别、种族、社会阶层、健全或者残疾以及语言和其他属性中的一个个体。

科学教育改革的特点可用“2061计划”的书名《面向全体美国人的科学》来表示。当然，危险是这一信条可能会被冲淡和削弱到人们只将其看成政治辞令而实际上不可能实现的另一条标语口号。因此，第一个建议是科学教育提出了它的公平性的形象。

1．科学教育及其有关职业机构可能希望将其联系扩展到教育部门和机构，尤其是同公平性有关的机构，并倾听他们的意见。这些机构包括双语教育和少数民族语言事务办公室、全国城市联合体、超常儿童委员会、少数民族学生的质量教育、大城市学校委员会、公平2000年（学院校董会）、美籍印第安人科学和工程协会、美国大学妇女协会等单位。关于科学教育改革的观念和目标应当借助并通过这些机构传播，以及通过过去瞄准的职业科学教育团体传播。

2．科学教育机构应当开始开发可以由家长群体、PTA、民间组织、教会和工商企业等单位使用的公共关系资料。假定在当前的政治气候下，即对教育经费和现有资金的削减越来越多地在州一级处理的

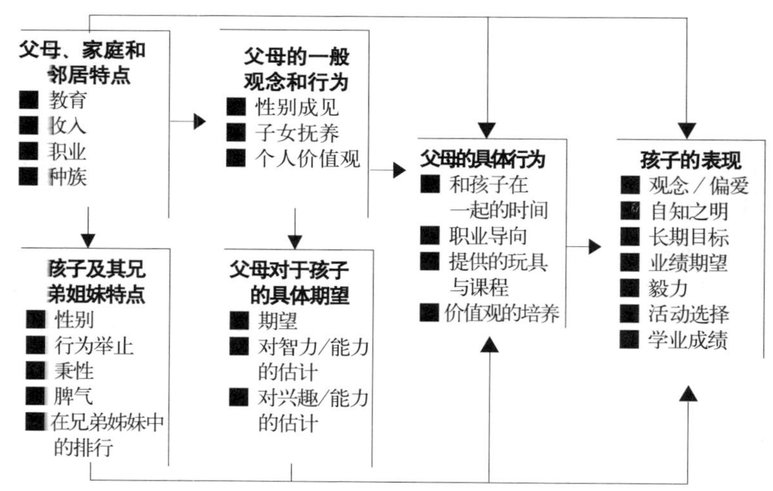

来源：Eccles, J.S.(1992).School and family effects on the ontogeny of children's interests, self-perceptions, and activity choice. In J.Jacobs (Ed.), *Nebraska symposium on motivation, 1992*. Lincoln, NE: University of Nebraska Press.

情况下，重要的是科学教育改革工作者们把他们的导向渗入到州政府和民间努力中去。在联邦预算削减面前，对于“2061 计划”空前重要的也许是国家研究委员会、全国数学教师委员会和全国科学教师协会就公平问题表现出团结一致。

3．扩展对于各种各样团体的研究。虽然一个文学团体正在日益扩大，但是，关于多样性和公平性问题的知识基础目前还是非常有限的。“2061计划”对科学教育及其相关问题的处理方式对于过去未曾受过科学教育的人们的教育做出了巨大的承诺。研究人员寻求用以指导探索公平性问题的“标志”是正确的。将研究工作集中在让所有学生如何以平等和公正的方式达到基本水准，这应当成为科学教育工作者的中心目标。

4．科学教育工作者应当仔细考虑改革可能引起的机会非但不是愈趋公平，反而是使机会进一步分化分层的这种不幸局面。有些迹象表明，在实行改革方面，比较富裕的学校和地区已经超出低收入学校和地区很多了。因此，重要的是首先定出最需要的那些地区。不公平性似乎已从州一级拨款方式上开始。我们建议诸如“2061 计划”和国家研究委员会之类的科学教育机构探索和创立一种科学教育公平性措施，它可以用于州、当地学区、学校，或者课堂一级来审查公平性。

5．科学教育工作者应当诚实地审查当前对科学教育的奖励制度，看看是否能够把它复原或者调整到涵盖公平性目标。已经发现向所有学生教授科学课的成功方法的教师们，一起工作以创造出具有创新性和高度效率的科学课课堂气氛的教育工作者班子和组建这种班子的学校，以及那些鼓励和资助舍此便没有其他机会的学生从事课外科学活动的社会团体，均应当得到承认和奖励。目前，奖励制度似乎只与“学术天才”的成就挂钩。改造奖励制度的这一建议不只是建设自我尊重的一种活动，而且是规定人类科学水平的一种尝试。

科学教育工作者，包括“2061 计划”在内，已经开始致力于改革，这种努力肯定会得到远非空喊口号所能比拟的丰硕成果。执行已颁发的标准和基本要求的各个步骤应当更加专门致力于实现公平性目标，这是对于开拓所有学生的科学视野至关重要的。在当今世界上，科学不是仅仅为少数特权人物服务的。不向所有学生提供满足极具进取心的标准所必须的公平资源的那种机会再也没有了。民主取决于所有人的机会均等，避免潜移默化地向着“有”和“没有”两极分化——如果不能达到所有人学科学这一目标，后果便会是这样。掌握科学是生存所必须的，而不仅仅是在谋职和日常生活中必须。而且， 它已经成为融入主流社会和享受信息时代的益处与文化的一种方式。

参考书目

1 American Association for the Advancement of Science.(1993).*Benchmarks for science literacy.* New York:Oxford University Press.

2 Banks,J.A.(1991).Teaching multicultural literacy to teachers.*Teaching Education, 41*(1),135–144.

3 Casserly,P.L.(1980).Factors affecting female participation in advanced placement programs in mathematics,chemistry and physics.In L.Fox,L. Brody, & D.Tobin (Eds.),*Women and the mathematical mystique.* Baltimore, MD:The Johns Hopkins University Press.

4 Cummins, J. (1980). The cross–lingual dimensions of language proficiency: Implications for bilingual education and the optimal age issue. *TESOL Quarterly, 14*(2),175–187.

5 Darling Hammond,L.(1991).The implications of testing policy on quality and quantity. *Phi Delta Kappan, 73*(3),220–225.

6 Department of Education. (1996). *The condition of education 1996.* Washington, D.C.:Author.

7 Eccles, J.S.(1992). School and family effects on the ontogeny of children's interests,self–perceptions,and activity choice.In J. Jacobs(ed.), *Nebraska symposium on motivation,1992.* Lincoln,NE:University of Nebraska Press.

8 Fradd,S.H., & Larringa–McGee,P.(1994).*Instructional assessment:An integrative approach to evaluating student performance.* Reading,MA: Addison–Wesley.

9 Fradd,S.H.,& Lee,O.(1995). *Promoting science literacy for all Americans including culturally and linguistically diverse students:Keeping the promise.* (NSF Grant No.REC–9552556).Coral Gables,FL:University of Miami.

10 Kahlenberg,R.(1995).Class,not race. *The New Republic,21*,24–27

11 Lacelle-Peterson, M., & Rivera, C. (1993). *Will the naticnal goals improve the progress of English language learners?* (ERIC Document Reproduction Service No. ED 362073).

12 National Center for Education Statistics. (1996). *1995 Digest of educational statistics.* Washington, D.C.: Author.

13 National Council of Teachers of Mathematics. (1995). *Assessment standards for school mathematics.* Reston, VA: Author.

14 National Research Council. (1996). *National science education standards.* Washington, D.C.: National Academy of Sciences.

15 National Science Foundation. (1996). *Indicators of science and mathematics education 1995.* Arlington, VA: Author.

16 Oakes, J. (1985). *Keeping track.* New Haven, CT: Yale University Press.

17 Oakes, J., Gamoran, A., & Page, R.N. (1992). Curriculum differentiation: Opportunities, outcomes, and meanings. In P.W. Jackson(Ed.), *Handbook of research on curriculum.* New York: MacMillan Publishing.

18 Patton, J., Polloway, E., & Cronin, M. (1986). *Science education for students with mild disabilities: A status report.* ED370329.

19 Rosebery, A.S., Warren, B., & Conant, F.R. (1992). Appropriating scientific discourse: Findings from language minority classrooms. *The Journal of the Learning Sciences, 2,* 61-94.

20 Shamos, M. (1996). *The myth of scientific literacy.* New Brunswick, NJ: Rutgers University Press.

21 Spurlin, Q. (1995). Making science compatible for language minority students. *Science Teacher Education, 6*(2), 71-78.

22 Treisman, E.U. (1990). *Academic peristroika: Teaching, learning, and the faculty's role in turbulent times.* Fund for the Improvement of Postsecondary Education lecture. California State University, San Bernadino.

文献目录

1 Allen, B.A., & Boykin, A.W. (1992). African American children and the educational process: Alleviating cultural discontinuity through prescriptive pedagogy. *School Psychology Review, 21,* 586-596.

2 Allen, N.J. (1995). *Voices from the bridge. Kickapoo Indian students and science education: A world view comparison.* Paper presented at the an-

nual meeting of the National Association for Research in Science Teaching, San Francisco, CA.

3 Alsalam, N., Fischer, G.E., Ogle, L.T., & Smith, T.M.(1993). *The condition of education 1993*. Washington, D.C.: U.S. Government Printing Office.

4 American Association for the Advancement of Science.(1993). *Bench-marks for science literacy*. New York: Oxford University Press.

5 American Association for the Advancement of Science.(1989). *Science for all Americans*. New York: Oxford University Press.

6 American Association of University Women.(1992). *How schools short-change girls*. Washington, D.C.: Author.

7 American Indian Science and Engineering Society.(1995). *Educating American Indian/Alaska Native elementary and secondary students*. Arlington, VA: The National Science Foundation.

8 Atkinson, J.W.(1964). *An introduction to motivation*. Princeton, NJ: Van Nostrand.

9 Bach, R.L.(1984). *Labor for participation and employment of Southeast Asian refugees in the United States*. Washington, D.C.: Department of Health and Human Services.

10 Bandura, A.(1977). Self-efficacy: Toward a unifying theory of behavior change. *Psychological Review, 84*, 191-215.

11 Banks, J.A.(1991). Teaching multicultural literacy to teachers. *Teaching Education, 41*(1), 135-144.

12 Barringer, H.(1990). Education, occupational prestige, and income of Asian Americans. *Sociology of Education, 63*(1), 27-43.

13 Barth, P.(1994). *Curriculum Connections Blueprint*. Paper prepared for the American Association for the Advancement of Science, Project 2061, Washington, D.C.

14 Bay, M., Staver, J.R., Bryan, T., & Hale, J.B.(1992). Science instruction for the mildly handicapped: Direct instruction versus discovery teaching. *Journal of Research in Science Teaching, 29*(6), 555-570.

15 Becker, J.R.(1981). Differential treatment of females and males in math-ematics classes. *Journal of Research in Mathematics Education, 72*, 119-132.

16 Benjamin, D.(1986). *The Japanese school: Lessons for industrial America*. New York: Praeger Publishers.

17 Betz,N.E., & Hackett,G.(1981).The relationship of career－related self－efficacy expectations to perceived career options in college women and men.*Journal of Counseling Psychology*,*28*,399－410.

18 Bobo,L.(1988).Group conflict,prejudice,and the paradox of contemporary racial attitudes. In P.Katz and D.Taylor(Eds.),*Eliminating racism:Profiles in controversy*. New York:Plenum Press.

19 Booth,W.(1995,July 21).University of California ends racial preferences. *The Washington Post*,pp.A1,A13.

20 Boswell,S.(1979).*Nice girls don' t study mathematics:The perspective from elementary school*. Paper presented at the annual meeting of the American Educational Research Association,San Francisco,CA.

21 Bourdieu,P.(1977).Cultural reproduction and social reproduction.In J. Karabel and A.H.Halsey(Eds.) *Power and ideology in education*. New York:Oxford University Press.

22 Boykin,A.W.(1977).Experimental psychology from a black perspective: Issues and examples.*Journal of Black Psychology*,*2*,29－49.

23 Brody,L.,& Fox,L.H.(1980).An accelerated intervention program for mathematically gifted girls.In L.H.Fox,L.Brody, & D.Tobin(Eds.),*Women and the mathematical mystique*. Baltimore,MD:The Johns Hopkins University Press.

24 Brophy,J.E., & Good,T.(1974).*Teacher－student relationships:Causes and consequences*. New York: Holt,Reinhart,and Winston.

25 Brush,L.(1980).*Encouraging girls in mathematics:The problem and the solution*. Boston,MA:ABT Books.

26 Callahan,C.M.(1979).The gifted and talented woman.In A.H.Passow(Ed.), *The gifted and talented:Their education and development.The Seventy－Eighth Yearbook of the National Society for the study of Education*. Chicago,IL:The University of Chicago Press.

27 Campbell,J.R.(1991).The roots of gender equity in technical areas.*Journal of Research in Science Teaching*,*28*(3),251－264.

28 Campbell,J.R., & Connolly,C.(1987).Deciphering the effects of socialization. *Journal of Educational Equity and Leadership*,*7*(3), 208－222.

29 Caplan,N.,Choy,M.H., & Whitmore,J.K.(1992).Indochinese refugee families and academic achievement.*Scientific American*,*266*(2)36－42.

30 Casserly,P.(1975).*An assessment of factors affecting female participation*

in advanced placement programs in mathematics, chemistry, and physics. Report to the National Science Foundation. Reprinted in L.H.Fox, L. Brody, and D.Tobin(Eds.), (1980), *Women and the mathematical mystique.* Baltimore, MD: The Johns Hopkins University Press.

31 Casserly, P.L.(1980). Factors affecting female participation in advanced placement programs in mathematics, chemistry and physics. In L.Fox, L. Brody, & D.Tobin(Eds.), *Women and the mathematical mystique.* Baltimore, MD: The Johns Hopkins University Press.

32 Cawley, J.F., Kahn, H., & Tedesco, A.(1989). Vocational education and students with learning disabilities. *Journal of Learning Disabilities, 22*, 630–634.

33 Cawley, J.F., Miller, J., Sentman, R., & Bennett, S.(In progress.) *Science for all children (SAC).* Unpublished science curriculum. Buffalo, NY: State University of New York at Buffalo.

34 Ceci, S.J.(1991). How much does schooling influence general intelligence and its cognitive components? A reassessment of the evidence. *Developmental Psychology, 27*, 703–722.

35 Chan, S., & Wang, L.(1990). Racism and the model minority: Asian Americans in higher education. In M.T.Nettles(Ed.), *The effect of assessment on minority student participation* (New Directions for Institutional Research, No.65)(pp.43–67). San Francisco, CA: Jossey-Bass.

36 Chipman, S., & Thomas, V.G.(1987). The participation of women and minorities in mathematical, scientific, and technical fields. In E.Z.Rothkopf (Ed.), *Review of Research in Education, 14*, 387–430. Washington, D.C.: American Educational Research Association.

37 Cleminson, A.(1990). Establishing an epistemological base for science teaching in light of contemporary notions of the nature of science and how children learn science. *Journal of Research in Science Teaching, 27*(5), 429–445.

38 Clewell, B.C., & Ficklen, M.S.(1986). *Improving minority retention in higher education: A search for effective practices* (Report No.RR – 86 – 17). Princeton, NJ: Educational Testing Service.

39 Clewell, B.C., Thorpe, M.E., & Anderson, B.T.(1987). *Intervention programs in math, science, and computer science for minority and female students in grades four through eight.* Princeton, NJ: Educational Testing Service.

40 Crandall, V.C. (1969). Sex differences in expectancy of intellectual and academic reinforcement. In C.P. Smith (Ed.), *Achievement-related behaviors in children* (pp. 11-45). New York: Russell Sage Foundation.

41 Cummins, J. (1980). The cross-lingual dimensions of language proficiency: Implications for bilingual education and the optimal age issue. *TESOL Quarterly, 14*(2), 175-187.

42 Darling-Hammond, L. (1991). The implications of testing policy on quality and quantity. *Phi Delta Kappan, 73*(3), 220-225.

43 Delpit, L. (1988). The silenced dialogue: Power and pedagogy in educating other people's children. *Harvard Educational Review, 58*, 280 -898.

44 Donahoe, K., & Zigmond, N. (1988). *High school grades of urban LD students and low-achieving peers.* Paper presented at the annual meeting of the American Educational Research Association, San Francisco, CA.

45 Donmoyer, R. & Kos, R. (1993). *At-risk students: Portraits, policies programs and practices.* Albany, NY: State University of New York Press.

46 Doran, R.L., Cawley, J.F., Parmar, R.S., & Sentman, R. (1995). *Science for the handicapped.* Final report to the National Science Association. Buffalo, NY: State University of New York at Buffalo.

47 Dresselhaus, M.S., Franz, J.R., & Clark, B.C. (1994, March 11.) Interventions to increase the participation of women in physics. *Science, 263*, 1392-93.

48 Dunteman, G.H., Wisenbaker, J., and Taylor, M.E. (1978). *Race and sex differences in college science program participation.* Report to the National Science Foundation. Research Triangle Park, NC: Research Triangle Institute.

49 Dweck, C.S., & Elliott. (1983). Achievement motivation. In E.M. Hetherington (Ed.), *Socialization, personality, and social development: Vol. 4* (pp. 643-691). New York, NY: Wiley.

50 Dweck, C.S., & Licht, B.G. (1980). Learned helplessness and intellectual achievement. In J. Garber and M.E.P. Seligman (Eds.), *Human helplessness: Theory and applications.* New York: Academic Press.

51 Eccles, J.S. (1984). Sex differences in mathematics participation. In M. Steinkamp and M. Maehr (Eds.). *Women in science.* Greenwich, CT: JAI Press, Inc.

52 Eccles, J.S. (1989). Bringing young women to math and science. In M. Crawford and M. Gentry (Eds.), *Gender and thought.* New York: Springer Verlag.

53 Eccles, J.S. (1992). School and family effects on the ontogeny of children's

interests, self-perceptions, and activity choice. In J. Jacobs(Ed.), *Nebraska symposium on motivation, 1992*. Lincoln, NE: University of Nebraska Press.

54 Eccles, J.S., & Blumenfeld. (1985). Classroom experiences and student gender: Are there differences and do they matter? In L.C. Wilkinson and C. Marrett(Ed.), *Gender influences in classroom interaction*(pp.79–114). Hillsdale, NJ: Lawrence Erlbaum Associates.

55 Eccles, J.S., & Harold, R.D. (1990). Gender differences in educational and occupational patterns among the gifted. In N. Colangelo, S.G. Assouline, & D.L. Amronson(Eds.), *Talent development: Proceedings from the 1991 Henry B. and Jocelyn Wallace National Research Symposium on Talent Development*. Unionville, NY: Trillium Press.

56 Eccles, J.S., & Harold, R.D. (1992). Gender differences in educational and occupational patterns among the gifted. In N. Colangelo, S.G. Assouline, & D.L. Amronson(Eds.), *Talent development: Proceedings from the 1991 Henry B. and Jocelyn Wallace National Research Symposium on Talent Development*(pp.3–29). Unionville, NY: Trillium Press.

57 Eccles(Parsons), J.S., Adler, T.F., & Meece, J.L. (1984). Sex differences in achievement: A test of alternate theories. *Journal of Personality and Social Psychology, 46*, 26–43.

58 Eccles, J.S., Jacobs, J.E., & Harold, R.D. (1990). Gender-role stereotypes, expectancy effects, and parents' role in socialization of gender differences in self-perceptions and skill acquisition. *Journal of Social Issues, 46*, 182–201.

59 Encyclopedia Britannica. (1992). *Full option science system*. Chicago, IL: Encyclopedia Brittanica, Co.

60 Endo, J.J. (1990). Assessing the educational performance of minority students: The case of Asian and Pacific Americans. In M.T. Nettles(Ed.), *The effect of assessment on minority student participation* (New Directions for Institutional Research, No. 65)(pp.37–52). San Francisco, CA: Jossey-Bass.

61 Entwisle, D.R., & Alexander, K.L. (1992, February). Summer setback: Race, poverty, school composition, and mathematics achievement in the first two years of school. *American Sociological Review, 57*, 72–84.

62 Fallows, J. (1987). Grandgrind's heirs. *Atlantic Monthly*, 16–24.

63 Farrell, Edwin(1994). *Self and school success: Voices and lore of inner-city students*. Albany, NY: State University of New York Press.

64 First, J.M.(1988). Immigrant students in U.S. public schools: Challenges with solutions. *Phi Delta Kappan, 70*(3), 205−210.

65 Fox, L.H.(1976). Sex differences in mathematical precocity: Bridging the gap. In D.P. Keating(Ed.), *Intellectual talent: research and development.* Baltimore, MD: The Johns Hopkins University Press.

66 Fox, L.H. & Denham, S.A.(1974). Values and career interests of mathematically and scientifically precocious youth. In J.C. Stanley, D.P. Keating, & L.H. Fox(Eds.), *Mathematical "talent": Discovery, description and development.* Baltmore, MD: The Johns Hopkins University Press.

67 Fox, L.H., Benbow, C.P., & Perkins, S.(1983). An accelerated mathematics program for girls: A longitudinal evaluation. In C.P. Benbow and J. Stanley (eds.), *Academic precocity: Aspects of its development.* Baltimore, MD: The Johns Hopkins University Press.

68 Fradd, S.H., & Larrinaga−McGee, P.(1994). *Instructional assessment: An integrative approach to evaluating student performance.* Reading, MA: Addison−Wesley.

69 Fradd, S.H., & Lee, O.(1995a). Science for all: A promise or a pipe dream for bilingual students? *The Bilingual Research Journal, 19*, 261−278.

70 Fradd, S.H., & Lee, O.(1995b). *Promoting science literacy for all Americans including culturally and linguistically diverse students: Keeping the promise* (NSF Grant No. REC−9552556). Coral Gables, FL: University of Miami.

71 Gamoran, A.(1992). Access to excellence: Assignment to honors English classes in the transition from middle to high school. *Educational Evaluation and Policy Analysis, 14*, 185−204.

72 Gamoran, A., & Berends, M.(1987). The effects of stratification in secondary schools: Synthesis of survey and ethnographic research. *Review of Educational Research, 57*, 415−435.

73 Gamoran, A. & Mare, R.D.(1989). Secondary school tracking and educational inequality: Compensation, reinforcement or neutrality? *American Journal of Sociology, 94*, 1146−1183.

74 Garcia, E.(1995). Educating Mexican−American students: Past treatment and recent developments in theory, research, policy and practice. In J.A. Banks and C.M. Banks(Eds.), *Handbook of research on multicultural education* (pp.372−387). New York: MacMillan.

75 Gibbons, A.(1992). Minority programs that get high marks. *Science, 258*,

1190–1196.

76 Gordon, B.J. & Addison, L.(1985). Gifted girls and women in education. In S Klein(Ed.), *Sex equity through education*. Baltimore, MD: The Johns Hopkins University Press.

77 Greene, M.S.(1995, June 25). Daily struggles, distant dreams. *The Washington Post*, pp. A1 & A16–A18.

78 Gregory, J., Shanahan, T., & Walberg, H.(1985). Learning disabled 10th graders in main streamed settings: A descriptive analysis. *Remedial and Special Education*, *6*(4), 25–33.

79 Grossen, B.(1995, July). *What works in middle school: Teaching big ideas in science*. Paper presented at the National Science Foundation/American Association for the Advancement of Science conference on science and learning disabilities, Washington, D.C.

80 Grossen, B., Romance, N.R., & Vitale, M.R.(1994). Science: Educational tools for diverse learners. *School Psychology Review*, *23*, 442–463.

81 Haberman, M. (1995, June). Selecting "star" teachers for children and youth in urban poverty. *Phi Delta Kappan*, 777–781.

82 Hamilton, V.L., Blumenfeld, P.C., Akoh, H., & Miura, K.(1989). Citizenship and scholarship in Japanese and American fifth grades. *American Educational Research Journal*, *26*(1), 44–72.

83 Harnisch, D., and Wilkinson, I.(1989). *Cognitive return of schooling for the handicapped: Preliminary findings from high school and beyond*. Paper presented at the annual meeting of the American Educational Research Association, San Francisco, CA.

84 Hartka, E.(1994). A study of students excluded from the 1992 National Assessment of Educational Progress trial state assessment. In R. Glaser & R. Linn(Eds), *The trial state assessment: Prospects and realities: Background studies*(pp. 69–114). Stanford, CA: National Academy of Education.

85 Heath, S.B. & McLaughlin, M.W.(1993). *Identity and inner–city youth: Beyond ethnicity and gender*. New York: Teachers College Press.

86 Hess, R.D., & Azuma, H.(1991), Cultural support for schooling: Contrasts between Japan and the United States. *Educational Researcher*, *20*(9), 2–8.

87 Hess, R.D., Chih–Mei, C., & McDevitt, T.M.(1987). Cultural variations in family beliefs about children's performance in mathematics: Comparisons among People's Republic of China, Chinese–American, and Cauca–

sian-American families. *Journal of Educational Psychologh, 79*(2), 179-188.

88 Hilton, T.L., Hsia, J., Solorzano, D.G., & Benton, N.L.(1988). *Persistence in science of high ability minority students*. Princeton, NJ: Educational Testing Service.

89 Hirayama, Y.(1989, January). Where Japan is second-best. *World Press Review, 55.*

90 Hirschman, C. & Wong, M.G.(1984). Socioeconomic gains of Asian Americans, Blacks, and Hispanics: 1960-1976. *American Journal of Sociology, 90*(3), 584-607.

91 Hodgkinson, H.(1990). *The demographics of American Indians: One percent of the people: Fifty percent of the diversity.* Washington, D.C.: Institute for Educational Leadership Publications.

92 Hoffer, T.(1992). Middle school ability grouping and student achievement in science and mathematics. *Educational Evaluation and Policy Analysis, 14*, 205-227.

93 Hofmeister, A., Carnine, D., & Clark, R.(1994). *A Blueprint for action: Technology, media and materials.* Paper prepared for the American Association for the Advancement of Science, Project 2061, Washington, D.C.

94 Holahan, G. & DeLuca, C.(1993). *Classroom science interventions via a thematic approach.* Unpublished research paper, Buffalo, NY.

95 Hsia, J.(1988). Asian Americans fight the myth of the super student. *Educational Record, 68*(4), 94-97.

96 Huston, A.C.(1983). Sex-typing. In P. Mussen & E.M. Hetherington(Eds.), *Handbook of Child Psychology, Vol. 4.* New York: John Wiley.

97 International Association for the Evaluation of Educational Achievement. (1988). *Science achievement in seventeen countries: A preliminary report.* New York: Pergamon.

98 Kahle, J.(1984). *Girl friendly science.* Paper presented at the annual meeting of the American Association for the Advancement of Science, New York, NY.

99 Kahlenberg, R.(1995, April 3). Class, not race. *The New Republic, 21*, 24-27.

100 Kahlenberg, R.(1995, July 17 & 24). Equal opportunity critics. *The New Republic, 20*, 22, 24-25.

101 Kellogg, J.B.(1988). Forces of change. *Phi Delta Kappan, 70*(3), 199-204.

102 Klopfer, L.E., & Champagne, A.B.(1990). Ghosts of crises past. *Science*

Education, *74*, 133–154.

103 Kluegel, J. & Smith, E.(1986). *Beliefs about inequality: Americans' views about what ought to be*. New York: Aldine de Gruyter.

104 Kohr, R.L., Masters, J.R., Coldiron, J.R., Blust, R.S., & Skiffington, E.(1991). The relationship of race, class, and gender with mathematics achievement for fifth-, eighth-, and eleventh-grade students in Pennsylvania schools. *Peabody Journal of Education*, *66*, 147–171.

105 Kozol, J.(1991). *Savage inequalities*. New York: Crown Publishers.

106 Kulik, C.L.C., & Kulik, J.A.(1982). Effects of ability grouping on secondary school students: A meta-analysis of the findings. *American Educational Research Journal*, *19*, 415–428.

107 Lacelle-Peterson, M. & Rivera, C.(1993). *Will the national educational goals improve the progress of English language learners?*(ERIC Document Reproduction Service No. ED 362 073).

108 Ladson-Billings, G. (1994). *The dream keepers*. San Francisco, CA: Jossey Bass.

109 Lane, M.(1990). *Women and minorities in science and engineering*. Washington, D.C.: National Science Foundation.

110 Lapointe, A.E., Askew, J.M., & Mead, N.A.(1992). *Learning science*. Princeton, NJ: Educational Testing Service.

111 Lee, E.S., & Rong, X.(1988). The educational and economic achievement of Asian-Americans. *The Elementary School Journal*, *88*(5), 545–560.

112 Lee, O.(1995). *Children's science conceptions and world views in social and cultural contexts: Making sense after a natural disaster*. Paper presented at the annual meeting of the American Educational Research Association, San Francisco, CA.

113 Lee, O. & Fradd, S.H.(in press). *Literacy skills in science performance among culturally and linguistically diverse students*.

114 Lee, O., & Fradd, S.H.(1995). *Science literacy with diverse students*. Coral Gables, FL: University of Miami.

115 Lee, O., Fradd, S.H., and Sutman, F.X.(1995). Science knowledge and cognitive strategy use among culturally and linguistically diverse students. *Journal of Research in Science Teaching*, *32*, 797–816.

116 Lee, S., Ichikawa, V., & Stevenson, H.W.(1987). Beliefs and achievement in mathematics and reading: A cross-cultural study of Chinese, Japanese,

and American children and their mothers. In M.L.Maehr & D.A.Kleiber (Eds.), *Advances in motivation and achievement: Enhancing motivation* (pp. 149–179). Orlando, FL: JAI Press.

117 Lewin, K. (1938). *The conceptual representation and the measurement of psychological forces*. Durham, NC: Duke University Press.

118 Lipton, E. (1995, June 25). In Fairfax high tech equals power. *The Washington Post*, pp. A1 & A11.

119 Luchins, E.H., & Luchins, A.S. (1980). Female mathematics: A contemporary appraisal. In L.H.Fox, L.Brody, & D.Tobin (Eds.), *Women and the mathematical mystique* (pp. 7–22). Baltimore, MD: The Johns Hopkins University Press.

120 Lynch, S. (1990). Fast-paced science for the academically talented: Issues of age and competence. *Science Education, 74*(6), 585–596.

121 Lynch, S. (1994). Ability grouping and science education reform: Policy and research base. *Journal of Research in Science Teaching, 31*(2), 105–128.

122 Lynch, S. (1995, April). *The missing link: The pre-implemented curriculum in Project 2061*. Paper presented at the annual meeting of the National Association for Research in Science Teaching, San Francisco, CA.

123 Lynch, S., & Mills, C.J. (1990). The skills reinforcement project: An academic program for high potential minority youth. *Journal for the Education of the Gifted, 13*, 364–379.

124 Lynch, S., & Mills, C.A. (1993). Identifying and preparing disadvantaged and minority youth for high-level academic achievement. *Contemporary Educational Psychology, 18*, 66–76.

125 Lynch, S., & Thomas, G. (1995). Hands-On Universe at Robinson Secondary School. In S.Rockman (Ed.), *Evaluation of the Hands-On Universe Project for the 1994–1995 academic year*. San Francisco, CA: Lawrence Berkeley Laboratory.

126 Mastropieri, M.A., & Scruggs, T.E. (1992). *Guidelines for effective mainstreaming in science*. West Lafayette, IN: Purdue Research Foundation.

127 Mathematical Sciences Education Board/National Research Council. (1990). *Reshaping school mathematics: A philosophy and framework for curriculum*. Washington, D.C.: National Academy Press.

128 Matyas, M.L. (1991). Fostering diversity at higher education institutions. In

M.L.Matyas & S.M.Malcom(Eds.),*Investing in human potential:Science and engineering at the crossroads*.Washington,D.C.:American Association for the Advancement of Science.

129 Matyas,M.L.,& Malcom,S.M.(1991).*Investing in human potential:Science and engineering at the crossroads*.Washington,D.C.:American Association for the Advancement of Science.

130 Mau,R.Y.(1990).Barriers to higher education for Asian/Pacific–American females.*Urban Review*,*22*(3),83–97.

131 Melnick,S.L. & Raudenbush,S.W.(1986).*Influence of pupils'gender,race, ability,and behavior on prospective and experienced teachers' judgements about appropriate feedback,research series no.175* (Report No.Sp 028 405).East Lansing,MI:Michigan State University,Institute for Research on Teaching.(ERIC Reproduction Document Service No.ED 028 405).

132 Mordkowitz,E.R., & Ginsberg,H.P.(1987).*Early academic socialization of successful Asian–American college students.The Quarterly Newsletter of the Laboratory of Comparative Human Cognition*,*9*(2),85–91.

133 Morrison,J.W.(1990).*Compensatory preschool teachers'interaction patterns with the classroom minority*.(Report No.PS 018 650).Syracuse,NY:Syracuse University.(ERIC Document Reproduction Service No.ED 317 271).

134 National Center for Education Statistics.(1992).*Language characteristics and academic achievement:A look at Asian and Hispanic eighth graders in NELS:1988*.Washington,D.C.:U.S.Department of Education.

135 National Center for Science Teaching and Learning.(1994).*School organization blueprint*.Paper prepared for the American Association for the Advancement of Science,Project 2061,Washington,D.C.

136 National Center on Research for Teacher Learning.(1994).*A blueprint for the education of Project 2061 science teachers*.East Lansing,MI:Michigan State University.

137 National Council of Teachers of Mathematics.(1995). *Assessment standards for school mathematics*.Reston,VA:Author.

138 National Council of Teachers of Mathematics.(1991).*Professional standards for teaching mathematics*.Reston,VA:Author.

139 National Council of Teachers of Mathematics.(1989).*Curriculum and*

evaluation standards for school mathematics. Reston, VA: Author.

140 National Education Goals Panel. (1994). *Data Volume for the National Education Goals Report: Vol. 1*. Washington, D.C.: Author.

141 National Research Council. (1996). *National science education standards*. Washington, D.C.: National Academy Press.

142 National Research Council. (1989). *Everybody counts*. Washington, D.C.: National Academy Press.

143 National Science Foundation. (1994). *Women, minorities, and persons with disabilities in science and engineering*(1994 ed.). Arlington, VA: Author.

144 Nicholls, J.G. (1975). Causal attributions and other achievement-related cognitions: Effects of task outcomes, attainment value and sex. *Journal of Personality and Social Psychology*, *31*, 379–380.

145 Oakes, J. (1985). *Keeping track*. New Haven, CT: Yale University Press.

146 Oakes, J., Gamoran, A., & Page, R.N. (1992). Curriculum differentiation: Opportunities, outcomes, and meanings. In P.W. Jackson(Ed.), *Handbook of research on curriculum*(pp.570–608). New York: MacMillan Publishing.

147 Ogbu, J. (1992, November). Understanding cultural diversity. *Educational Researcher*, 5–14.

148 Olsen, L. (1988). Crossing the schoolhouse border: Immigrant children in California. *Phi Delta Kappan*, *70*(3), 211–218.

149 Parmar, R., & Cawley, J. (1993). Analysis of science textbook recommendations to meet the needs of students with disabilities. *Exceptional Children*, *59*, 518–531.

150 Parsons, J.E. Adler, P.A., & Kaczala, C. (1982). Socialization of achievement attitudes and beliefs: Parental influences. *Child Development*, *53*, 310–321.

151 Parsons, J.E., Kaczala, C., & Meece, J.L. (1982). Socialization of achievement attitudes and beliefs: Classroom influences. *Child Development*. *53*. 322–339.

152 Parsons, J.E., Ruble, D.N., Hodges, K.L., & Small, A.W. (1976). Cognitive-developmental factors in emerging sex differences in achievement-related expectancies. *Journal of Social Issues*, *32*, 47–61.

153 Raizen, S. (1988). *Increasing educational productivity through improving the science curriculum*. Washington, D.C.: The National Center for Improving Science Education.

154 Raspberry, W. (1995, September 25). Hugh Price's children's crusade.

The Washington Post,p.A21.

155 Rawls,J.(1971).*A theory of justice*.Cambridge,MA:Belknap Press.

156 Redden,M.R.(1978).What is the state of the art? In H.Hofman(Ed.) *Science education for handicapped students*.Washington,D.C.:National Science Teachers Association.

157 Reyes,L.H.,Stanic,G.M.A.(1988).Race,sex,socio–economic status and mathematics.*Journal for research in mathematics education*,*19*,26–43.

158 Rockman,S.(1995).In school or out:Technology,equity,and the future fo our kids.*Communications of the ACM*,*38*,25–29.

159 Rodney,C.A.,Perry,R.P.,Parsonson,K. & Hrynuik,S.(1986).Effects of ethnicity and sex on teachers'expectations of junior high school students.*Soci–ology of Education*,*59*,58–67.

160 Rohlen,T.P.(1983).*Japan's high school*.Berkeley,CA:University of Cali–fornia Press.

161 Rosebery,A.S.,Waren,B., & Conant,F.R.(1992).Appropriating scientific discourse:Findings from language minority classrooms.*The Journal of the Learning Sciences*,*2*,61–94.

162 Rotberg,I.C.(1990).Resources and reality:The participation of minorities in science and engineering education.*Phi Delta Kappan*,*71*(9),672–679.

163 Sanders,Jo(1994).*Lifting the Barriers*.Port Washington,NY:Jo Sanders Publications.

164 Scantleberry,K. & Kahle,J.B.(1993).The implementation of equitable teaching strategies by high school biology student teachers.*Journal of Research in Science Teaching*,*30*,537–546.

165 Secada,W.G.(1989).Educational equity versus equality of education:An alternative conception.In W.G.Secada(Ed.),*Equity in education*.Philadelphia,PA:Falmer Press.

166 Secada,W.G.(1991/1992).Agenda setting,enlightened self–interest,and eq–uity in mathematics education.*Peabody Journal of Education*,*66*(2),22–56.

167 Secada,W.G.(1994).Equity and the teaching of mathematics.In M.Atwater (Ed.),*Proceedings of a seminar on multi–cultural education in math–ematics education*. Athens,GA:Department of Science,University of Georgia.(Obtained from the author with permission to use).

168 Shavelson,R.(1992).Performance assessments:Political rhetoric and mea–

surement reality. *Educational Researcher, 21*, 22–27.

169 Simpson, R.D. and Oliver, J.S. (1990). A summary of major influences on attitude toward achievement in science among adolescent students. *Science Education, 74*, 1–18.

170 Slavin, R.E. (1990). Achievement effects of ability grouping in secondary schools: A best–evidence synthesis. *Review of Educational Research, 60*, 471–499.

171 Sleeter, C.E. and Grant, C.A. (1991). Mapping terrains of power: Student cultural knowledge versus classroom knowledge. In C.E. Sleeter (Ed.), *Empowerment through multi–cultural education* (pp. 49–68). Albany, NY: State University of New York Press.

172 Smith–Hefner, N.J. (1990). Language and identity in the education of Boston–Area Khmer. *Anthropology and Education Quarterly, 21*(3), 250–268.

173 Snow, R.E., & Yallow, E. (1982). Education and intelligence. In R.J. Sternberg (Ed.), *Handbook of human intelligence* (pp. 493–585). London: Cambridge University Press.

174 Snyder, T. (1993). *Digest of educational statistics.* Washington, D.C.: Government Documents.

175 Spencer, B.D. (1994). A study of eligibility exclusion and sampling: 1992 trial state assessment. In *Trial state assessment: Prospects and realities: Vol. 2. Background studies* (pp. 1–68). Palo Alto, CA: National Academy of Education.

176 Spurlin, Q. (1995). Making science comprehensible for language minority students. *Science Teacher Education, 6*(2), 71–78.

177 Terman, L.M. (1926). *Genetic studies of genius: Vol. 1.* Palo Alto, CA: Stanford University Press.

178 Tidball, M., & Kistiakowsky, B. (1976). Baccalaureate origins of American scientists and scholars. *Science, 193*, 747–52.

179 Tikunuff. (1985). *Applying significant bilingual instructional features in the classroom.* Washington, D.C.: National Clearinghouse for Bilingual Education.

180 Tobin, D., & Fox, L.H. (1980). Career interests and career education: A way to change. In L.H. Fox, L. Brody, and D. Tobin (Eds.), *Women and the mathematical mystique.* Baltimore, MD: The Johns Hopkins University Press.

181 Tomlinson-Keasey, C, & Smith-Winberry, C. (1983). Educational strategies and personality outcomes of gifted and non-gifted college students. *Gifted Child Quarterly*, *27*, 35–41.

182 Traub, J. (1995, July 17). It's elementary. *The New Yorker*, 74–79.

183 Treisman, E. U. (1990, March). *Academic peristroika: Teaching, learning and the faculty's role in turbulent times*. Fund for the Improvement of Postsecondary Education lecture at California State University, San Bernadino.

184 United States Commission on Civil Rights. (1992). *Civil rights issues facing Asian Americans in the 1990s*. Washington, D.C.: U.S. Government Printing Office.

185 *Webster's encyclopedic unabridged dictionary of the English language*. (1989). New York: Gramercy Books.

186 Weiner, B. (1974). *Achievement motivation and attribution theory*. Morristown, NJ: General Learning Press.

187 Welch, W. W. (1994). *Blueprint for reform: Assessment*. Paper prepared for the American Association for the Advancement of Science, Project 2061, Washington, D.C.

188 Weldon, S. (1995, July 12). Magnet schools saved, but at what cost to system? *The Silver Spring Gazette*, p. A13.

189 White, M. (1987). *The Japanese educational challenge: A commitment to children*. New York: The Free Press.

190 Wilkinson, L. C., & Marrett, C. (1985). *Gender influences in classroom interaction*. Hillsdale, NJ: Lawrence Erlbaum Associates.

191 Wright, P., & Santa-Cruz, R. (1983). Ethnic composition of special education programs in California. *Learning Disability Quarterly*, *6*(4), 387–394.

192 Yao, E. L. (1988). Working effectively with Asian immigrant parents. *Phi Delta Kappan*, *70*(5), 223–225.

193 Ysseldyke, J., Thurlow, M., Christenson, S., & Weiss, J. (1987). Time allocated to instruction of mentally retarded, learning disabled, emotionally disturbed and non-handicapped elementary students. *The Journal of Special Education*, *21*, 23–42.

第二章

政　策

科学教育改革者们已经发现对美国人的课堂实施变革有三大障碍：科学课程的现状，教师的知识现状，公众对需要进行科学课教育改革的认识。目前的大多数科学课课程设计是按照学生已经记住大量无关的事实，而不是让他们深入探索融入传统学科的系统的综合概念和原理，并让学生为终生学习做好准备。大多数教师是在前一种课程风格下训练出来的，因而他们常常并不准备去执行后一种教学风格。总体说来，公众并不知道这些问题，他们对科学教育的兴趣也不如对于阅读和数学的兴趣那样浓厚。

像今天努力改革许多课程一样，“2061 计划”旨在创立一种让学生的注意力更加集中的、动手性强的和凭经验学习科学的方法，来解决这些问题。此外，“2061 计划”强调教育工作者摆脱广泛使用的课本所提供的那种标准化的科学课程，而转向发展出生动活泼、灵活而又有地方特色的科学教育。《科学素养的基准》一书创立了一种框架。教师、学校和当地学区能围绕这种框架设计出一种课堂教学，恰恰适合他们的每一个学生的独特需求。

改革的现状

虽然当前科学和数学教育改革的目标是值得称道的，但是它的许多基本方面却有别于 20 世纪 50 和 70 年代之间进行的大规模课程改革工作。这些工作也将课程和教师看作关键问题，并研究了一种动手更多的、学生注意力更集中的科学课教学法，始终认为重大变化是一循序渐进的过程，可能需要许多年才能完成。尽管这些工作一时甚嚣尘上，又投入了大量的资源、专家和联邦政府的资金（1954～1975 年间至少投入了1.17亿美元)，但是到了70年代中期这些变化的本身便几乎荡然无存了。学生的学习又一次主要集中在获取计算技能，而鲜有学生潜心于考虑那些需要创造性和灵活反应的活动了。今天的科学和数学教

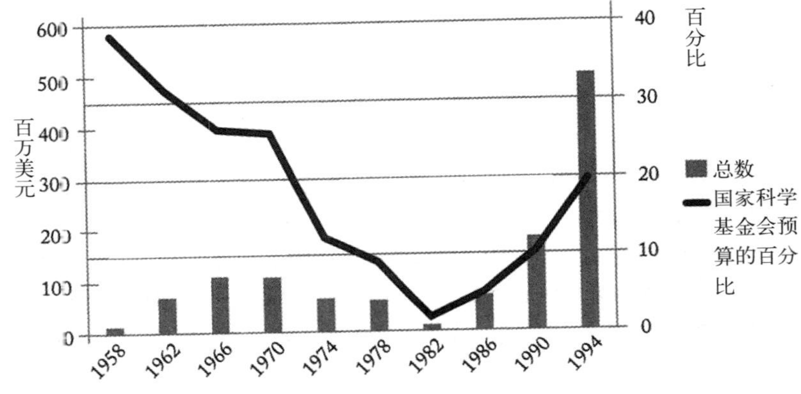

国家科学基金花在教育上的资金

来源: Based on data published on the National Center for Education Statistics World Wide Web site at http://nces.ed.gov/pubsold/

育改革工作者们面对的关键问题显然是“为什么这些工作失败了？”

答案肯定是多层面的，但是，希望避免早期工作产生令人失望的结果的改革工作者们必须意识到关键的两点。第一，中学课程和在大学及实验室里实践中使用的科学之间的联系必须尽量密切，以致使从事研究工作的科学家、工程师及在科学相关学科工作的其他专业人士可以和K-12教师一道工作。不能期望科学家知道教师应当知道的教学工作的一切。与之类似，K-12的科学课教师和课程制定者们也无法知道研究基础科学的人们所应当知道的一切。但是，这种联系越紧密，中学及大学科学课程及其教学工作将会越好。

第二，许多教师没有为执行《科学素养的基准》和国家研究委员会《国家科学教育标准》所设想的科学教育做好充分准备。如果教师在教授科学课程上准备得很差的话，任何改革工作都会失败。大多数教师已经具有成见，将学习科学看成必须记住和必须背诵的一系列毫

不相关的事实，并且，在他们学习教师培训大纲所要求的科学课程时仍然采用同样的方法。此外，小学和中学教师很少有甚至没有机会接触到从事研究工作的科学家社团中常见的那种职业氛围，因此没有经常接触关于“真正的”科学是什么的谈话。70年代的某些计划已经意识到这一缺陷，并承认在制定新课程中让教师和科学家紧密结合的至关重要。

> 小学和中学教师很少有甚至没有机会接触到从事研究的科学家社团中常见的那种职业网络

目前的教师强化培训计划，诸如国家科学基金会和美国教育部资助的那些计划，也已致力于开发专业网络，并得到中学里日益普及的电子通信手段的帮助。但是，当这些计划结束时，中学和大学常常发现难以向这些活动继续拨款。教师失去了同曾经和他们一起工作过的学术科学家的联系，并且又一次离开了支持他们改革工作的专业网络。

重要的是当改革工作者们准备开始制定和执行改革的时候，他们要意识到这些问题，他们还必须认识到将会出现更多的变化。因而，必须将短期目标设计集中在下述问题上：

1.在支持科学改革上，政府——联邦政府、州政府和地方政府的政策起何作用？

2.当地学区的政策对于支持学校和课堂中的科学改革能起何种鼓励作用？

3.课程结构在职业发展中应起何种作用？为了在课堂中执行，课程应准备到何种程度？

4.在国家和基层应如何发展公众对于科学教育改革的支持？

短期目标是从回答这些问题或许还有其他问题时出现的，它们应当用从上至下和从下至上的改革方法，以及这两种方法组合起来的方法予以考虑。本章分成四部分，集中于这些问题，并为解决这些问题的改革方法提供了选择。

自上而下的改革：政府政策需要的变革

政府政策——联邦、州和地方政府的政策——具有影响课堂实践基本变化的权力。虽然联邦拨款对K-12学校大纲有某些影响，但是地方校董会继续对美国的中学有直接的控制。过去25年来，州——甚至地方政府一级——对美国教育的作用已经增加颇多(Goertz,1993)。在20世纪80年代对于课程要求更加注重和在州一级进行的比较有助于增加州级政府的权力。虽然这一变革增加了各种背景的学生上科学课的人数(Porter, Kirst, Osthoff, & Schneider,1993)，但是，几乎没有人去注意这些课程在教些什么。现在全美各州正在开始使用政策指示，诸如课程框架、评估和教师资格取证要求，来直接影响各学校的课程内容和教学。许多州正在号称“体制改革”的政策和政府策略的名义下这样做。这种策略要求州政府发展一套他们管辖的中学遵照行事的、共同的标准或原则，然后使用这些标准来制定课程、教学和评估目标。

全美各州正使用政策指示，诸如课程框架、评估和教师资格取证要求等来影响各学校的课程内容和教学

这种改革还要求州政府更有效地组织和分配资源，以满足标准的基本目标。

州政府给予其属下的地方和学校不同程度的灵活性，让其设计各自的策略，以满足州政府颁布的标准。例如，州政府授权的教科书和评估缩小了各地方和学校为设计他们各自的大纲所具有的选择余地。如果科学和数学课教育工作者希望看到改革在广泛地执行，他们必须设法影响州级政府的政策，以使其支持更大的灵活性。改革内容应当包括全面注重课程框架、评估、教师和课程教材。如果州政府影响这四个方面的政策是反对科学教育改革目标的，那么它肯定会扼杀改革工作。但是，政策至少为渐进变革开拓了空间，并且最好是积极地支持科学和数学教育，这样便可能成为改革成功的关键组成成分。

课程框架

过去，州政府对于各学科教学工作的指南几乎未受到教育工作者们的任何重视。实际上，这些指南——通常称为课程框架——在指导全州的教学方面正在起着较大的作用。现在这些框架经常是在公众座谈会上制定出来的，并且许多州将它们用作学校改革的催化剂。当在撰写这一章时，许多州正在公布新的或者经过修改的全州性的课程框架——公布新的或者修改过的全州性科学课框架的有37个州，关于数学课框架的有33个州——并且在大多数州里这些框架正处在执行过程中(Blank & Pechman，1995)。通过使用标准强调一个领域的概念而不是其专深的细节，越来越多的课程框架正开始反应出科学和数学改革的目标。这些标准包括《科学素养的基准》、《国家科学教育标准》和《学校数学课课程和评价标准》(National Council of Teachers of Mathematics,1989)。

然而，各州的框架迥然不同。例如，加利福尼亚州和南卡罗来纳州提供了比较详细的细节，讨论了比较大的科学概念、教学法、教学顺序和评估。而德克萨斯州和密西西比州将他们的框架限于说明科学内容的目标和目的，只提供建议，供教学工作者参考选用。最后，像宾夕法尼亚之类的一些州制定了非学科框架。这种框架不讨论顺序或者教学法，而仅限于将框架内容和非学科手段可能更经常地用于曾经对地方采取强制性控制的那些州，他们向学区提供了较大的灵活性。建议只提供详细内容和教学法的一些州已经被迫重写他们的框架。写作班子很强，其成员都持反对在比较详细的框架中经常表述或者暗示的价值观和态度的。有一些联合会强烈反对诸如解决问题、更高档次思维和按照不同种族划分群体之类的目标，因为他们觉得那样做会妨碍学生对某些具体学科的学习。这些组织已经迫使好几个州改变他们制定的框架，即从制定为教授和学习科学课程提出建议的那种框架转向比较原则性的框架。

虽然“光秃秃的”(bare-bones) 以学科为基础的框架并不总是完全符合基本要求——主要是因为他们经常是年级水平或专门课程的，而不是跨学科跨年级性的——但他们在政治上是更加可行的。此外，他们能向教师提供大量的指南和灵活性。另一方面，一点不含专业性或者教学指南的州框架对教师和行政管理者几乎没有任何实用价值。他们必须把广泛的框架概念转换成课堂单元和授课计划。为了解

一点不含专业性或者教学指南的州框架对于教师和学校行政管理者们说来几乎没有任何实用价值

决这一问题，地方学区可以使用基本要求，提供高度的专业性和大量的灵活性。如果“2061计划”的支持者们将他们的影响扩展到制定州级，并包括各学区级的科学课程框架，以及为执行这些框架所做的工作的话，那么，他们将拥有强大的手段来推行改革。

评估

在过去的20年里，评估对于全州范围（甚至全国范围）的测验的影响，大体上就像州的影响一样已经极大地增强了。正如在《科学教育改革的蓝本》的第八章《评估》里详细讨论的那样，这些测验常常对于课堂上所教授的内容具有最重要的影响。正因为意识到这一点，许多科学和数学课教育工作者已经日益关注对于多项选择、标准化测验的限制，并已经开始日益集中注意开发所谓的“权威性的评估”。这些权威性的评估经常包括对于学生作业、学业基础考试，以及无限定答案项目的量之大小，后者旨在测验学生反应性思考而非内向思考的能力。许多人希望，而且科学教育改革工作者也肯定希望，对这些评估的使用将继续增加。这些评估在下述两方面具有极大的潜力，即促进实验更多的学习和关键性的思考技能，这两方面正是科学和数学教育改革的两项关键目标。

州评估的责任

州评估作用	州 数*
评估学校的责任	30
决策重大事项	27
关于学校拨款	13
关于学校鉴定	11
评估学生成绩责任	26
学校退学要求	17
符合州课程标准的	23**

＊45个州有全州性评估制度；＊＊21个州正在分析符合程度。

来源 National Goals panel.(1996).*Profile of* 1994—1995 *state assessment and reported results*. Washington D.C.: Author.

费用和公众的认可是发展使用权威评估的障碍。较大的州能支付得起开发科学评估所需的费用，这些评估与它们自己的框架一致，又包括无结尾项目和教学成绩项目（open-ended and performance items）。资源匮乏的州必须使用“现成的”商品性试卷，这种试卷主要是多项选择格式的，并且常常与州政府制定的课程框架不符。

学区在符合州政府框架和评估方面也面临类似的困境。虽然有许多州已经开始使用加强了的多项选择试卷（例如，考试包括图形、测量工具等）和在全州范围的评估中使用无结尾项目(open-ened items)，但是许多技术问题仍然在困扰着权威评估，并使之成为关注公众责任的决策者们犹豫未决的问题。可能有几个州会抵制权威评估，因为他们无能力明确地量化出学生的成绩。例如，加利福尼亚州和肯塔基州不得不将其权威评估搁置起来，因为公众批评他们的权威评估目标不够，也不可靠。

无论一个州或者一个学区是使用权威评估还是极大地依赖标准化的多项选择测验，评估对课程和教学都有重大影响。而且与考试成绩有关的程度越大，它对课程的影响就越大。虽然高分数线考试的某些间接结果，诸如猜题教学、将教学集中在技巧和词汇上，以及将时间移作别用等，同改革的许多目的不符，但是教育工作者必须意识到评估影响实践的巨大威力，并且因而必须准备遵照本书第八章的建议，去影响全州或者全国的考试。

教师

改革几乎不可能产生基本上不影响教师的孤立影响。当前的一项研究表明，教学力量方面存在重大问题，包括许多非专业的和不合格的教师、高流动率和改行（国家教学和未来委员会，1996）（National Commission on Teaching & America’s Future,1996）。报告明确指出了关于教师质量的十项指标：

(1) 不合格率；

(2) 非专业教师百分比；

(3) 教师占教职员总数的百分比；

(4) 专业鉴定；

(5) 要求的教授学生的时间；

(6) 拥有对各种各样学生进行教学的经验；

(7) 新教师就职；

(8) 专业标准；

(9) 国家认证教师；

(10) 鼓励获取国家教委证书。

在这十项指标中，目前只有一个州满足七项，三个州无一项满足，大多数州满足的项目不到四项。

州政府使用各种各样的政策来影响教师队伍的质量，包括薪水、奖金、证书和执照续颁、鉴定和教职员培训。对科学和数学教育改革工作者说来，做出基本变革的最可靠方法是强调证书、鉴定，以及包括教师、行政管理人员和政策制定者在内的教职员培训。

证书 正如评估影响课堂实践一样，州政府的教师颁证过程影响教师培训院校的实践。虽然难以改变高等教育课程的内容，但是在大量学生通不过毕业考试时，校方已经改变了他们的教师培训大纲。在改变其教学力量的尝试中，奥克拉荷马州正在试验其颁证要求，遵照的标准是由全国专业教学标准委员会为经验丰富的高业绩教员制定的标准。在决定其大纲内容时，教师培训工作者们将会很好地同全国专业教学标准委员会或者类似的机构合作。

鉴定 20世纪80年代许多州都曾尝试加强其教师鉴定过程。然而，在影响教育方面，这些努力均不很成功。首先，有些州和地方教师短缺，使一些学区无法将教师免职，无论他们在鉴定中的表现如何。此外，教学鉴定倾向集中在一般的教学合格性方面。例如，明尼苏达州教育效果大纲。它创编于1983年，使用了15个总体“有效学校”准则作为评价和帮助的基础。重要的是要认识到，具体的教学形势、正在教授的具体内容和具体教学目标都

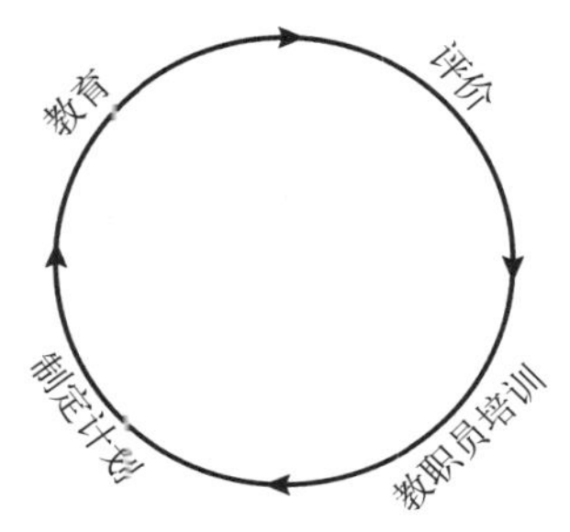

以标准为基础的教学改进过程

必须在界定和评价有效教学时予以考虑。(Sclan & Darling-Hammond, 1992)。改革者们应当塑造并提高教授科学课的模范教师，他们与基本要求和标准的目标一致，用他们作为鉴定体系的基础，把教职员的培训和鉴定过程结合起来，以产生出一种体系，按照以标准为基础的目标建设合格的科学教师队伍。

教职员培训　在很大程度上因为教职员培训的支持者们缺少政治权力，许多州对于教职员的培训根本不提供任何资助，而将其留给各个学区处理。甚至在州政府为教职员培训提供经费的时候，他们也很少支持“2061计划”为教师和学生设想的那种长期的、灵活的和发展性的科学学习过程。全国范围的财政危机和公众对于州政府紧缩银根的广泛支持使得这种政治现实在可见的将来不会改变。

科学和数学教育改革工作者们应当和向教职员培训提供拨款的州政府密切合作，以便帮助他们为学区和学校制定出具有具体目标的切实可行的计划。在为教职员培训提供极少甚至不提供任何财政支持的州里，职业性学会可以努力影响教师培训机构和州政府颁证过程。在这些州里，影响教职员培训活动的任何努力都应集中在学区一级。长期目标可以是设计专题论坛，向教师介绍基本要求和标准。真正有效的体系也常常会包括全州范围的教师、学区办公室和“辅导员”网络。这些辅导员都接受过类似的培训，并向正在实施这些目标的学校提供继续培训和支持。

教材

虽然大约一半的州批准了学校采用的课本和其他教材，但是对于这些教材的强制性采用的情况各州却大不一样。有些政策制定者已经谈到取消使用课本，并且经常声称课本面面俱到但却浮泛浅薄，还说课本系出版商所写，他们的目的是不犯错误，因而他们仅仅致力于最平淡的内容，他们限制教师的选择性，并且倾向于窒息教师的创造性(Schmidt, McKnight, & Raizen, 1996)。州政府已经开始对这些批评做出反应。有许多州不仅敦促他们的课本出版商出版更高质量的教材，而且还将适合采用的教材多样化。例如，有几个州现在鼓励科学课教师在课堂上采用科学教具、录像，或者计算机软件程序。科学和数学教育工作者们会很好地利用灵活性和改革的大气候，向学生提供关系更加密切的动手学习经验是目前科学和数学教育工作者们和人数日益增多的政策制定者们的目的。

增加灵活性

许多州已经认识到，过去旨在严格进行自上而下的改革有其局限

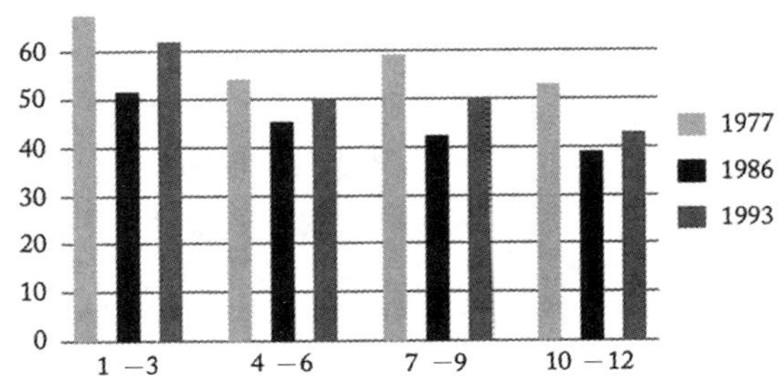

科学课堂上的动手工作

来源：National Science Foundation. (1996). *Indicators of mathematics and science education*, 1995. Arlington, VA: Author

性，现正积极工作，以增加其政策的灵活性。在控制教学与课程制定方面，基本要求和标准成为将州级责任和地方需求结合起来的一种大有希望的方式。此后，许多州出台了创立标准的种种政策。科学和数学教育工作者常常会被提议采用这些新的机制及其对应产物——放宽规定、特许学校立法、地方需求鉴定过程，以及诸如此类的东西——来考虑地方当局同改革思想方向一致的实验。当前州一级的改革气候正是持久而有意义的变革可以蓬勃发展的气候。

由下而上的改革：学校政策需要改革

20 世纪 80 年代中期，由上而下的改革的局限性开始显露出来。决策者们越来越把他们的注意力集中到“体制改革”上。体制改革的主导理论认为，加强教师和家长的作用是提高教育的关键。虽然这种推理是合乎逻辑的，用意也是好的，但大部分体制改革政策都忽视了课程内容。忽视了这一重点，学生的学习方面就很难发生变

化（Porter，1993）。

学区在动员和影响学区内的政治力量支持教改工作方面起着重大作用，如果他们持反对态度，教改工作就很容易无法进行

以学区为单位的改革

从理论上说，系统教改试图采取加强地方责任的做法来解决这一问题。但当前系统教改的许多做法似乎是把控制权从州一级下放给学校，从而绕过了学区这一级。政策的制定者们应当留心，不要让把决策权下放给各个学校这样的浪漫想法迷住了心窍。斯皮兰（Spillane） 1994年对一个密歇根学区的调查表明，学区在协调州里的政策与课堂实践方面是强有力的。尽管有一套强有力的奖惩办法促使学区执行州的新阅读标准，但学区还是能够把职业培训、课程教材和学生评估集中在更传统的阅读形式上。

任何全面的教改都不应忽视地方学区的力量。他们邻近校址，了解当地的微妙情况，并具有影响学校教学工作的一批力量，使逐个学校的教改不再困难。政策制定者们必须考虑到，学区管理者们是从他们自己的机构、社会和政治环境去理解政策的变化的。

绕过学区管理者，直接去抓学校的教职员，并不能削弱学区在教改过程中的重要作用。学区在动员和影响学区内的政治力量支持教改工作方面起着重大作用，如果他们持反对态度，教改工作很容易无法进行。

由于州一级控制的加强在今后越来越影响到教育的目标，科学和数学教改工作者将会把学区作为推广和发展教改的单位并从中获益。按照现在的2000年目标计划，在联邦政府拨给各州用于确定目标的拨款中，90%将用于地方学区。科学领导者们也许应该考虑向有志于执行基本要求和标准的地方学区提供（或要求州政府、基金组织，或其他机构提供）奖金的途径。

以学校为单位的改革

作为总体教改策略，注重把学校和学区一级作为发展单位是大有可为的。建立起学校和学区的科学教育改革网络，可以使它们相互学习，共同寻求技术支持，并打破教育工作者们之间的隔离状况。由共同目标结合起来的学校联合体也较易获得启动和运作资金。

以学校为中心的由下而上的教改有利也有弊。学校的逐个改革花钱更多，范围有限。最需要帮助的学校也可能得不到帮助。由下而上的自愿教改缺少实现变革所需要的政治压力，可能只能吸引社会经济状况较好的学校。逐校改革还使学区管理者的工作复杂化，他们的工作是向公众保证教学大纲的有效和学生们都朝着教学大纲的要求前进。这些也说明，虽然各校都能进行也正在进行引人注目的改革，但科学教育的总体改革是不能单靠学校一级的。

“2061 计划”实践经验

对于任何希望把《面向全体美国人的科学》的目标付诸实践的学校或学区来说，参与“2061 计划”教改工作的学校——学区中心提供了有价值的经验。有几个因素影响了六个现场的结果：由下而上的计划；由 AAAS 提供的外来支持和资助；不同层次、不同学科的人员组合；鼓励不受现行学校机构、计划或学区政治限制的“大胆想象”并制定出远景设想；一个长时间的规划过程和发展时期（Massel & Hetrick ,1993）。

正如现场提供了如何确保科学教育改革成功的经验一样，它们也显示了一个学区或学校致力于如此广泛的改革所可能遇到的许多陷阱。例如此项工程的无终结的性质就与某些重要的地方现实情况——如教师的时间限制、政治家们对于成绩责任制的需要、以及家长的理解等相冲突。此项工程的长期性难于使某些人，特别是那些非中心组的人员保持积极参与的态度，如果教改需要让教师们一直参与下去——肯定应当如此——那就必须设法解决这一困难的现实问题。

关于一种职业学习法的建议

为解决教师素质的难题，科学和数学的教改工作者们可以考虑采用一种与课程编制密切相关的职业学习法。这种职业学习法将把由上而下的和由下而上的做法结合起来。

职业挑战

教改工作者们根据学习者构筑他们自己的知识这一思想所采用的学习模式，迫使教师们更积极地成为课堂上的决策者，并利用教材和课程去满足学生们的独特需要。简言之，这就要求某些教师以他们从未学过的方法去教学生，而这类教法有时可能与今天的课堂组织背道而驰。此外，它还要求教师具有比现在更高的对所教课程的掌握能力。他们必须有一定的思想准备，去对付很可能是他们从未受过培训的那种复杂性和不确定性，去对付学生们提出的许多他们无法回答的问题。要克服这些困难是很艰巨的任务。对于20世纪70年代中期备受支持和广泛实行的教改所进行的研究表明，曾经尝试过以经验为基础的教学法和试用过新教材的大部分教师，很快又恢复使用较为轻松的传统教学法(Stake, Easely & Anastasiou, 1978)。

现在的师资培训

现在的师资培训在很大程度上是低效的，因为它在观念上是不完整的，在讲授上是间歇式的，而在教师中间的分布也是不均衡的。培训计划常常是由远离课堂的专家们编制的，学校几乎不承担责任。在大多数师资培训活动中，教师只不过是由别处所生产的知识的消费者，这种现实情况与教改的目标和原则是完全不相容的(Little, 1993)。

此外，许多教师在职业上没有受到使用网络系统的培训，不能像做学术研究的科学家们那样，在频繁的学术会议上使用网络。如果教师们自己都没有条件去构筑他们自己的关于科学内容和教学的概念，就很难期望他们去组织亲手操作活动，去帮助孩子们构筑他们的科学知识。同样，对于教师们可能难于讲授许多科学课程的问题，一点也不会令人感到奇怪。教材是专业科学家们编的，而教师和专业科学家们几乎是互相隔离的。

确立长期的师资培训工作主要靠三个因素：学科专长，对教育政策的理解和职业圈内的广泛交流

曾经有人做过一些解决这些难点的成功的尝试，像城市数学合作计划(Webb, Heck, & Tate; 1996)和亚当斯(Adams 1992)所描述的旧金山的一个较小的数学A教师网络。通过这两项工作，人们认识到确立长期的师资培训工作主要靠三个因素：学科专长，对教育政策的理解，职业圈内的广泛交流。城市数学合作计划使教师们能接触到他们本学科内有影响的人物和州级以及国家级的政策制定者们，同时帮助他们了解学科专长，并在其教学工作中加以采用，收到了好的效果。

参加“2061计划”的学校在某种程度上与这两个互助网络相似。事实上，有几位在网点上培训过的老师在接受本章作者采访时说，这是他们一生中所受到过的最好的职业培训。其他的调查也表明，教师们认为能提供集中的、有深度的培训，有足够的时间去掌握概念和教材，有机会去咨询同行和专家，去做实际工作而不仅仅是听专家们讲，那样的师资培训才是最有效的。“2061计划”的师资培训就含有若干这类特点。以课程分析为中心的类似的职业学习模式也可以广泛采用。

但是，实施改进了的职业学习模式也存在着若干严重障碍。首先，全员师资培训的代价很高。第二，把已经很忙的教师抽出去进行较长期的师资培训是很困难的，对于学院和大学专业学科则更困难。第三，教改强调的是一个没有终结的过程，促进持续的学习和发展，而政治家和公众常要求培训过程有头有尾和有达到某一时间线的成绩责任措施。出于同样的想法，教师也要求课程培训不能没完没了。毫不奇怪，许多教师说，过去的教改是从整个州或整个国家的广泛需要出发而设计的，而把设计或改造课程单元以及教学活动的全部责任都压到教师肩上，实在令人困惑。科学界和教育界的领导者们应当了解这种现实

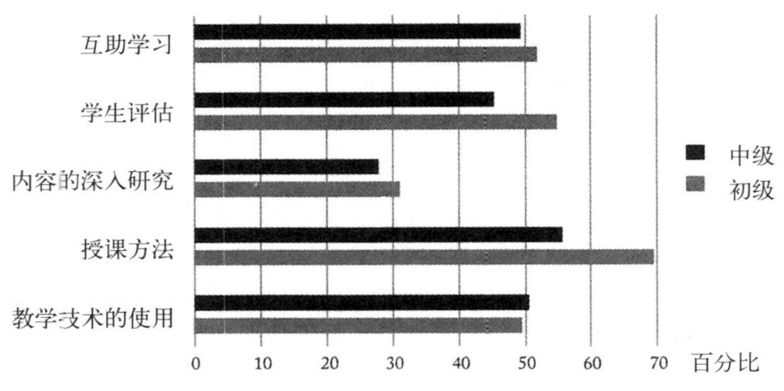

最常见的师资培训活动类型

来源：National Center of Educational Statistics(1996). *The condition of education, 1996*. (NCES 96-304). Washington, D.C.: Author.

情况，并设法兼顾他们的目标和教师们、管理者们以及政策制定者们的实际需要。

有关获得支持的建议

如果教改的领导者们要实现宏伟的目标，在全国范围的学校内，改革科学的现行教育法——实际地说，如果他们希望这种改革能起到任何一点作用的话，最大的难题之一就是取得广泛的公众支持。为了适应具有各自不同日程表的许多利益集团的要求，我们的教育制度和政治制度呈现出多样性，要得到公众的共识和支持谈何容易。在这种情况下，主要考虑取得两个方面的公众支持是有用的：政策制定者们支持批准教改计划，基层的教师和家长们支持长远的课堂实施计划。在教改的倡导者们必须认识到取得这两方面的支持的重要性的同时，他们还必须认识到，这种支持可能需要落实到逐个学校或逐个问题上，而不是靠发动一场广泛的运动。最后，如果让公众从尽早的和持续的参与中得到一种主人翁的感觉，那么他们对于教改思想的支持将会是最直接了当的。

上层联合体

为了最有效地影响上层权力联合体，教改领导者们必须尽力去理解各区域、各州和各个地方的政治情况。如在这个州里，州议会可能是教改中最有影响力的，而在另一个州里，州教育部门可能又起着关键作用。教改领导者们应在下列范畴内对能够影响政策的人物按他们的职位、权力和知名度进行排队：

内线　如专业学科协会，州科学和数学系统教改项目人员，课程设置原则的制定者以及课本出版者；

圈内　如州教育委员会、教工会、家长协会和意识形态小组；

圈边　如行政机构和商业团体；

短时参与　如学校评审单位。

教改的领导者们，还可以考虑用其他策略把他们要说的话传播给政策制定者们和公众。例如为了听取公众和懂行的人士对其共同关心的学习核心问题（弗尔蒙特的课程框架）的意见，教育部主办了“焦点论坛”——研究学生们应当懂得什么和会做什么的讨论会。这样的论坛是帮助家长和公众在制定新学期计划中发挥作用、并让他们更好地理解科学教育改革的目的和原则的有效途径。像这样集中的对话可以消除公众对教改的抵触情绪。

当科学教育的改革者们开始向公众做宣传的时候，他们必须认识到还有另一些政策上的顾虑。对20名来自不同部门的教改支持者们（教师、部门领导和政策制定者）的调查表明，像“2061计划”（Kirst, Anhalt, & Marine, 1993）提出的那些教改措施，可能存在一些政策上的问题。第一，强调跨学科性与许多强有力的规章制度，如专业工作者协会，现行课本和高级班考试相矛盾。第二，过去和现在混合编组授课的做法常常遭到聪明孩子的家长的反对，而这些家长们往往会形成一股强有力的游说集团。最后，虽然许多被调查的人对基本要求持肯定态度，但他们所允许的灵活性却又为各州的政策制定者们带来一些重要问题，例如如何评价可能从这种跨学科的做法中出现的各种不同的授课计划。

基层联合体

动员基层支持的任务与影响上层政策显然是有差别的。与单个的教师进行直接联系要花费高昂的费用，所以教改工作者们应通过组织去进行工作，首先从学科职业团体、教工会和教改网络开始。但是只有当教师们理解了教改的意图并相信它将有助于解决课堂上的问题时，只有当他们得到外部的支持让他们准备并实施教改思想时，他们才会直接支持教改。如果职业学习和课程设置继续作为教改的有机组成部分，教师们对教改的支持还将进一步加强。

本章所述的政策问题和建议，做起来就不像说的那么容易。但改革总是一项挑战，认识其复杂性就是迈出了第一步。科学和数学教育改革的政策环境已经成熟。许多观望者也都同意系统教改的基本前提。摆在面前的任务就是要各方面努力工作，采取聪明的（和幸运的）策略，逐步实施基本要求和标准的原则和内容。

参考书目

1 Adams, J. (1992). *Policy implementation through teacher professional networks: The case of Math Ain California*. Unpublished doctoral dissertation. Stanford, CA: Stanford University.

2 American Association for the Advancement of Science.(1993). *Bench-marks for science literacy*. New York: Oxford University Press.

3 American Association for the Advancement of Science.(1989). *Science for all Americans*. New York: Oxford University Press.

4 Blank, R., & Pechman, E.(1995). *State curriculum frameworks in mathematics and science: How are they changing across the states?* Washington, D. C.: Council of Chief State School Officers.

5 Goertz, M.(1993). *The role of state policy in mathematics and science reform*. Background paper prepared for the American Association for the Advancement of Science, Project 2061, Washington, D.C.

6 Kirst, M., Anhalt, B, & Marine, R.(1993). *Science for all Americans: A political blueprint*. Paper prepared for the American Association for the Advancement of Science, Project 2061, Washington, D.C.

7 Little, J.W.(1993). Teacher professional development in a climate of educational reform. *Educational Evaluation and Policy Analysis*, *15*(2), 129.

8 Massell, D., & Hetrick, B.(1993). *Design and implementation in Project 2061: Lessons from the field*. Background paper prepared for the American Association for the Advancement of Science, Project 2061, Washington, D.C.

9 National Commission on Teaching & America' s Future.(1996). *What matters most: Teaching for America's future*. New York: Author.

10 National Council of Teachers of Mathematics.(1989). *Curriculum and evaluation standards for school mathematics*. Reston, VA: Author.

11 National Research Council.(1996). *National science education standards*. Washington, D.C.: National Academy Press.

12 Porter, A.(1993). *State and district leadership for the implementation of Project 2061*. Background paper prepared for the American Association for the Advancement of Science, Project 2061, Washington, D.C.

13 Porter, A., Kirst, M., Osthoff, J.,& Schneider, S.(1993). *Reform up close:*

A classroom analysis. (Final report to the National Science Foundation, Grant No. SPA 8953446.) Washington, D.C.: National Science Foundation.

14 Schmidt, W., McKnight, C, & Raizen, S.(1996). *A splintered vision: An investigation of U. S. science and mathematics education*. Boston, MA: The NETWOPK, Inc.

15 Sclan, E. & Darling-Hammond, L.(1992, March). *Beginning teacher performance evaluation: An overview of state policies*. Washington, D.C.: ERIC Clearinghouse on Teacher Education, American Association of Colleges of Teacher Education.

16 Spillane, J.P.(1994, April). *Districts matter: The local school district and state instructional policy*. Paper presented at the annual meeting of the American Educational Research Association, New Orleans, LA.

17 Stake, R.E., Easely, J. A., & Anastasiou, C.(1978). *Case studies in science education, Vols. I and II*. Champagne-Urbana, IL: University of Illinois, Center for Instructional Research and Curriculum Evaluation.

18 Webb, N., Heck, D., & Tate, W.(1996). The Urban Mathematics Collaborative Project: A study of teacher, community, and reform. In S. A. Raizen & E. D. Britton (Eds.), *Bold ventures, Volume 3, Case studies of U. S. innovations in mathematics education*.(pp. 245-360). Dordrecht, The Netherlands: Kluwer Academic Publishers.

文献目录

1 Adams, J.(1992).*Policy implementation through teacher professional networks: The case of Math A in California*. Unpublished doctoral dissertation, Stanford University.

2 American Association for the Advancement of Science. (1989). *Science for all Americans*. New York, NY: Oxford University Press.

3 Blank, R. K. & Dalkalic, M.(1992). *State policies on science and mathematics education, 1992*. Washington, D.C.: Council of Chief State School Officers, State Education Assessment Center.

4 Choy, S.P.et al.(1993).*America's teachers:Profile of a Profession*. (NCES 93-025).Washington, D.C.: U.S. Department of Education, National Center for Education Statistics.

5 Coley, R.J., & Goertz. M.E.(1990). *Educational standards in the 50 states:*

1990. Princeton, NJ: Educational Testing Service.

6 Curry, B., & Temple, T.(1992). *Using curriculum frameworks for systemic reform*. Alexandria, VA: Association for Supervision and Curriculum Development.

7 Elmore, R.F.(1993). *The development and implementation of large-scale curriculum reforms*. Background paper prepared for the American Association for the Advancement of Science, Project 2061, Washington, D.C.

8 Feistritzer, E.(1993). National overview of alternative teacher certification. *Education and Urban Society, 26*(1), 18.

9 Firestone, W.A.(1991). *Schools to facilitate professionals: Implications of the organizational and cognitive research on teaching*. New Brunswick, NJ: Consortium for Policy Research in Education.

10 Fuhrman, S. & Elmore, R.(Eds.) (1994). *The governance of curriculum, 1994 ASCD Yearbook*. Alexandria, VA: Association for Supervision and Curriculum Development.

11 Fuhrman, S. & Massell, D.(1992). *Issues and strategies in systemic reform*. New Brunswick, NJ: Consortium for Policy Research in Education.

12 Fullan, Michael G.(1993). *Change forces: Probing the depths of educational reform*. Bristol, PA: The Falmer Press.

13 Goertz, M.(1993). *The role of state policy in mathematics and science reform*. Background paper prepared for the American Association for the Advancement of Science, Project 2061, Washington, D.C.

14 Green, J.(1987). *The next wave: A synopsis of recent education reform reports*. Denver, CO: Education Commission of the States.

15 Jackson, P.(1983, Spring). The reform of science education: A cautionary tale. *Daedalus, 112*(2), 143-166.

16 Kirst, M., Anhalt, B. & Marine, R.(1993). *Science for all Americans: A political blueprint*. Background paper prepared for the American Association for the Advancement of Science, Project 2061, Washington, D.C..

17 Koretz, D.M., Madaus, G., Haertel, E., & Beaton, A.(1992) *National educational standards and testing: A response to the recommendations of the National Council on Educational Standards and Testing*. Santa Monica, CA: RAND.

18 Langland, C.(1992, July 26). A bold new goal for schools. *The philadelphia*

Inquirer, F1–F4.

19 Lichtenstein, G., McLanghlin, M. & Knudsen, J.(1991). *Teacher empowerment and professional knowledge*. New Brunswick, NJ: Consortium for Policy Research in Education.

20 Little, J.W.(1993). Teachers' professional development in a climate of educational reform. *Educational Evaluation and Policy Analysis*, *15*(2), 129.

21 Little, J.W.(1989). District policy choices and teachers' professional development opportunities. *Educational Evaluation and Policy Analysis*, *11*(2), 165–179.

22 Marsh, P.(1964). *The physical Science Study Committee: A case history of nationwide curriculum development, 1956–1961*. Unpublished doctoral dissertation, Harvard University.

23 Massell, D., with Hetrick, B.(1993). *Design and implementation in Project 2061: Lessons from the field*. Background paper. Washington, D.C.: American Association for the Advancement of Science.

24 Massell, D. & Fuhrman, S.(1993). *Ten years of reform: Update with four case studies* New Brunswick, NJ: Consortium for Policy Research in Education.

25 Massell, D.(1994). Achieving consensus: Setting the agenda for state curriculum reform. In S. Fuhrman & R. Elmore(Eds.), *The governance of curriculum*. Alexandria, VA: Association for Supervision and Curriculum Development.

26 Massell, D.(1994, February). Setting standards in mathematics and social studies. *Education and Urban Society*.

27 McCarthy, M. & Langdon, C.(1993, June). *Challenges to the curriculum in Indiana's public schools*.(PB–B20). Bloomington, IN: Indiana Education Policy Center.

28 McLaughlin, M.W.(1991). The RAND change agent study: Ten years later. In A.R.Odden(Ed.), *Education policy implementation*(pp.143–155). Albany, NY: State University of New York Press.

29 Millsap, M.A., Moss, M., & Gamse, B.(1992). *The Chapter I implementation study: Chapter 1 in public schools*. Draft final report to the U.S. Department of Education. Cambridge, MA: ABT Associates, Inc.

30 Moore, D. & Hyde, A.(1981). *Making sense of staff development: An*

analysis of staff development programs and their costs in three urban school districts. Chicago, IL: Designs for Change.

31 Murphy, J. (1990). The educational reform movement of the 1980s: A comprehensive analysis. In J.Murphy(Ed). *The educational reform movement of the 1980s: Perspectives and cases*. Berkeley, CA: McCutchan Publishing Corp.

32 Pechman, E. & Laguarda, K.(1993).*Status of new curriculum frameworks, standards, assessments, and monitoring systems*. Washington, D.C.: Policy Studies Associates, Inc.

33 Porter, A., M., Kirst, E., Osthoff, & Smithson, J.(1993). *Reform up close: A classroom analysis*. Report to the National Science Foundation, Grant No. SPA-8953 446.

34 Porter, A. (1993).*State and district leadership for the implementation of Project 2061*. Background paper prepared for the American Association for the Advancement of Science, Project 2061, Washington, D.C.

35 Scannell, M.M.(1988). *Factors influencing state policies restricting entry to teaching*. Unpublished doctoral dissertation, George Washington University.

36 Smith, M. & O' Day, J.(1991). Systemic school reform. *Politics of Education Association yearbook 1990* (pp.233-267). New York: Taylor and Francis Ltd.

37 Stake, R., Easely, J.et al.(1978). *Case studies in science education, Volume I and II*. Urbana, IL: Center for Instructional Research and Curriculum Evaluation, University of Illinois.

38 Walker, D.(1990).*Fundamentals of curriculum*. Saddle Brook, NJ: Harcourt Brace Jovanovich.

39 Weiss, I. R.(1987). *Report of the 1985-1986 national survey of science and mathematics education*. Research Triangle Park, NC: Research Triangle Institute.

40 Wohlstedter, P.(1993). Georgia case study. In D. Massell S. Fuhrman (Eds.), *Ten years of reform: Update with four case studies*. New Brunswick, NJ: Consortium for Policy Research in Education.

41 Yee, G. & Kirst, M. (1994, February). Lessons from the new science curriculum of the 1950s and 1960s. *Education and Urban Society*.

第三章

经 费

在实施科学教育的改革中会遇到什么经费问题？我们怎样处理这些有关问题？本章通过对现有教育经费基础的评估来回答这些问题；我们将介绍我们所知道的这些资金目前是如何开销的，考察当前有关美元能否提高和如何提高学生学习问题的争论，并估算一下为实现像“2061计划”那样雄心勃勃的教育改革目标所需要的费用。本章认为，理解科学教育改革对经费问题的影响，比制定费用估算，和推测筹集所需经费的难易更为重要。本章最后就提高在教育系统的若干层面实施“2061计划”教育改革目标的成功可能性提出了建议。

教育的资源基础

美国在1993～1994年度，为其公立小学和中学筹集到的资金为2600亿美元。几乎所有这些钱都来自各级政府的税收收入，但州和地方政府贡献的份额最大（93%），而其余部分则来自联邦政府[①]。政府在筹集公共教育资金方面的责任也在发生变化。多年来，地方政府承担的份额一直在减少，而各级政府的份额则有所加大。联邦政府在1980年的份额达到高峰，在最近几年则稳定不变。在90年代，州一级的份额开始下降，让地方政府承担更大一些的责任。地方政府税收收入的主要手段是房地产税，而地方一级不断上升的税费负担常引起纳税人对房地产税的抗议。

美国教育基本经费的绝对值也正在发生变化。证据表明，按实际价值计算，投资的水平一直在上升，虽然对上升的准确数量有所争论

注：①这些数据都来自美国国家教育统计中心（1996）。

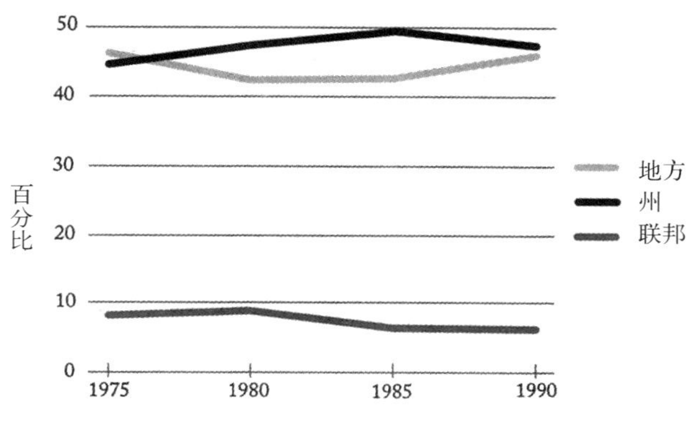

K-12教育经费的来源

来源：National Center for Education Statistics.(1995).*Mini-digest of Education Statistics*: 1995. *Washington*, D.C.: Author.

(比较Rothstein，1995；Odden，Monk，Nakib,& Picus,1995)。奥顿(Odden) 估计，在过去30年间，按实际价值计算，每个学生的平均增长量为200%；而罗思坦（Rothstein）认为，奥顿(Odden)把实际增长量估高了40%。关于准确数量的许多争论都是围绕着有关学生需求的变化问题进行的,学生需求的变化也导致教育机会的性质发生变化。如果公立学校现在拿出的成果与20年前大不相同,那么把当时所花的钱与现在所花的钱进行简单的对比，是很容易产生误导的。

可以得出的基本结论如下：

(1)对公共教育的投入一直在大大增加。

(2)这种投入的增长水平按实际价值计算，一直在上升。

(3)增长率在逐渐减弱，在近期可能仍会继续减弱。

教育改革工作者需要留心这些趋势，特别是当他们呼吁为教改注入新的资金时。最近，来自州一级的资金支持份额有所减少，教改工作者可借此机会呼吁各州恢复他们对学校资金支持的历史份额。虽然人们可能不情愿出更多的钱去维持现状，但却愿意为一些深思熟虑的教育改革措施提供新的投入。现在的难题是，在大多数州都急需对医疗和其他社会服务投资的情况下，如何吸引他们对教育投资。

纳税人对为支持公立学校所承受的负担已越来越感到不耐烦，这促使人们探索非传统的资金来源问题。具体地说，越来越多的人开始关注使用者费用、资金筹措收入、企业、基金组织和热心人俱乐部之类民间团体的捐款。在大多数地方，此类收入只起很小的作用，但某些公立学校已开始从这类非传统的途径筹得大笔资金。这一成功说明，资源还是有的，而重要的问题是教改工作者们要找到新的机制，让公民们支持他们的公立学校。

公共教育开支

关于公立学校所筹得的数以十亿计的美元是如何花掉的问题，有几个重要方面需要探讨，例如，人们可以很有理由地问道，公立学校的一个典型的学生要花多少钱？根据国家教育统计中心（1996）的统计，在1993～1994年度为5 325美元。但这一答案很容易产生误导，因为它没有显示在各个单独组织的教学单位之间所用经费数额的巨大差异。有些差异存在于州一级。例如1993～1994年度，花费最高的是阿拉斯加州，为9 075美元，而最低的犹他州则为3 206美元（差别大于2.8比1）。

公共教育年收入占所有年收入总额的百分比

州*	州经费	联邦经费
夏威夷	47.2	6.2
内布拉斯加	89.9	7.8
新罕布什尔	31.0	5.9
新墨西哥	72.7	12.2
俄勒岗	25.4	6.1
华盛顿	72.1	5.7
全美平均数	47.3	5.7

* 这些州所使用的州和联邦经费，在所有资源中所占的百分比，有的是最高的，有的是最低的。

来源：National Center for Education Statistics.(1996). *Current elementary and secondary expenditures——1990s and beyond*. Washington, D.C.: Author.

各州在教育资源投入水平方面是大不一样的

在各个州内的差异也很大，如纽约州，在1993～1994学年里，属开支分布百分位第九十位的学区的开支，比属第十位的学区的开支几乎多一倍。位于纽约开支分布曲线两端的学区，开支差异相当巨大。

从这些数字可以清楚地看到，州以及单个的教学单位在教育的投入水平上差异是很大的。引起差异的因素有生活费用的不同，以及根本性的基于地区位置不同所产生的经济能力的差别。

开支按功能分类

学校教育系统提供多种服务，包括一些与教学工作无直接关系的服务（如餐饮和运输服务）。总地说来，我们现在知道，全国范围内60%的教育经费用于教学工作。不管学区的大小、贫富、开销水平、区域、少数民族的数量和贫困儿童的数量(Odden 等人，1995)，60%这个数字在各州都相当一致。看起来，虽然各学区拥有的经费水平相差很远，但它们对开支分配的比例却是很相似的。而且看起来这60%的水平在过去35年来一直保持稳定。

其余40%的教育经费是按下表所列的预算范围分配的。近年来关于行政工作的开支水平颇有争议。人们知道，公立学校的批评者们说："行政一小撮"正把资金从学校的教学中心工作抽走，特别是在大城市的学校里。调查中没有发现证据证明这些人把学校的教学预算吸走，即使是大城市里的学校（Odden 等1995)。事实上有的调查表明，用于中心行政工作的开销从来都不大，而且近年来所占的比例一直还在下降(Roellke,1996).

非教学开支

百分比	范　　围
8～10	教学支持（课程设置，职业培训，学生服务等）
9～11	机器设备的运转和维护
4～6	运输与餐饮服务
9～11	行政服务

来源：Odden, A, Monk, D, Nakib, Y, and Picus, L(1995, October. The story of the education dollar: No academy awards and no fiscal smoking guns. *Phi Delta Kappan*, 161–168.

用于科学教育的经费

关于对科学教育的投入水平有各种估计。例如，联邦科学工程和技术协调委员会（FCCSET)(1993）估计，联邦政府专门用于科学、数学、工程和技术（SMET）教育项目的经费至少有22亿美元。联邦政府的整个教育经费，包括并非专门针对SMET的教育项目的经费，在1993年估计总数为240亿美元（FCCSET,1993）。

近来，有人对中学课程中各科的教学资源分配情况做了调查。例如，在1992～1993年度，纽约州学区平均为每1000名学区学生提供了4.23个中学科学教员，占中学这一级师资力量的12.2%。中学数学课所分配的师资强一些，每1000名学区学生有4.65名教师，占整个师资力量的13.4%(Monk，Roellke，& Brent，1996)。

纽约州的调查还分析了学区的特点，如贫困生的范围与科学和数学的资源分布的关系。很明显的是，财富和每个学生的开销水平，与对科学和数学师资的分配，在很大程度上没有什么关系。事实上，只有在该州最富的和开支最高的学区中间，才有一些在这类重要学科方面多配备一些教师的现象。这项研究表明，在这方面并不是只有科学和数学才如此。在教学课程的各个学科方面，教师的数量基本上不因学区的贫富和总的开支水平的不同而受到影响。

在数学和科学的补习课程、正常课程和高级课程之间的资源分配上，却发现有很大的差异。特别是，在纽约州，对数学课程和科学课程的师资力量的分配差异更大。在数学方面，70%的师资力量都投入到正常课程这一类；而在科学课程方面，相应的数字为91%。而且，在科学课程方面的差异所表现的形式，是更多的高级课（而不是补习课）。在科学课程方面，补习课所占的比重为1%，而数学补习课则为21%。

纽约州的统计结果显示，分配给科学和数学课的师资力量在增加。在1982～1983学年和1991～1992学年之间，在科学课方面为每个学生所提供的教师增加了6.02%。而在数学课方面增加了4.31%。

纽约州数学师资力量的分配

（每千名学生拥有的教师数）

课程水平	1982～1983	1991～1992	百分比变化
高级课	1.21	1.55	+28.1
补习课	1.64	1.96	+19.5
正常课	17.29	17.60	+1.8

来源 Monk, D.H., Roellke, C.F., and Brent,B.O.(1996). *What education dollars buy: An examination of resource allocation patterns in New York state public school systems* .Final report to the Consortium for Policy Research in Education Ithaca, NY: Cornell University, Department of Education.

纵向比较各个学科课程师资分配方面的差异也很有意思。高级课和补习课方面师资投入的增长，大大快于正常课程方面的增长。显然，在教改这段时间里，投入科学课程的新师资力量被从称为正常课程的教学中引走了。

对主要灌输者教师的开支

对教师报酬的水平和性质也进行了考察。关于教师在从事教学工作时应得到多少报酬的问题，长期以来都有争论。一方面，主张更高待遇的人说，教师是一种待遇过低的职业，持这种观点的人常拿待遇较高的会计、建筑师、医生和律师等职业作为佐证。在这方面，也常有人拿某些公务人员来比较，以证明教师的收入太低。而那些问提高教师的收入是否明智的人，则提醒人们注意大多数教学合同只有十个月的特点，直接与学生接触的时间较少，以及作为公立学校教师常常享有的高度的工作稳定性和到时就有的各种保障。

进入教育系统的新增教改资金对教师工资的影响，是科学教改工作者们尤其感兴趣的问题。人们都担心新增的资金只不过提高了教师的工资，很少相应地改进教师的教学工作。纳税人可能会发现，他们付了更多的钱却只能得到同样的产品，从而不经意地为学校效率的下滑做出了贡献。

可以比较开支大的学区与开支小的学区，来观察究竟有多少新增资金用于教师工资。最近的此类调查（如Barro,1992和Picus,1993）表明，在开支大的学区只有少量的新增资金可以算是用于支付教师工资。较高的开支水平主要是用于聘用更多的教师（即班级变小了），为有特殊教育需要的学生提供更多的服务以及非讲课服务。

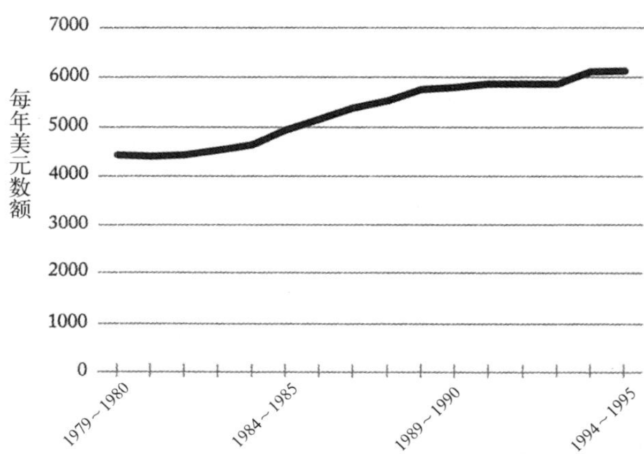

全国学生开支的平均数额(1995年不变的美元价值)

来源：Published on the National Center for Education Statistics World Wide Web Site at http:// www.ed.gov /NCES

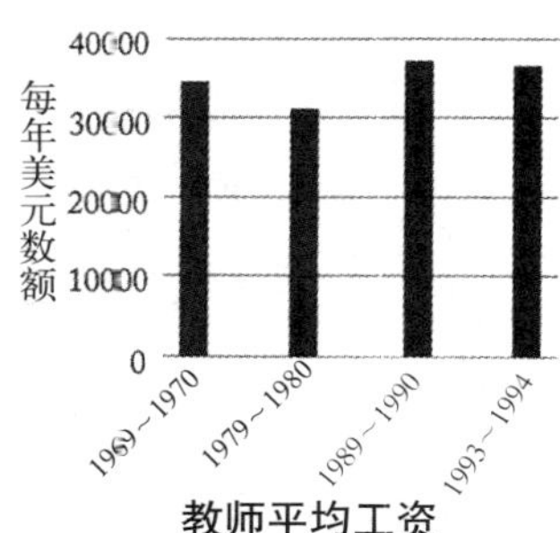

教师平均工资

(1994年不变的美元价值)

来源：Published on the National Center for Education Statistics World Wide Wed Site at http://www.ed.gov/NCES

对于设立一套把教师的工作表现与其报酬更密切联系起来的教师报酬制度，人们又重新关注起来。但从历史上看，这类工作（见Murnane 和 Cohen ,1986）的结果不能令人鼓舞。近年来又有人提出了一些新的意见，主要包括集体奖励和“收益分享”的办法，以激励教学表现（Odden,1994）。正如默南(Murnane)和科恩(Cohen)(1986) 所说，报酬与教学表现挂钩的办法，可促使纳税人愿意为教育投资。教育系统中致力于改革的团体，应把教师工资改革的进展作为优先任务考虑。

对教师所用资源的考查始终显示，直接标明用于教师继续职业培训的经费，普遍都不到预算的1%（Darling-Hammond, 1994；国家教学和未来委员会，1996）。人们似乎越来越认识到需要加强教师的职业培训工作。在职业培训上，新增经费比提高教师的工资和福利，可能更让人乐意接受。

关于美元是否起作用的争论

必须深入地了解现行教育制度的效率如何，才能真正理解教育开支水平差异的实质。许多批评者发现了严重的效率问题（如Hanushek等人，1994）。下列的有关这一问题的研究文献，数量很大，但大都说明不了什么，因为那些研究人员往往从同样的研究中得出相互矛盾的结论（请比较Hanushek，1989，和Hedges，Laine，& Greenwald，1994）。我们可以从中得到如下几点认识：

1．关键是如何花钱　即使是最严厉的批评者，也不会说美元"不能"起什么作用。争论的焦点在于，现在花的钱能实现什么好价值。接着的论点就是，如果现在的钱花得不值当，为这种体制再增加投资就是愚蠢的。

2．成绩卓著的学校也是有的①　这显然说明教学质量的提高是可能的。主要的问题在于找到一些方法，把这套体制提高到已被某些经验证明是可行的办学水平。

3．可以对奖励办法做一些调整，促使提高学校的效率　在提高教学效率方面，对奖励措施的分析和应用是很有希望的但却是基本上未被研究过的一种工具。经济学家们争论说，公立学校教育的主要问题是，奖励制度阻碍了在提高效率方面的任何有意义的进展（Hanushek等人，1994）。例如，人们批评教师的工资是按他们所受的培训和经验水平确定的，情况大致相同的教师，工资也就几乎一样。近来促进这方面改革的工作可以被看作是在这套系统内"调整奖励制度"的尝试。在南卡罗来纳等州和像达拉斯等市的城市学校系统内，已开

注：①　见罗伯特·伯恩(Robert Beme)和劳伦斯·派克斯(Lawrence Picus)所编的文集(1994)。

始进行有益的而且是有希望的试点工作(Clotfelter 和 Ladd，1996)。

4．技术上的革新是好事，但不能妨碍效率的提高 随着计算机及有关技术在学校越来越普及，我们必须注意，不要让技术上的新东西无意间侵蚀教育效率。如果这些技术只是作为现在课堂活动的点缀，那就会得不偿失。

教育改革的费用估算

对于政策制定者们来说，先对拟议中的改革方案所需费用做出估算，然后再决定如何实施这些方案，这样做是有好处的。特别是对于正在进行中的下述各项工作，尤其需要这样做：做出有关具体学校的决定，重新设置课程，提高学术标准，改革学生考核办法和进一步使教学工作“专业化”。

当然，对实施科学教育改革的有关费用做出估算也是可取的。但是，对这类改革所需的真实费用即使做出最初步的概算也是困难的。其理由有三，凡有志于实施此类改革的人都需要理解它们。

重大改革所需费用很难估算出来，因为重大改革都必须与现行做法决裂

第一，重大改革都必须与现行做法决裂。对现行做法的费用估算相对容易一些，因为有案可查。但是，在政策制定者们就是否实施一套新的重大改革措施进行争论时，就没有什么记录可查了。有时，可考虑采用试点的做法。但试点工作一旦完全展开，情况会怎样呢？这时对所需费用的估计，仍大部分依靠假设。

第二，“纳新与除旧”的问题。之所以考虑改革，是因为现行做法有问题。在改革措施能够取代现行做法的地方，需要把某些节省的费用打到改革的边际费用的估算中去。因此，不能把改革的费用仅仅看成是在现行做法上的简单的增加。但是同样地，分析人员也不应简单地扣除所有被认为是低效做法的费用。改革的实施常常是困难的，人们在改变基本做法方面的惰性，应该在费用中考虑进去。

第三，设想科学知识水平的提高大大改进了公众对土地利用、核废料处理以及其他许多技术问题的讨论的质量，社会就可以在今后因少犯错误而少付出代价。对于科学教育改革的总体费用与效益的计算来说，这些节省也是有关系的。当然，除了认识到这一类的节省和效益会是相当大的之外，很难再进一步做些什么。

虽然这些困难令人沮丧，但是改革的决策者们对于改革所需资源的掌握仍然是很重要的。对类似的改革工作，曾有人做过一些估算，但目前的科学教育改革就其目标的广度来说是独一无二的。

在上述说明之后，我们可以指出，有些估算的数字可用来作为我们开展辩论的资料。例如在1954～1975年间，国家科学基金会的改革至少花费了1.17亿美元（Jackson，1983）。埃尔莫尔（Elmore，1993）报道，物理科学研究委员会从1956～1961年间所花的直接开发经费为100万～150万美元，而所花的间接开发费用可能是这个数目的三倍。他还说，生物科学课程研究组织的直接开支在1 000万美元左右，而间接开支则要多好几倍。

还有其他人也进行了此类费用的估算工作，如博格（Borg）和高尔（Gall，1989），他们说，仅开发一套可供15个课时使用的小课程，在20世纪70年代早期就得花费十多万美元。他们估算，现在的一套类似的专修课程项目，得要花几百万美元。他们还说，工业界在估算研究和开发工作所需的经费时，所使用的比例是1∶10∶100，即：如果需要100万美元进行一套新课程项目的基础研究，那就需要1 000万美元去从事产品开发、进行实际使用实验并进行修改，再要10倍的数额（1亿美元以上）去制作和普及这一套产品。

对教师的继续职业培训费用也进行了估算。教师的继续职业培训也是科学教育改革的另一中心因素。米勒（Miller）、洛德（Lord）和多尼（Dorney，1994）估计，在他们所考查的学区，用于职业培训的费用占教学预算经费的1.8%～2.8%，平均每位正常课堂老师为1 755～3 529美元。早就有人说过，各学区的职业培训费用，能多于预算分配的1%者，实属不平常(Darling-Hammond，1994)。如果各州能把它们在1993～1994年度为K-12公共教育计划所筹得的1 170亿美元的1%投入这项工作，那数额就是这一工作所需要的12亿美元。

除了可以估算预期教改所需资源外，费用分析还有助于我们深入认识使改革难于实施的障碍，即代价高昂。经济学家们对奖励制度在

费用分析有助于我们深入认识使教改难于实施的障碍

教育系统中各个派别的表现态度上所起的作用很感兴趣。一项费用可能被认为是需要克服的障碍，有时这类费用采取一种微妙的形式，例如，考虑一项师资培训计划时，就要考虑到任课老师会时不时地离开教学，需要代课老师去上课。可见这项计划就要包括请代课老师的费用，以便使任课老师抽出时间去参加培训。但任课老师可能仍不愿意离开课堂，因为他们的离开对学生的学习有不利的影响，使他们回来以后要做更多的工作。在这种情况下，这个项目的费用就估计低了，而且低估了许多。未能明确认识并设法补偿这类微妙的费用，也许可以用来解释教改为什么如此难于实施。要使教育改革工作达不到预期效果，再没有比不提供足够的经费更确定的途径了。

建议

大的方面的做法建议如下：

(1) 对公众进行科学普及的重要性的教育。利用公众教育作为防止或至少是限制现有公共教育经费基础被削弱的手段。

(2) 为教改征集新资源。利用人们对学校的基本的善意，向他们显示，任何一笔新增的经费都将得到有效的利用。

(3) 力促改变现有资源——以及新增资源的用法，某些“铁的”资源配置法则，特别是在教师继续职业培训方面的，需要加以改变。

(4) 抛弃一些名声不好的做法，让人们注意到，这样节省下来的钱可用于投资新的举措。

(5) 直接面对教改的全部费用，决不回避暗藏费用。

(6) 继续宣传教改的宏伟设想。

(7) 避免同时尝试教改的各个方面。仔细选择教改试点学校，逐步推进。

对现在进行的科学、数学和技术教育改革工作的成功和失败，要做好并保存好准确的记录，这一点非常重要。教育工作者们可能会发现，对“2061计划”和其他教育改革工作的准确而坦率的记录，对于这个国家在教育系统进行根本而有效的改革过程中不断前进，具有长久的参考价值。

参考书目

1 Barro, S.(1992). *What does the education dollar buy? Relationships of staffing, staff characteristics, and staff salaries to state per-pupil spending.* Madison, WI: University of Wisconsin, Consortium for Policy Research in Education.

2 Berne, R., & Picus, L. O.(Eds.)(1994). *Outcome equity in education.* Thousand Oaks, CA: Corwin Press.

3 Borg, W.R. & Gall, M.D.(1989). *Educational research: An introduction.* New York: Longman.

4 Clotfelter, C.T.,& Ladd, H.F.(1996). Recognizing and rewarding success in public schools. In H.F.Ladd(Ed.) *Holding schools accountable* (pp.23–64). Washington, D.C.: The Brookings Institution.

5 Darling–Hammond, L.(1994). *The current status of teaching and teacher development in the United States.* Background paper prepared for the National Commission on Teaching and America's Future, New York.

6 Elmore, R.F.(1993). *The development and implementation of large-scale curriculum reforms.* Background paper prepared for the American Association for the Advancement of Science, Project 2061, Washington, D.C.

7 Federal Coordinating Council for Science, Engineering, and Technology. (1993). *The federal investment in science, mathematics, engineering, and technology education: Where now? What next?* Washington, D.C.: Author.

8 Hanushek, E.(With Benson, C.S., Freeman, R.B., Jamison, D.T., Levin, H. M., Maynard, R.A., Murnane, R.J., Rivkin, S.G., Sabot, R.H., Solmon, L.C., Summers Finis Welch, A.A., & Wolfe, B.L.).(1994). *Making schools work: Improving performance and controlling costs.* Washington, D.C.: The Brookings Institution.

9 Hanushek, E.A.(1989).The impact of differential expenditures on school performance. *Educational Researcher*, *18* (4), 45–51.

10 Hedges, L.V., Laine, R. D., & Greenwald, R. (1994). Does money matter? A meta-analysis of studies of the effects of differential school inputs on student outcomes. *Educational Researcher*,*23*(3),5–14.

11 Jackson, P.(1983).The reform of science education: A cautionary tale. *Daedalus, 112*(2),143–166.

12 Miller, B., Lord, B., & Dorney, J.(1994). *Staff development for teachers: a study of configurations and costs in four districts*. Newtonville, MA: Education Development Center.

13 Monk, D.H., Roellke, C.F.,& Brent, B.O.(1996). *What education dollars buy: An examination of resource allocation patterns in New York state public school systems*. Final report to the Finance Center, Consortium for Policy Research in Education. Ithaca, NY: Cornell University, Department of Education.

14 Murnane, R.J.,& Cohen, D.K.(1986). Merit pay and the evaluation problem: Why most merit pay plans fail and a few survive. *Harvard Educational Review. 56*(1),1–17.

15 National Center for Education Statistics.(1996).*Statistics in brief: Revenues and expenditures for public elementary and secondary education: School year 1993–1994.* (NCES 96–303) Washington, D.C.: Author.

16 National Commission on Teaching and America's Future.(1996). *What matters most: Teaching for America's future.* New York: Columbia University, Teachers College.

17 Odden, A.(1994).*The financial implications of Project 2061 for teacher professional development and compensation*. Background paper prepared for the American Association for the Advancement of Science, Project 2061, Washington, D.C.

18 Odden, A., Monk, D., Nakib, Y., & Picus, L.(1995, October). The story of the education dollar: No academy awards and no fiscal smoking guns. *Phi Delta Kappan*, 161–168.

19 Picus, L.O.(1993).*The allocation and use of educational resources: District–level analysis from the schools and staffing survey*. Madison, WI: University of Wisconsin, Consortium for Policy Research in Education.

20 Roellke, C.F.(1996).*The local response to state initiated education reform: Changes in the allocation of human resources in New York State schooling systems, 1983–1995*. Unpublished doctoral dissertation. Ithaca, NY: Cornell University.

21 Rothstein, R.(with Miles, K.H.).(1995).*Where's the money gone? Changes in the level and composition of education spending*. Washington, D.C.:

Economic Policy Institute.

文献目录

1 American Association for the Advancement of Science.(1993). *Benchmarks for science literacy*. New York: Oxford University Press.

2 American Association for the Advancement of Science.(1990). *Science for all Americans*. New York: Oxford University Press.

3 Barnett, W.S.(1991). Benefits of compensatory preschool education. *Journal of Human Resources*. *27*(2), 279–312

4 Barnett, W.S.(1985). Benefit–cost analysis of the Perry Preschool program and its policy implications. *Educational Evaluation and Policy Analysis*, *7*, 333–342.

5 Barth, P.(1993). *Curriculum connections blueprint report*. Paper prepared for the American Association for the Advancement of Science, Project 2061, Washington, D.C.

6 Bishop, J.H.(1993). *Incentives to study and the organization of secondary instruction*. (Working Paper 93–08). Ithaca, NY: Cornell University, Center for Advanced Human Resources.

7 Boe, E.E., Boruch, R.F., Landau, R., & Richardson, J.A.(1993). *State policies fostering the entrepreneurial restructuring of public schools: Identification and classification based on a survey of the fifty states*. Philadelphia, PA: University of Pennsylvania, Graduate School of Education.

8 Borg, W.R.& Gall, M.D.(1989). *Educational research: An introduction*. New York: Longman.

9 Cameron, J. & Pierce, W.D.(1994). Reinforcement, reward, and intrinsic motivation: A meta–analysis, *Review of Educational Research*, *64*(3), 363–423.

10 Carlsen, W.S., Cunningham, C.M., & Lowmaster, N.E.(1994). *But who will teach it?* Review of the book *Benchmarks for science literacy*. Prepared for the American Association for the Advancement of Science, Project 2061, Washington, D.C.

11 Chriss, B., Nash, G., & Stern, D.(1992). The rise and fall of school choice in Richmond, California. *Economics of Education Review*, *11*(4),

395–406.

12 Clune, W.H.(1993). *2061 and educational equity*. Background paper prepared for the American Association for the Advancement of Science, Project 2061, Washington, D.C.

13 Cohn, E.& Teel, S.J.(1991). Participation in a teacher incentive program and student achievement in reading and math. *The 1991 Proceedings of the American Statistical Association*. Washington, D.C.: American Statistical Association.

14 Cooley, V.E. & Thompson, J.C.(1990). *Mandated staff development in the fifty states: A study of state activity 1983–1989: A presentation for the National Council of States on Inservice Education*. (ERIC Document Reproduction Service No. ED 327 495).

15 DiMasi,J.A., Hansen, R.W., Grabowski, H.G., & Lasagna, L.(1991). Cost of innovation in the pharmaceutical industry. *Journal of Health Economics, 10,* 107–142.

16 Donmoyer, R., et al.(1993). *School organization: Blueprint report*. Prepared for the American Association for the Advancement of Science, Project 2061, Washington, D.C.

17 Elmore, R.F.(1993). *The development and implementation of large–scale curriculum reforms*. Background paper prepared for the American Association for the Advancement of Science, Project 2061, Washington, D.C.

18 Federal Coordinating Council for Science, Engineering and Technology. (1993). *The federal investment in science, matbematics, engineering. and technology education: Where now? What next?* Washington, D.C.: Author.

19 Feistritzer, E.(1993). National overview of alternative teacher certification. *Education and Urban Society, 26*(1). 18–28.

20 Fullan, M.G. with Stiegelbauer, S.(1991). *The new meaning of educational change*. New York: Teachers College Press.

21 Gold, S.D., Smith, D.M., Lawton, S.B & Hyary, A.C.(1992). *Public school finance programs of the United States and Canada*. Albany, NY: American Education Finance Association and The Center for the Study of the States. (Available from The Center for the Study of the States, Albany, New York.)

22 Hawley, W.D.(1987). The high costs and doubtful efficacy of extended

teacher-preparation programs: An invitation to more basic reforms. *American Journal of Education, 45*(2),275-298.

23 Hoenack, S.A.(1988). Incentives, outcome-based instruction, and school efficiency. In D.H. Monk and J. Underwood (Eds.), *Microlevel school finance* (pp.113-142). Cambridge, MA: Ballinger.

24 Hofmeister, A., Carnine, D., & Clark, R. (1994). *A blueprint for action: Technology, media, and materials,* Prepared for the American Association for the Advancement of Science, Project 2061. Washington, D.C.

25 Hornbeck, D.W.& Salamon, L.M.(Eds.).(1991).*Human capital and America's future*. Baltimore ,MD: Johns Hopkins University Press.

26 Houston, R.W.& Freiberg, J.H.(1979).Perpetual motion, blindman's bluff, and inservice education. *Journal of Teacher Education, 30*(1),79.

27 Jackson, P.(1983). The reform of science education: A cautionary tale. *Daedalus, 112*(2),143-166.

28 King, J.A.(1994).Meeting the educational needs of at-risk students: A cost analysis of three models. *Educational Evaluation and policy Analysis, 16*(1),1-20

29 Kirst, M., Anhalt, B. & Marine, R.(1993).*Science for all Americans: A political blueprint*. Background paper prepared for the American Association for the Advancement of Science, Project 2061, Washington, D.C.

30 Lepkowski, A.(1987, September 21). Precollege science, math education enhanced by volunteers. *Chemical & Engineering News, 65*,38.

31 Levin, H.M.& Kelley, C.(1994).Can education do it alone? *Economics of Education Review, 13*(2).97-108

32 Little,J.W.(1993). Teachers' professional development in a climate of educational reform. *Education Evaluation and Policy Analysis,15*(2), *129-151.*

33 Little, J.W.(1989, Summer). District policy choices and teachers' professional development opportunities. *Educational Evaluation and Policy Analysis,11*,165-179.

34 Massell, D.& Goertz, M.(1994).*2061 policy blueprint*. Prepared for the American Association for the Advancement of Science, Project 2061, Washington, D.C.

35 Massell, D. with Hetrick, B.(1993).*Design and implementation in Project 2061: Lessons from the field*. Background paper prepared for the American

Association for the Advancement of Science, Project 2061, Washington, D.C.

36 McLaughlin, M.W.& Yee, S.M.(1988). School as a place to have a career. In A. Liberman(Ed.), *Building a professional culture in schools*. New York: Teachers College Press.

37 McLaughlin, M.(1990).The RAND change agent study revisited: Macro perspectives and micro realities. *Educational Researcher19*(9),11-16.

38 Millman, J & Sykes, G.(1992).*The assessment of teaching based on evidence of student learning: An analysis*. Research monograph pre-pared for the National Board for Professional Teaching Standards, Washington, D.C.

39 Monk, D.H.(1994a).Subject area preparation of secondary mathematics and science teachers and student achievement. *Economics of Education Review, 13*(2),125-145

40 Monk, D.H.(1994b).*The costs of Project 2061: Conceptual issues and background information*. Background paper prepared for the American Association for the Advancement of Science, Project 2061, Washington, D.C.

41 Monk, D.H..(1994c). Incorporating outcome equity standards into extant systems of educational finance. In R. Berne L. Picus (Eds.), *New conceptions of equity in educational finance*. Newbury Park, CA: Corwin Press.

42 Monk, D.H. & Kadamus, J.A.(1994). The reform of district organizational stucture: New York's experimental use of a collaborative study process. In W.J. Fowler, B. Levin, & H. Walberg (Eds). *Organizational influ-ences on educational productivity*. Greenwich, CT: JAT Press.

43 Monk, D.H.& Roellke, C.(1994). *The origin, disposition, and utilization of resources within New York state public school systems: A progress report*. Paper presented at the annual meeting of the American Educa-tion Finance Association, Nashville, TN.

44 Monk, D.H.(1993).*The costs of systemic reform: Conceptual issues and preliminary estimates*. Final Report to the New Standards Project, Center for the Study of Education and the Economy, Rochester, NY.

45 Monk, D.H.& King.J.(1993).Cost analysis as a tool for education reform. In S.L. Jacobson and R. Berne (Eds.), *Reforming education: The emerg-*

ing systemic approach. Newbury Park, CA: Corwin Press.

46 Moore, D., & Hyde, A.(1978). *Rethinking staff development: A handbook for analyzing your program and its costs*. New York: Ford Foundation.

47 Murnane, R.J.& Cohen, D.K.(1986). Merit pay and the evaluation problem: Why most merit pay plans fail and a few survive. *Harvard Educational Review, 56*(1),

48 Murnane, R.J., Singer, J.D., Willett, J.B., Kemple, J.J., & Olsen, R.J. (1991). *Who will teach? Policies that matter*. Cambridge, MA: Harvard University Press.

49 O' Day J.A.& Smith, M.S.(1993). Systemic reform and educational opportunity. In S.H. Fuhrman(Ed.) *Designing coherent education policy* (pp.250–312). San Francisco, CA: Jossey Bass.

50 Odden, A.R.(1994). *Including school finance in systemic reform strategies: A commentary*. New Brunswick, NJ: State University of New Jersey.

51 Odden, A.R.(1994b). *The financial implications of Project 2061 for teacher professional development and compensation*. Background paper prepared for the American Association for the Advancement of Science, Project 2061, Washington, D.C.

52 Orlich, D.C. & Evans, A.(1990). *Regression analysis: A novel way to examine staff development cost factors*. (ERIC Reproduction Service Document No. ED 331 808).

53 Parent Teacher Association.(1993). *A blueprint for action: Parents and community*. Prepared for the American Association for the Advancement of Science, Project 2061 Washington, D.C.

54 Perry Associates, Inc. (1994). *Business and industry's role in Project 2061: A blueprint for the AAAS*. Prepared for the American Association for the Advancement of Science, Project 2061, Washington, D.C.

55 *Picus, L.O.(1994). The $ 300 billion question: How do public elementary and secondary schools spend their money?* Paper presented at the annual meeting of the American Educational Research Association, New Orleans, LA.

56 Porter, A.C.(1993). *State and district leadership for implementation of Project 2061*. Background paper prepared for the American Association for the Advancement of Science, Project 2061, Washington, D.C.

57 Porter, A.C.(1991). Creating a system of school Process indicators.

Educational Evaluation and Policy Analysis, *13*(1),13–30.

58 Ramsey, N.(1992), How business can help the schools? *Fortune*, Education/Special Report, 147–174.

59 Reich, R.B.(1991). *The work of nations: Preparing ourselves for 21st century capitalism*. New York: Knopf.

60 Richards, C.E, Fishbein, D., & Melville, P.(1993). Cooperative performance incentives in education, In S.L. Jacobson & R.Berne(Eds.), *Reforming education: The emerging systemic approach* (pp.28–42). Thousand Oaks, CA: Corwin Press.

61 Rosenholtz, S.(1989). *Teachers' workplace: The social organization of schools.* New York: Longman.

62 Rumberger, R.W.(1987). The potential impact of technology on the skill requirements of future jobs. In G. Burke & R.W. Rumberger (Eds.), *The future impact of technology on work and education.* Bristol, PA: Taylor & Francis.

63 Shepard, L.& Kreitzer, A.(1987). The Texas teacher test. *Educational Researcher, 16*(6)

64 Stern, D., Gerritz, W. & Little, J.W.(1989, Winter). Making the most of a school district's two(or five) cents: Accounting for investment in teacher's professional development. *Journal of Education Finance, 14*, 368–379.

65 Sommerfeld, M.(1994, September 28). Report notes 'consistently slow growth' in corporate giving. *Education Week, 8.*

66 Welch, W.W(1991) *Blueprint for reform: Assessment*. Prepared for the American Association for the Advancement of Science, Project 2061, Washington, D.C.

第四章

研　究

要使《面向全体美国人的科学》中的思想成为共同的实践，我们需要具有什么样的知识呢？需要进行什么样的研究工作，以保证可以做出明智的决策，导致“2061计划”和其他科学改革工作者所企盼的那种人人具有科学素养的理想成为现实呢？这些都是研究工作日程表上的关键问题。

《面向全体美国人的科学》和《科学素养的基准》所界定的科学素养，不仅限于自然科学，数学、技术科学、社会科学也包括在内。除了懂科学的界定非常广泛以外，还需要对过去20年间所制定的课程有更深的了解，这就增加了问题的复杂性。相应地，教育研究也变得更复杂。所有这些因素加在一起，使得要为所需进行的研究工作制定一套计划，成为一项挑战。

根据《科学素养的基准》第十五章《研究基础》，本章将讨论三个重点研究领域：了解教师和学生在有关科学方面知道些什么，他们如何学科学；在自然科学、数学、技术科学和社会科学之间建立更密切联系的可能性和后果；以及把教学研究与实践结合起来。

自1985年以来，至少有过6次想建立科学、数学和技术教育的研究日程表的尝试[①]。关于这些尝试的报道可作为制定研究工作日程

注：① 尝试包括：数学、科学和技术教育：一份研究工作日程表（数学、科学和技术教育研究委员会，1985）；为科学教育建立研究基础：挑战、趋势和建议（Linn，1983）；确定一项研究日程表：数学教育研究日程表(Sowder，1989)；制定一项研究日程表：科学课程改革的关键问题（Shymansky & Kyle，1992）；为渐进教育打下研究基础：一个全国会议的报道（Good 等，1993）；蓝本研究会议（科学教育研究日程表联合会，SERAC，1994）。

表的参考资料。这些报道都一致认为，需要协调那些研究人员和其他有关人员的工作，因为他们常常单独地探索去改进科学教育工作。他们也强调指出，学生和科学家们关于自然的概念是大不相同的，教师和课程制定者们了解这一点非常重要。第三个问题就是要认识到，学习是处在一套复杂的变量之中，其中包括阶级、种族和性别。

研究基础：缺少了什么

在《科学素养的基准》中业已提到，作为许多改革决策依据的、协调的远景研究，有很多东西我们都无从得到。《科学素养的基准》第十五章《研究基础》概述了关于各年级学生应当知道些什么和能够做些什么等说法的研究结果。这一概述是由《科学素养的基准》和《面向全体美国人的科学》的有关章节组织的，体现了对科学素养的全面的、跨学科的看法。以下是从这一概述中抽出的在科学素养的各个领域里需要进一步研究的问题举例。

科学的性质 对小学的研究甚少。我们所知道的大部分研究工作仅限于选择问答工作。如果学生在关于科学性质这方面受到足够的教育，那么，关于科学性质的研究会发生什么变化呢？

数学的性质 研究人员没有把数学和科学之间的关系，或把数学作为一个模拟过程加以强调。我们必须更多地了解学生是如何在现象和符号或表达式之间建立联系的，以及他们是如何判断表象与实物的配合的。

技术的性质 对于学生是如何理解技术以及技术与科学和社会的关系这个问题，所进行的研究只有很少一点。

物理定位 在自然科学方面虽然做了不少研究工作，但在学生对地球形成过程的了解方面，或在长期的教育对物理学和地球科学的干预方面所做的研究实在太少。小学的学生们是否能够理解许多普遍讲授的关于月亮的盈亏、太阳系、银河系和宇宙方面的知识？各个不同年龄的学生对于物质的原子／分子性质以及有关的微观（抽象）概念可以理解到什么程度？教学和非教学因素能够在多大程度上影响学生对于力和运动的理解？

生活环境　在学生对细胞的理解、对在生活环境中能量流程的理解方面；或在有效的教育干预方面所发表的东西太少。生命的进化——作为生物学中心的有机组合模式，以及初级粒子的概念是如何学到的，这些方面的研究工作也是做得不够的。

人类机体　在小学生对人类机体的理解方面还需要做许多工作。

人类社会　在学生对文化与行为、社会变革与冲突以及全球相互依赖的理解方面所做的研究工作很有限。各个年龄的学生对政治和经济制度能理解到什么程度？

设计的世界　关于设计的世界应有的结构和职能，学生们知道些什么，他们是如何学到的？这方面的研究也很少。

数学世界　数学方面因做了大量的研究工作而获益，特别是在儿童是如何建立起数目和空间的概念方面。但是，在学生如何学习制图技巧，学习图形制作与解说之间的关系，特别是在以微型计算机为基础的实验室方面，需要做更多的工作。在代数方面，学生是如何理解一个答案的意义和它的重要性的？如何帮助学生理解论点和证明的概念。

历史眼光　需要做很多研究工作，去评估学生们对历史的了解是如何发展起来的，以及学生们的时间概念是如何相互关联的。

共同的题目　需要深入了解学生们是如何理解模型在科学中的应用的。

思维习惯　关于数学计算技巧知道得很多。关于估算技巧与其他的科学思维习惯的关系，或如何帮助学生把理论与证据联系起来，并判断论证的充分性，我们知道得太少。

这些例子只不过是研究工作日程表的一个大纲。这些研究工作需要集中探讨的问题是，学生们需要具有哪些知识才能达到懂科学的程度。此外，K-12 各级的基本要求还提出了与课程和讲课有关的一些问题。

学生和教师的知识

研究某些级别的学生对某些特定概念的理解，在实施基本要求的地方具有重要的作用。“2061计划”在其教改工作中决心利用和促进教育研究工作。在《科学素养的基准》的第十五章《研究基础》 中更进一步强调了这一点。虽然这一章谈到了三百多项研究，但这些研究工作在《科学素养的基准》中所描述的科学素养的12个领域里的分布是不平衡的，而且关于各个年级里观念变化的性质，它们也谈得太少。了解学生所带有的知识以及他们是如何得以在课堂上和通过其他学习机会改变那些知识，是很重要的事情。

了解学生所带有的知识，以及他们如何得以在课堂上和通过其他学习机会改变那些知识，是很重要的事情

第十五章所讨论的问题大都与学生对具体的基本要求的理解有关；但关于K－12各个级别学生思想发展的报道却相当少。学生们在长时期内对所有基本要求的观念的改变，其性质如何，是需要研究的一个重要领域。这样的研究将是一项综合性的长期研究项目，需要许多人参加研究，包括教师。

除了了解学生学习上的认识方面的问题外，了解学生的兴趣及其他非认识方面的因素对学生达到科学素养目标的作用也相当重要。这些相互关联的因素（Cole & Griffin，1987）是构成学生理解力的部分，也应该排在研究日程表上。在帮助学生达到科学素养的目标方面，教师的作用也是重要的。但是，关于如何才算是一位好教师的问题，仍然众说纷纭，仅仅在作为职业教师的准备条件方面刚形成一些共识。人们对《面向全体美国人的科学》目标的一致认识，为达到如何才算是一位好教师的共识提供了一个基础。不幸的是，关于如何教育教师创造性地应用《科学素养的基准》和《国家科学教育标准》，用它们作为指针去推进科学素养的普及，却缺少经过研究提出的论述。

在对K－12学生所做的调查报告中，还有其他许多同样的错误观念，在大学生中，包括以后可能要当科学和数学教师的大学生中也存在。但对教师的错误观念需要进行更多的研究。这些观念是如何在教师的教学中表现出来的？它们对学生的科学认识有什么影响？在课堂上，在学校里，在社区以及其他地方，许多相互关联的因素都有助于理解教师是如何传授重要的科学概念的。

学科之间的联系：研究的作用

在不同的学科之间建立联系和开展共同的课题研究，对加强K-12教师与教育研究人员的合作应能起到鼓励作用。这一课题特别强调重新思考科学素养的意义。跨学科的、有主题的课程组织工作，将要求研究如何确定合适的课程安排、授课原则以及跨越传统的各个学科的学习是如何发生的等问题。

科学与数学

数学与科学之间的联系既广泛又深入，任何负责任的教育工作者都不可能不指出它们之间的相互关联性。"2061计划"所设想的科学素养，正是要求做认真的研究开发工作，以使这些联系在课程中和讲课时更清晰地表现出来。

关于数学性质的看法，对有关教数学与学数学的研究日程表有明显的影响。有些人认为数学深深植根于自然现象，他们对于把科学和教育结合起来的要求就更迫切。有关研究工作的指导意见，可以从包括《科学素养的基准》和《学校的数学课程及评价标准》(全国数学教师委员会[NCTM]，1989)在内的其他资料中得到。上述两书都强调了数学与科学之间的联系的重要性。例如，《科学素养的基准》第十五章《研究基础》的"第二章数学的性质"中就含有一条特别相关的建议：

> 当学生们学习表达式和关系式，学习数学、科学和技术的关系，学习数学探索作为一种模拟过程的性质时，很少会将重点放在学生们对数学的理解上。

在全国数学教师委员会的标准叙述中，对数学与科学和其他学科之间的联系的重要性给予了应有的重视，并强调在这方面需要进行研究工作。例如：

随着5-8年级(相当于中国的小学五年级到初中二年级)的学生对他们周围的世界有了认识，概率和统计越来越成为联系真实世界和数学课堂的重要纽带。天气预报、科学试验、广告词、偶发事件以及经济趋势等，都是学生们可以在我们的社会中考查数学所起的作用的领域(NCTM，1989，P.86)。

建立数学与科学之间联系的一个重要方面是定量推理

建立数学与科学之间联系的一个重要方面是定量推理。学生在构筑数学的抽象概念时，在尝试理解自然现象时，以及表述他们的思想时都要进行定量推理。另一个课题就是根据物体的形象和自然现象进行推理，以支持他们建立起来的数量概念，并据此发展出与模式、功能关系和几何特性有关的思想概念（Thompson，1994）。

数学和科学之间的联盟具有悠久历史，历史上双方都在寻找通用的模式和彼此的关联。因此，这就成为它们共通的一部分。《站在巨人的肩上》(Steen，1990）就是这种互利关系及其延伸出来的、对研究工作产生影响的最好的例证之一。书中关于模式、变化、尺寸、数量、形状以及不确定性的文章，提供了关于数学及其与其他学科之间的相互关系的丰富思想。

科学和社会学科

学生在什么时候能够理解和如何理解《科学素养的基准》第七章《人类社会》所叙述的社会科学内容，这是在设置课程时需要决定的问题。有关这方面的研究，将会为做出这类课程设置的决定打下坚实的基础。例如，《社会学科的教与学研究手册》(Shaver，1991）谈到了社会学科的学习与其他课程方面的相互关系，但是没有把科学与社会学科之间的联系作为一个重要的研究课题。

社会学科教育方面的研究工作大部分都是关于公平问题的。什么样的做法才能在社会上特别是在教育中导致人与人之间的不公平待遇呢？要达到人人具有科学素养的目标，就需要了解现行制度可能怎样地歧视某些学生，而同时却又偏爱另一些学生。研究的其他方面还包括，探索科学、技术和社会(STS)问题（如人口增长、水资源、世界饥荒、食物资源以及动植物的灭绝）与社会学科研究人员所关心的问题，可能会有着怎样的联系(Hickman，Patrick，& Bybee，1987)。研究工作有助于找到这些联系，并探讨在学校里有效地利用它们的途径。

科学与技术

意识到科学与技术的根本不同，在考虑它们对课程、对讲课以及研究工作的影响时，可能是很有用处的。《科学素养的基准》的第十五章《研究基础》总结说，技术教育的研究基础是薄弱的。这一点也不奇怪，因为美国的学校一般都忽视技术。我们需要非常详细地了解，学生是如何看待实验的目的的，而科学教师是如何讲解科学和工程技术在处理问题上或做实验时的不同之处的。

在工程中创建的模型可能与相关的日常问题联系得较为密切，而且可能比以抽象原理组合起来的模型对科学教学更有好处(Linn，1994)。因此，为帮助学生理解科学和技术之间的不同之处与相似之处，把技术教育包括进去是很重要的事。要利用以《科学素养的基准》为基础的课程和讲课去促进教改，对这些问题的研究是必要的。

《蓝本》各章节之间在研究上的联系

《蓝本》的大部分章节，都指出了哪些是使它们所讨论的思想变为公众的实践所必需的研究知识。在本节中则强调了制定一份全面的科学教育改革研究日程表的重要性。有关研究工作的许多意见和建议可以追溯到《蓝本》的有关章节，而其余的则出自其他来源。

公平

公平问题在许多参与科学教育改革的教育工作者的心中，都是很明确的。在拉森－比林斯 (Ladson−Billings，1994)所著的《在科学的世界中建立一种公民文化》一书中，作者写道：

> 很不幸，在谈了这么多关于标准的问题之后，最后才考虑到公平问题。对我们来说，最基本的问题就是：对于那些长期以来都没有受到公立学校公平对待的学生，国家标准有什么意义呢？ (原著第2页)
>
> 如果教师没有准备加入关于社会学科和科学学科交叉问题的激烈辩论，那么创造一套包括这类问题在内的标准也不会起什么作用。如果创造优异教育的机会由于学生的贫困、不说英语、不是白色人种或不属于白色人种文化群体、

> 或是女性而大打折扣，那么这种标准除了重复同样的不平等以外，也不可能有更多的作为。（原著第11页）

像《科学素养的基准》和《国家科学教育标准》这类科学教育改革工具，如何应用于在我们的社会中没有受到应有待遇的人们？特别是对美国贫困家庭的孩子们，《面向全体美国人的科学》的理想如何才能变成学习机会从而使他们摆脱贫困？我们急需一项研究计划，集中力量寻找这些问题的可能的答案。

学校组织

为实现科学素养的改革目标，是否需要对传统的学校组织形式加以改变？研究工作如何才能帮助解决这一问题？随着学校采用各种办法去改变各校普遍实行的、以学科为基础的分级教学的传统做法，有关学校组织形式的研究工作，应继续构成系统改革工作的一部分。在基层的教师和家长，有权利做出必要的改变决定。要在全国许多不同的学校中找到什么样的组织形式效果好，需要拥有大量的、各校机构改革的信息。由于学校使用《科学素养的基准》、《国家科学教育标准》和其他改革工具以提高科学素养的水平，对学校改革教育体制的个案调研将能提供宝贵的东西。

课程联系

《蓝本》第六章《课程联系》中所叙述的个案研究，举例说明了为在传统的学校科目——数学、科学、语言艺术以及社会学科之间构筑联系所做的工作，这些工作都是通过实施一些在学校内外影响学生学习的项目进行的。这类跨学科的课程联系所产生的效果如何，需要用大家都同意的懂科学的尺度去加以考察。如《蓝本》第八章《评估》所指出的，需要多种尺度和不同的评估方法才能反映出学生学习这些新课程的效果。大多数教师都希望了解此类跨学科课程是否起作用和如何起作用。因此关于评估的研究必须与课程编制研究紧密地联系在一起。

> 关于教师和学生在科学教学中如何得到和使用资源的问题，几乎没有做过什么研究

教材与技术

关于教师和学生在科学教学中如何得到

和使用资源的问题，几乎没有做过什么研究。同样也很少有关于各种教学材料对教师和学生所起的作用的记述。我们需要回答像伯杰（Berger）、卢（Lu）、贝尔泽（Belzer）、沃斯（Voss，1994）等人所提出的问题：超级媒体、微观世界、专家辅导系统和通讯，在使学生分享、交流甚至在思考他们所学的东西方面，能发挥多大的作用？数据库系统在使学生检索信息方面并在有关概念之间进行灵活联系方面有多大作用？微机模拟环境在使学生能提出各种假设，并测试它们，观查结果直到得出结论方面的作用究竟如何？

评估

关于《科学素养的基准》和《国家科学教育标准》的科学教育改革工作所面临的最重要的问题就是：如何监控学生一个年级一个年级地通过基本要求所取得的进步？以及如何鉴定在K-12结束阶段所达到的懂科学的水平？在这个问题上是很难达到一致意见的。由谁来确定并如何确定这个问题呢？而且，如果学校能提供理想的学习条件，我们如何能够知道学生可能达到什么程度呢？为使科学教育改革的各个评估部门了解情况，需要对观念上的变化进行广泛的调研。

正如《蓝本》第八章《评估》中所报道的，调查表明，教师常常不知道什么是好的评估方法。如何帮助他们改进评估方法？这一重要研究课题在《评估》和《教师培训》两章中都有所涉及，如《蓝本》第八章、第九章所讨论的。公平问题也关系到在《蓝本》第八章《评估》和第一章《公平》中所涉及的有关评估和公平的研究工作。如何判断评估尺度的公平性？教师对一项测试的公平程度认识如何？

教师培训

一般地说，教师们在大学里学的是什么科学课，他们就教什么科学课，而在询问式的教学中，则需要具有更多的科学知识。因此，《蓝本》第九章《教师培训》便把期望紧扣在大学本科生的科学教育上。但是，为谨慎起见，我们起码不能断言，K-12的科学教师就是按照他们在大学里所学的科学课程那样在教学生的。在影响学校科学教学的因素中，大学科学课教师的影响力有多大？我们能以调研得来的对情况的了解作为工作的指导吗？很不幸，答案是，不能。

对大学和学院科学课程的知识内容和教课模式的影响力做一项分类研究是大有帮助的。效果好的K–12科学教师是如何学习和在何处学习当教师的？他们所取得的教学效果有多少可以归功于大学科学教师的影响？他们所取得的效果在多大程度上及在什么方面可以从他们所具备的科学知识和他们对科学的理解上得到解释？在经过调查研究的基础上制定教师培训计划，必须能够回答这些问题以及相关问题。

高等教育

《蓝本》第十章《高等教育》称，如果K–12学校都达到了科学教改的目标，学院和大学就可以利用这一成绩作为基础。那些准备当科学课教师的大学生们，在他们为读大学本科做准备时，他们所修的科学课都多于教育课。《蓝本》第九章《教师培训》主张，高等院校一级的科学课应予改变，使之能够为未来的教师提供科学教学的好模式。这些说法又提出了早先探讨过的一些有趣的研究问题：高等学院的科学教学，对未来教师的科学教学观念有什么影响？这些观念又是如何转换为实际的教学方法的？为了更明确地确立“我之所教即我之所学”这一“合理的”结论，必须仔细研究高等院校的科学教育对未来学校教师的教学观念和教学习惯的影响。

家庭和社区

对家庭在学校教学中的作用应在教改的初期就进行研究，以便在整个教改过程中了解情况，并做出相应决定。正像对教师与教育关系的研究表明了教师参与决策的重要，对于家长参与的研究也表明，如果家长在孩子的教育中起一定的作用，学生的学习就会提高（见《蓝本》第十一章《家庭和社区》）。鉴于当今孩子的家庭环境多有不同，可以合理地期待的家庭参与是什么样的？能够为这一问题提供答案的研究工作，对于科学教育改革将是有帮助的。

工商界

《蓝本》第十二章《工商界》中说，工商界参与教育的效果如何，证据主要是一些传闻。这一章重点讨论了如何加强这种伙伴关系，并声称，工商界参与教育是可取的。在这方面的研究计划应包括，探讨与工商界以多种形式参与教育的性质和后果有关的问题。

研究与实践相结合

教育的研究与实践有诸多方面，它们以各种方式相互影响。本节将考虑关于教育研究和实践的某些普遍的观点，以及他们之间的关系，并在教改框架内对联系教育研究和实践的方法提出一些建议。

研究环境

学校教育的研究工作如何改进？如何将研究与实践更紧密地联系起来？教育研究从20世纪60年代到90年代的历程，可以被看作是朝着把教育研究放到一个更有意义的环境中去进行的过程。定性研究法比定量试验法常常更能抓住复杂的课堂和学校环境中的丰富的教学细节。在70年代之前，定量试验法曾在教育研究中风行一时。由于有了更多的研究方法可用来解决研究人员和教师感兴趣的问题，研究工作就能够更具有现实性，得出更有意义的成果和结论。显然，学科和课目内容，以及用来讲授这些内容的教学方法，将影响到对教与学的研究结果。了解这一点很重要，忽视任何一方面的研究工作都不能向教师提供有意义的信息。

为使教改研究工作更全面，下一步就是要确立研究者式教师或研究伙伴的观念。许多人把研究者式教师看成是建立起研究与实践之间的联系的重要组成部分。教师们必须看到，在他们的课堂上进行一些非正式的研究是有价值的。同时，大学的研究者们也必须懂得，让教师成为正式的教育研究界的成员是有价值的。在教学实践中不断交流思想，对于初期的和长远的改革都是很关键的。

教师们必须看到，在他们的课堂上进行一些非正式的研究是有价值的

教育研究的多重意义

要想把研究工作与实践联系起来，就需要对研究加以仔细的界定，这样我们才能更好地了解，可以在什么地方建立起有用的联系。对于研究，现在有许多不同的界定方法，与较早期的定量方法的概念形成对照。在用来表述这些方法的词中有定性法、描述法、解释法、写实法、种族文化法和唯象法。我们在这里不是要清理出现代研究形式的细微差别，而是要强调指出有关研究问题的复杂性质。

龙伯格 (Romberg，1992)指出了理解研究者们所使用的“观念镜头”的重要性。这些镜头往往影响到研究者们对他们所要研究的世界所做的最初的假设。例如在考察学校教学时，这些观念就反映在教师对以下问题的看法上：传授什么知识，学习是怎样发生的，教师和其他专业人员的作用以及课堂环境等。

作为研究者的教师

要把教师纳入研究者行列的主要原因，就是要为研究工作提供一个丰富多彩的环境。在教育研究界，没有人像教师那样熟悉学校中发生的一切，但是教学工作却主要地由外面的研究人员来研究。造成这种情况的原因可能很多，其中一个应当考虑的原因是，对于教师对他们的课堂和学校环境的了解重视不够。做研究工作的人一般看到的，只是教师们日复一日年复一年地体验到的深度和复杂性的一小部分。现在已有一些迹象表明，这种状况开始发生变化（例子见 Cochran-Smith & Lytle,1993； Schon，1990； Whyte,1991）。但是表明教师积极参与研究工作的事例却相对地少些。

要让研究者式教师计划在长时期内取得成功，需要有一套强有力的支持系统。学校和高等院校必须充分认识到，为教师和研究者在职业上的互动而提供经费、时间和灵活性是有价值的。在不能让教师作为研究伙伴直接参与（即教师作为研究者）的情况下，也必须让他们自始至终地在研究过程中作为“研究的用户”。必须让教师们了解在他们的课堂上进行实践研究的价值。大学里的研究者们也必须了解让教师作为教育研究界的成员的价值。

建 议

由于科学教育改革——特别是如果要使它成为跨学科的改革——撒下大网，所以需要注意集中研究较少数量的课题，否则研究工作将会像目前的教育研究局面那样分散而零碎。各学科的研究小组，研究共同的课题，就可能形成一个协调的纵向研究项目。教师作为研究者或研究伙伴的方案也必须进一步发展，以确保研究工作的提高和研究与实践之间更紧密的联系。

研究工作必须始终紧扣着为科学素养做出了界定的《科学素养的基准》和《国家科学教育标准》中的主要内容。研究的问题应与《科学素养的基准》中各种内容主题有关，这样才能得出与科学素养的界定直接关联的研究结果。不抓住《面向全体美国人的科学》的核心问题，就会使研究成果分散，更难达到科学教育改革的目的。

最后，科学素养的研究日程表，应反映下列各项关于如何进行研究和需要具备什么手段去进行研究的一般性建议：

1.需要一种协调的纵向研究工作。

2.应开始实施一项为《科学素养的基准》和《国家科学教育标准》制定或确定一套评估手段的重要研究工作。

3.确定学校里的科学、数学和社会学科之间的明确联系。

4.把教师纳入研究队伍，并扩大教师在研究开发工作中的作用，使研究工作与教学实践结合起来。

此外，本章还提出了研究工作的以下具体方面，这些具体方面是建立科学教育改革的研究基础所必需的：

1.自然语言和其他符号系统的作用。

2.学生对《科学素养的基准》和《国家科学教育标准》中提到的自然现象的思维模式的性质。

3.能提供公平的科学学习机会的课程安排和授课。

4.贯穿多个学科的线索或主题。

5.误解的作用和观念改变的关键成分。

6.大学科学教育的效果和K－12科学教育主要内容的效果。

7.正在实施各种形式科学教育改革的学校案例研究。

成功的科学教育改革需要一套建立在研究基础上的标准、课程安排和教课方法。《科学素养的基准》中的年级划分表明了各年级的学习是如何发展的，这种划分就是根据对教与学的研究结果做出的。这是所能迈出的第一步。科学课教师也应当要求把课程安排和实施的框架、教材和技术、教学方法和评估等建立在研究的基础上。

参考书目

1 American Association for the Advancement of Science.(1993).*Benchmarks for science literacy*.New York:Oxford University Press.

2 American Association for the Advancement of Science.(1989).*Science for all Americans*.New York:Oxford University Press.

3 Berger, C.,Lu, C.,Belzer, S., & Voss, B.(1994).Research on the uses of technology in science education. In D. Gabel (Ed.), *Handbook of research on science teaching and learning*.New York: Macmillan.

4 Cochran-Smith, M.,& Lytle, S.(1993).*Inside/outside: Teacher research and knowledge*.New York: Teachers College Press.

5 Cole, M., & Grffin, P.(1987). *Contextual factors in education:Improving science and mathematics education for minorities and women*. Madison, WI: Wisconsin Center for Education Research.

6 Committee on Research in Mathematics, Science, and Technology Education. (1985).*Mathematics, science, and technology education: A research agenda*. Washington, D.C.: National Academy Press.

7 Gabel, D.(Ed.).(1994).*Handbook of research on science teaching and learning*.New York: Macmillan.

8 Good, R.(1994).*Project 2061 research blueprint*. Prepared for the American Association for the Advancement of Science, Project 2061, Washington, D.C.

9 Good, R., Trowbridge, J., Demastes, S.,Wandersee, J., Hafner, M.,& Cummins,C.(Eds.):(1993).*Toward a research base for evolution education: Report of a national conference*.Baton Rouge, LA: Louisiana State University.

10 Grouws, D.(Ed.).(1992).*Handbook of research on mathematics teaching and learning*.New York: Macmillan

11 Hickman, F.,Patrick, J., & Bybee, R.(1987).*Science/technology/society:A framework for curriculum reform in secondary school science and social studies*. Boulder, CO:Social Science Education Consortium, Inc.

12 Ladson-Billings, G.(1994, April).*Creating a civic culture in a scientific world: A social studies research agenda*. Paper prepared for Project 2061's Blueprint Research Conference, New Orleans, LA.

13 Linn, M.(1987). Establishing a research base for science education:

Challenges, trends, and recommendations. *Journal of Research in Science Teaching*, *24*, 191–216.

14 Linn, M.(1994, April). *Establishing a research agenda for science education: Project 2061*. Paper prepared for Project 2061's Blueprint Research Conference, New Orleans, LA.

15 National Council of Teachers of Mathematics.(1989). *Curriculum and evaluation standards for school mathematics.* Reston, VA: Author.

16 National Research Council.(1996). *National science education standards.* Washington, D.C.: National Academy Press.

17 Romberg, T.(1992). Perspectives on scholarship and research methods. In D. Grouws (Ed.), *Handbook of research on mathematics teaching and learning*. New York: Macmillan.

18 Schon, D.(1990). *Educating the reflective practitioner*. San Francisco: Jossey–Bass.

19 Science Education Research Agenda Coalition.(1994, April.) *Blueprint Research Conference papers*. Project 2061's Blueprint Research Conference, New Orleans, LA.

20 Shaver, J.(Ed.).(1991). *Handbook of research on social studies teaching and learning*. New York: Macmillan.

21 Shymansky, J., & Kyle, W.(1992). Establishing a research agenda: Critical issues of science curriculum reform. *Journal of Research in Science Teaching*, *29*, 749–778.

22 Sowder, J.(Ed.).(1989). *Setting a research agenda: Research agenda for mathematics education.* Reston, VA: National Council of Teachers of Mathematics.

23 Steen, L.(1990). *On the shoulders of giants: New approaches to numeracy.* Washington, D.C.: National Academy Press.

24 Thompson, P.(1994, April). *Bridges between mathematics and science education*. Paper prepared for Project 2061's Blueprint Research Conference, New Orleans, LA.

25 Whyte, W.(1991). *Participatory action research*. Newbury Park, CA: SAGE.

文献目录

1 American Association for the Advancement of Science.(1993). *Benchmarks*

for science literacy.New York: Oxford University Press.

2 American Association for the Advancement of Science.(1990). *The liberal art of science:Agenda for action.* Washington, D.C.:Author.

3 American Association for the Advancement of Science.(1989).*Science for all Americans*.New York:Oxford University Press.

4 Anderson, G.L, Herr, K. & Nihlen, A.S.(1996)What does practitioner research look like? *Teaching and Change*,*3*(2),173–206.

5 Anderson, R. & Mitchener, C.(1994).Research on science teacher education. In D.Gabel(Ed.)*Handbook of research on science teaching and learning*. New York: Macmillan.

6 Apple, M.(1971).The hidden curriculum and the nature of conflict. *Interchange*,*2*(4),27–40.

7 Atwater, M.(1994).Research on cultural diversity in the classroom. In D. Gabel(Ed.).*Handbook of research on science teaching and learning*. New York: Macmillan.

8 Basalla, G.(1988).*The evolution of technology*.Cambridge, MA: Cambridge University Press.

9 Berger, C.,Lu, C., Belzer, S., & Voss, B.(1994).Research on the uses of technology in science education.In D.Gabel(Ed.),*Handbook of research on science teaching and learning*.New York: Macmillan.

10 Bishop, B. & Anderson,C. (1990). Student conceptions of natural selection and its role in evolution.*Journal of Research in Science Teaching*,*27*, 415–427.

11 Campbell, D.& Stanley, J.(1963).*Experimental and quasi–experimental designs for research*.Chicago, IL:Rand McNally.

12 Cherryholmes, C.(1991).Critical research and social studies education.In J.Shaver (Ed.),*Handbook of research on social studies teaching and learning* (pp.41–55).New York: Macmillan.

13 Cochran–Smith, M.& Lytle, S.(1993).*Inside/outside:Teacher research and knowledge*. New York: Teacher College Press.

14 Committee on Research in Mathematics, Science, and Technology Education (1985).*Mathematics, science, and technology education: A research agenda*.Washington, D.C.:National Academy Press.

15 Confrey, J.(1994, April).*An agenda for equitable access to quantitative tools*. Paper prepared for Project 2061' s Research Blueprint meeting,

New Orleans, LA.

16 Cummings, H.(Ed.)(1956).*Science and the social studies.*Washington, D.C.: National Council of the Social Studies.

17 Demastes,S.,Good, R.& Peebles, P.(1994, March 28).*Patterns of conceptual change in evolution.*Paper presented at the 1994 annual National Asso-ciation for Research in Science Teaching meeting, Anaheim, CA.

18 Dewey, J.(1913).*Interest and effort in education.*Boston, MA: Houghton Mifflin.

19 Doran, R., Lawrenz, F., & Helgeson, S.(1994).Research on assessment in science. In D.Gabel (Ed.), *Handbook of research on science teaching and learning.* New York: Macmillan.

20 Elliott, J.(1991).*Action research for educational change.* Philadelphia, PA: Open University Press.

21 Fleischer, C.(1995).*Composing teacher-research: A prosaic history.*Albany, NY: SUNY Press.

22 Fraser, B.(1994).Research or classroom and school climate. In D.Gabel (Ed.) *Handbook of research on science teaching and learning.* New York: Macmillan.

23 Gabel, D.(Ed.),(1994).*Handbook of research on science teaching and learning.*New York: Macmillan.

24 Good, R., Trowbridge, J.,Demastes, S.,Wandersee, J., Hafner, M., & Cummins, C. (Eds.)(1993).*Proceedings of the 1992 Evolution Education Research Conference.* Louisiana State University: Baton Rouge, LA.

25 Hickman, F., Patrick, J. & Bybee, R.(1987).*Science/technology/society: A framework for curriculum reform in secondary school science and social studies.* Boulder, CO: Social Science Education Consortium, Inc.

26 Hofstein, A. & Yager, R.(1982).Societal issues as organizers for science education in the 80s.*School Science and Mathematics,82,*539-547.

27 Holton, G.(1993).*Science and anti-science.*Cambridge, MA: Harvard Uni-versity Press.

28 Huberman, M.(1990).Linkage between researchers and practitioners: A qualitative study. *American Educational Research Journal,*27,363-391.

29 Hurd, P.(1984). *Reforming science education:The search for a new vision.* Washington, D.C.:Council for Basic Education.

30 Hutchinson, J. & Huberman, M.(1993,May).*Knowledge dissemination and*

use in science and mathematics education: A literature review Washington, D.C.: National Science Foundation.

31 Jackson, P.(1968). *Life in classrooms*. New York: Holt, Rinehart, & Winston.

32 Johnson, B.M.(1995). Why conduct action research? *Teaching and Change* *3*(2), 190–104.

33 Kahle, J. & Meece, J.(1994). Research on gender issues in the classroom. In D. Gabel (Ed.) *Handbook of research on science teaching and learning*. New York: Macmillan.

34 Kaput, J.(1994, April). *Research for long–term reform: Strands instead of layers*. Paper presented at Project 2061' s Research Blueprint Meeting, New Orleans, LA.

35 Kromhout, R.& Good, R.(1983). Beware of societal issues as organizers for science education. *School Science and Mathematics*, *83*, 647–650.

36 Ladson–Billings, G.(1994, April). *Creating a civic culture in a scientific world: A social studies research agenda*. Paper presented at Project 2061's Research Blueprint Meeting, New Orleans, LA.

37 Linn, M.(1987). Establishing a research base for science education: Challenges, trends, and recommendations. *Journal of Research in Science Teaching*, *24*, 191–216.

38 Linn, M.(1994, April). *Establishing a research agenda for science education: Project 2061*. Paper presented at Project 2061' s Research Blueprint meeting, New Orleans. LA.

39 McGee–Brown, M.(1994, March 28). *Systematic reflective teacher research in educational reform in science literacy: Process and understanding*. Paper presented at the National Association for Research in Science Teaching annual meeting, Anaheim. CA.

40 McLean, James E.(1995). *Improving education through action research: A guide for administrators and teachers*. Thousand Oaks, CA: Corwin Press, Inc.

41 National Council of Teachers of Mathematics.(1989). *Curriculum and evaluation standards for school mathematics*. Reston, VA: Author.

42 National Science Teachers Association.(1982). *Science–technology–society. Science education for the 1980s*. Washington, D.C.: Author.

43 Pinar, W., Reynolds, W., Slattery, P.& Taubman, P.(1995). *Understanding curriculum*. New York: Peter Lang.

44 Popkewitz, T.(1984).*Paradigm and ideology in educational research: The social functions of the intellectual*.London: Falmer Press.

45 Romanish, B.(1983).Modern secondary economics textbooks and ideological bias.*Theory and Research in Social Education*,*11*,1–24.

46 Romberg, T.(1992).Perspectives on scholarship and research methods.In D. Grouws (Ed.),*Handbook of research on mathematics teaching and learning*. New York: Macmillan.

47 Schauble, L., Klopfer,L.,& Raghavan, K.(1991).Students' transition from an engineering model to a science model of experimentation.*Journal of Research in Science Teaching*,*28*,859–882.

48 Schon, D.(1990).*Educating the reflective practitioner*.San Francisco, CA: Jossey–Bass.

49 Shaver, J.(Ed.).(1991).*Handbook of research on social studies teaching and learning*. New York: Macmillan.

50 Shulman, L.(1987).Knowledge and teaching: Foundations of the new reform. *Harvard Educational Review*,*57*,1–22.

51 Shymansky, J.& Kyle, W.(1992).Establishing a research agenda: Critical issues of science curriculum reform.*Journal of Research in Science Teaching*, *29*,749–778.

52 Sowder, J.(Ed.). (1989).*Setting the agenda for mathematics education*. Reston, VA: National Council of Teachers of Mathematics.

53 Steen, L.(Ed.).(1990).*On the shoulders of giants: New approaches to numeracy*. Washington, D.C.:National Academy Press.

54 Thompson, P.(1994, April).*Bridges between mathematics and science education*.Paper Presented at Project 2061's Research Blueprint Meeting, New Orleans, LA.

55 Wandersee, J.,Mintzes, J.,& Novak,J.(1994).Research on alternative conceptions in science. In D.Gabel (Ed.),*Handbook of research on science teaching and learning*.New York:Macmillan.

56 Whitson, J.(1994,April).*Social and behavioral sciences: A Project 2061 research blueprint*. Paper presented at Project 2061's Research Blueprint meeting, New Orleans, LA.

57 Whyte, W.(1991).*Participatory action research*.Newbury Park, CA: SAGE.

58 Wolpert, L.(1992).*The unnatural nature of science*.Cambridge, MA: Harvard University Press.

找到了出路(保罗·克里,1935)

第二部分

学校环境

引　言

除了人和设施以外，学校系统里的组织机构、课程、教材和技术大概就是最显眼的部分了。虽然在做出有关它们的决定时，常常把他们当作是完全独立的实体，但它们显然是互为依存的。在原则上，时间、空间和人员都是为了能让学生学习一套确定的课程而安排的。在实践中，一套课程要受到可用的时间、空间和人员的限制。同样，教材和技术是用来为课程服务的，但是手头拥有的教材和技术常常又决定了实际的课程安排。学校的组织工作（如何划分时间，分配空间和调派人员）和授课技术（使用什么样的教材和教具）也具有很重要的相互依存性。

学校教学的三个互相关联方面（组织工作，课程安排和教材教具）共同担负着促进学习的使命。但实际上它们起到这种作用了吗？这是要靠学校环境的第四个组成部分——评估——来决定的问题。校外的评估不一定能适用于当地的课程安排，它们的目的是要考察系统工作情况如何。如果这两种评估都认为学生的表现没有达到标准，那就需要对某些方面加以改进——组织工作和教学行为、教材教具的选择和应用或是课程安排的内容和结构。但是，这样看问题就太简单化了。

首先，这样看问题就暗示着评估、课程和学校的组织工作是独立起作用的。事实上，处理每一方面的问题时，常常都应考虑其他方面。例如，评估的内容通常反映课程安排（“公正的考评”）。而随着时间的推移，课程内容被修改，以照应评估（“为考评而教学”）。还有其他相互作用的因素：因为评估要花费时间（时间是一种限定的、非常有价值的资源），必须权衡花费多少教学时间去用于评估以及做多长时间的评估才不会影响教学。课程和评估的复杂性在很大程度上取决于授课人员和支持员工的数量和质量；评估的材料与教材往往不可区分；如此等等。

当然，学校组织、课程安排、教材教具和评估，都受地方、州和联邦教育政策的影响，而政策又反过来受财政预算的制约。在相当的程度上也有相反的情况：根据对学校的组织、课程安排、教材教具和评估的考虑来制定政策和确定预算。

而且，正是在学校的环境中，各种公平问题才突现出来。因为种种不公平现象都在那里冒了出来——考评带有偏向，课程安排对一部分人有利，某些学校的学习材料无论是数量还是质量比别处高，以及其他问题。

同样，学校在组织上、课程安排上、教材教具以及评估方面能做些什么——或不得不去做些什么，在很大程度上又取决于它们从各方面所得到的支持，如家庭、社区首领（包括媒体）、工商企业、高等院校（尤其是教师培训和录取政策）以及在决策时所能得到的真知灼见。这些互动关系在本书第三部分《支撑体系》中将给予讨论。

在第一部分，“2061 计划”对每一章的有关问题都勾画出了框架，以便启动对教育系统中各个组成部分及其相互关系的讨论，并对它们对“2061 计划”目标的影响给予某些关注。

学校组织

1．在学校组织方面，能从工商企业的组织学到有用的东西吗？工商企业中有关做支持工作的专业人员的政策、现代技术的使用政策、时间利用政策、决策权的分配、表现的鉴定以及奖励政策，能够移植到学校环境中去吗？如果能，会有什么收获？需要付出什么代价？

2．在如何分配时间、空间和人员方面，权威中心应放在何处？放在学区或是学区中的各个学校？如果权威如此分散，能否避免在管辖上的冲突？达到学生学习目标的最终责任应该由谁承担？

3．如何才能避免学校组织方面的时髦潮流？确实有效的组织机构改革如何才能避免被宣布后过一阵子就不复存在的时髦潮流？需要做些什么研究工作以指导有关拟议中的机构改革的决策？

4．如果要考虑对组织机构做重大改变，应当在什么阶段让股东及其他有关方面参加进来？

5．机构的改变如何能简化一个已经复杂化的系统并提高其效率？什么样的改变对教师和学生有正面影响？以什么方式发生影响？

课程联系

1．如何才能使课程安排与标准一致？用什么证据来表明一致？如果国家标准、州标准或学区标准的框框本身都不一致，怎么办？

2．如何平衡课程中的核心要求课目和选学课目(即包括补习课和为聪明的学生开的加餐课)？如何平衡以学科划分的课目和那些跨学科的课目或以其他方式综合起来的课目？如何平衡传统的课目与非传统的结构形式，如讲座、完全围绕单个项目或一组项目而开设的课程，同辈授课以及独立进修？

3．如何安排课程才能把《面向全体美国人的科学》中对所有学生提出的那些关于要求学生掌握联系科学(自然科学和社会科学)、数学和技术的知识与技巧的建议包容进去？这样是否能软化各类科学之间的边界？这样是否就强调了历史、哲学和交叉学科的课题？这样是否就要求科学教学符合科学探索的性质，从而反映出科学的价值？

4．在课程安排上如何有效地响应《科学素养的基准》中提出的要抓紧和关注认知能力开发的建议？能采取什么措施避免在基础教材的处理上出现课时不足和不循序渐进的现象，或者出现不必要的重复现象？

5．如果“少就是多”意味着减少教学题目以争取时间去加强理解，那么，应根据什么决定去精减什么题目呢？谁来做出这类决定？学生家长、新闻媒体、课本出版商、测试策划者以及各大学预计会做何反应呢？

教材与技术

1．出版商声称，他们的课本及其他教材满足《国家科学教育标准》和《科学素养的基准》，如何能验证他们的话？因为出版商是针对市场的（常导致课本内容庞杂，词语纷繁）。而教师似乎也乐意使用这样的课本，在这种情况下，如何使“少就是多”成为可能？

2．需要做些什么才能实现以计算机为基础的信息和通信技术带来的希望？使用这类技术在解决优等生和劣等生之间的差距上会起到什么作用？在购置新硬件并定期维护和升级、购置软件、培训和复训教师方面的费用以及因特网的上网费，与所得的效果比较起来，那些钱花得值吗？如何判断这种成本—效益比？

3．计算机有许多功能（文字处理、计算、图形制作、建立数据库和存储数据等等）和用途（练习、指导、测试等），在使用计算机时，什么功能和用途应优先考虑呢？各年级是否应有所不同？什么主题？教师们今后需要学会哪些计算机技巧才能提高他们的工作效率？对教师来说，计算机除了用于促进学生学习以外，对教师职业还有没有其他用途？

4．是否能让教师编写他们自己的教程？学校是否应采用教程而不用课本？在考虑采用某一教程时，不管是谁编写，学校当局是否都应该要求看它们的实用证据，以证明该教程在教学中能产生它们所声称的那种教学效果？

5．家庭计算机的普及和因特网的开通，对教学工作会带来什么变化？会促进学习还是妨碍学习？主要靠在学校里使用还是在家里使用？学生租用便携式计算机能提高他们的学习、加强与他们家庭的沟通吗？

评　估

1．为各种原因，学校需要评估学生在学习上的表现，用以调整教学；向学生和家长汇报学生的进步；创建一项可以影响就业和升学率的记录；报道课程设置的效果；拿一个学区、一个州或国家与另一个学区、州和国家进行对比；学校如何很好地做到这些而不引起混乱呢？评估所花费的时间和费用达到什么程度就会得不偿失？

2．在多项选择测试法（及其同类）的相对客观性和观察学习表现测试法的相对主观性之间如何取得平衡？谁决定何时使用何种测试法?

3．教育工作者、家长和其他人，如何能够确定他们所用的测试手段和方法能否测试出预期目标？教育系统中的哪些组成部分能够而且应该定期进行评估?如何评估?

4．数学和科学教育如何响应成为“世界上首屈一指”的号召？在进行此类比较，或者在做出学校教学方面的重要决定时，我们珍惜什么样的评估和评估结果?

第五章

■ 学校组织

如何组织学校，并如何很好地让它们适应变化，是教改成功的关键。本章讨论在管理、课程设置、评估和鉴定、学生、时间、教职员工、空间和授课等方面的组织机构的变革，这些变革能够帮助教育工作者实施“2061 计划”所设想的科学、数学和技术教育改革。

组织机构方面的变革要想有效而且持久，可能必须是渐进式的，而且必须满足简化学校和课堂这一需要。我们建立起组织机构的部分目的，是要管好一个无序而纷繁的世界，并创建一种并不自然存在的稳定性和可预测性。精简，对于一个机构的健康及其成员的福利来说是必不可少的。在学校里，教职员工每天要为大量的学生和多项课目的内容负责，化繁就简就特别需要。

本章开头对学校组织机构所受到的历史影响进行了综合分析，得出了教训。接着讨论了在管理、课程安排、评估和鉴定、学生、时间、员工、空间和授课诸方面如何实行改革的问题。最后，对试行“2061 计划”原则的 6 个学区中心之一的改革过程进行了考察。

指导原则

“2061 计划”的基本原则，是可能进行什么样的机构改革的指针。具体地说，它包含着在过去被认为是互不相容的对教育的两种看法。一种主张围绕着期望学生在 13 年的学习中应掌握的知识、技巧和态度来组织科学教学；另一种则更注重以孩子为中心，发挥学生的主动性，采用询问式的教学方式。与通常在数学和科学课堂上的情况相

> **科学和数学的课程改革如果在现行教育制度的基础上推行，它必将不可避免地很快就寿终正寝**

比，这种教学方法较为灵活，更带有即兴性质。

这第二种教育的方向，含有“2061计划”把反思学习作为科学素养的一个主要组成部分的思想。反思学习是指这样一种能力：能知道并理解一个概念，并能在做出决定和解释信息时把它与其他概念的意义联系起来。例如，在砍伐某一棵树时，反思学习可能会让一个人想到这一砍伐所引起的各种后果，包括这棵树与其他有机物的联系可能中断，这些联系的复杂性，这一中断所引起的各种后果的难于预见性，如此等等。

人们担心，反思学习会与过去以成绩责任制为基础的面向结果的教改运动(如技能教育和精通学习)相违背。而且，很难想象，学生没有实践的机会就能养成这种能够促进如此缜密思考过程的思维习惯。更难想象在这样一个机构过于复杂并依靠教师指导的学习环境里，会有什么有意义的练习机会。现在，即使不是在绝大多数的课堂上，那也是在相当多的课堂上，都是这种情况。

“2061计划”不是一项简单的课程改革工作，而是一项着眼于整个教育系统的改革。如果科学和数学的课程改革只是在现行教育制度的基础上推行，它必将不可避免地很快就寿终正寝。结果，各个学校和学校体系的许多方面都必须发生变化，以实现这种反思的长期学习观。这样就需要审视一下可能发生的各种类型的变化，这正是本章所关心的问题。

历史经验

历史的经验警示我们，改革必须谨慎行事，以防止为改革而改革。而且，当认为学校机构的改革势在必行时，我们必须灵敏地考虑到必须适应其不断增加的复杂性。正如库本（Cuban，1995)指出的，在早先的改革倡议和现在的“2061计划”以及其他科学教育改革工作者所推行的观点之间存在着相似性。但早先的教育改革对长期的实践影响有限，主要是由于按年龄分级别的学校体制的稳定性。按年龄分级别的学校体制，是19世纪从普鲁士引进的。这种体制的引进，在学制和教学的管理、结构、文化和实践方面发生了革命性的变革。在按年龄分级别的结构概念中，包含着一系列的其他组织成分：自足的课堂，课程分段，根据教学的题目和技能安排时间，用测试的方法检查所教的知识和技能是否已被掌握。凡达到为各年级所规定的最低标准者，准予升入更高的年级，而对不及格者则要求补习。

按年龄分级别的学校体制，在另一方面也帮助创建了学校体制的其他特点。由于学校的建筑物把教师们分隔在自足的课堂上，督导管理工作就复杂化了，就像和同事们协作那样复杂。按年龄分级别的学校体制也帮助创立了教学方法和学校组织方面的一些老套，包括以教师为中心的教学活动，如大群体上课，一排一排的书桌，教师为学生立下规矩，如举手等。其他的效能练习包括：演讲、背诵、课堂作业、家庭作业以及近年来每周都进行的多项选择和填空测试。这些做法已经深入到教师头脑中关于教书活动的信仰体系中去了，要改变这些既定之规，意味着要改变一整套文化信仰。

学校和课堂做法上的差异的确也有。但上述的学校和课堂规则中的主导倾向都已载入典籍，它们早已无处不在，经久不衰。这些老套不仅迎合了具体类型的学校组织——当前美国学校——的需要，它们也适应所有组织的某些共同需要，包括化繁就简的需要。

所需变革的方方面面

这些学校的老套是能够改变的。但我们只应做那些对教改至关重要的改变，而且只有当我们决心要找到能减少这些改变所带来的复杂性的方法时，我们才能尝试那些改革。

管理机构

20世纪80年代中期以来，以学校为单位的按学校管理和共同决策相互联系的思想，是许多现代改革工作的中心议题。的确，“2061计划”的学区中心所产生的大部分模式，都推荐了某种在学校里共同决策的做法。

与这一思想相反，其他人对按学校管理和共同决策的态度则较为暧昧，虽然他们也都支持这些方案中所包涵的那些期望。他们说，就对教师和按校管理来说，有许多理由要求十分谨慎地行事。首先，教

教师必须采用一种灵活的教学方法：这种教学方法是不可能由上面制定好了以后布置下来的

育研究所得出的惟一的普遍规律，就是没有适用于所有地方、所有时代和所有学生的普遍规律。当地的教育工作者为了能应付他们在工作中遇到的一些个人癖好问题，需要谨慎。第二，教与学最终都是人的事业，而不是机械的程序。教师的热情在学习过程中是有作用的，而激发教师热情的一个重要方法就是让他们成为自己所作所为的主人。第三，学校组织联系松散，上面的控制只不过得到下面象征性的服从和程式性的表现。

在按学校管理方面需要十分谨慎行事的一般理由之外，还有一条与科学教育改革有关的理由。如果教育改革的目的是要促进反思学习，而且如果要掌握更多情况和信息的话，就需要采取适应当地环境的教学方法去推广反思学习，那么教师也必须采用一种灵活的教学方法，这种教学方法是不可能由上面制定好了以后布置下来的。他们需要自主地适应学生的主动性，把学生的兴趣和关心引导到在教育上有价值的活动。这种自主精神在处理预算、时间利用和学生分组等问题时还

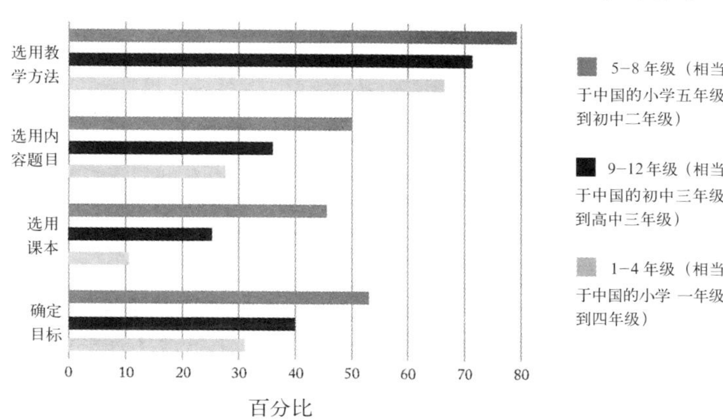

科学课教师受到的严格控制

来源：National Science Foundation.(1996). *Indicators of science and mathematics education 1995*. Arlington, VA; Author.

需要某种谨慎态度。

虽然按学校管理和共同决策的目标对一般教育是重要的，对科学教育改革尤其重要，但为达到这些目标所采用的共同手段—委员会或工作组—却可能需要更换。这些委员会通常由行政人员、教师(有时还有家长)组成。关于按学校管理的经验证据是模棱两可的（David，1989)。但是，特别让人担心的是，这样的结构——即使是那些以课程和讲授为重心的结构，都可能违背有关复杂性的指导原则。它们不但没有简化学校体制，反而把地方教育董事会的政策下降到基层水平，使每一位校长都成了一个高度政治化的准主管人。

少依靠正规组织起来的按校管理工作组，更多地依靠非正式机制，这样就有可能更好地实施按学校管理。更具体地说，这意味着在其他方面之外，再任命一些实行民主决策的行政人员。领导和决策民主化的模式植根于几项原则：避免使用权势——不论是以暴力的形式或是以戴着天鹅绒手套的铁拳；要博采众议；虚怀若谷；在证据和论证的基础上做出决策（Argyris & Schon ,1995)。

在管理学校和学区方面，最好少依靠官僚机制（条规和文件），而更多地依靠文化机制(故事、神话和礼制)。这类文化机制能提供指引，而且，在如何让信仰体系能在本地发挥作用方面也容许更大的决定权。此外，在需要制定正式的学校和学区政策时，不致使这些政策太一般化，以至于达到不具有任何意义的程度。但也不能太严密，不至于让单个的学校和教师个人没有自己发挥判断的余地。这种做法在课程组织方面尤为重要。

课程的组织

州的教育框架、学区的课程安排、课程安排的指导原则、课本及其他资源，构成课程组织的基础。从历史上说，有关课程安排的文件要么就是太一般化、太模糊，它们被放在办公室的书架上落满了灰尘，对课堂实践几乎不产生什么作用(这常常是州和学区课程安排指导方针的命运)，要么就是由上面制定好了并布置下来的、在很大程度上规定了教与学的程序的、必须严密遵行的脚本（这常常是课本所起的作用)。

如果要让科学教育改革得以成功地实施，必须在这两个极端之间寻找一条中间路线。一方面，教师一生都需要删繁就简，这意味着课程材料不能只是供尘封之用。另一方面，贯彻反思学习法，就意味着贯彻以学生为中心的学习和询问式教学法，它要求学习者和教授者有更多的机会建立他们自己的学与教的程序。此外，一套成功的课程不仅应注意科学内容本身，也应注意与教学相关的评估问题，让教师能分清什么是成见，对学生学习的各个方面和水平进行全面评估。

在所有这些方面，在指导和自行决定之间必须取得适当平衡。有人会说，《国家科学教育标准》对于适当的平衡有详细说明，它们有一个很有用的政治功能，就像撑起了一顶大帐篷，让具有各种不同观点的个人和集团都能聚集到它的下面来。但是，《科学素养的基准》是教育工作者可用来设计一套课程的工具，这套课程对他们来说是适用的，而且也是支持“2061 计划”所推行的跨学科反思学习的。

从短期来看，围绕国家、州或本地的具体目标重新编制课程，可能为教师增加新的困难。更多、更有效地使用计算机和其他技术，也许是解决这一新增复杂性问题的一条途径。技术作为教学工具的潜能，现在才刚刚开始被人们探索。例如，计算机和其他技术能让学生做非常复杂的模拟，还能帮助教师对学生的表现做详细记录。但是，今天的技术比从前使用的技术具有更大的包容复杂性的能力。这一事实并不意味着使用技术的人也具有了类似的能力。

反思学习法要求学习者和教授者有更多的机会建立他们自己的学与教的程序

采用较为激进的技术方法去解决课程组织方面的问题的实验，虽然可能是有用的，也不应排斥采用较为温和和渐进的做法，去探讨利用现有技术帮助教学的可能性。例如新型的课本有可能把科学教育改革的思想包涵进去，甚至起到促进改革的作用。某些选好的单个的单元和章节，可用来配合教师实施跨学科的课程教学，并可提供满足学生要求的灵活性。

评估和鉴定

评估和鉴定的组织与课程的组织有关。不管怎样，评估和鉴定常常是尾随课程安排之后的。事实上，它们是由上而下地控制一个通常是松散联结的组织的、少数几种有效手段的一种。《蓝本》第八章《评估》谈到这些问题，因此我们只想指出以下几个互相关联的要点：

1.必须为懂科学下一个明确的实用定义，以评定是否达到基本要求和标准。

2.虽然传统的、标准化的纸和笔评价方法，能满足个人和机构的不可避免的对简便化的要求，但它们却可能把课程引向与科学教育改革者们所期望的教学机会背道而驰的方向。

3.可靠的教学评估，可以更好地贯彻标准和基本要求，也将带来更大的复杂性。

4.即使所谓的可靠的评估，也可能既不足于评估他们是否在被要求显示他们的知识和技能时，就能显示出他们的知识和技能，也不足于评估他们是否能自如地应用他们的知识和技能。评估学生的知识和技能的应用能力，几乎总是需要外部评估人员和教师们进行一定时间的考查。对于大规模的评估，这种做法可能是行不通的。

学生的组织

若要使课堂实践发生真正的改革，改变内部的老一套做法至少像改变管理和课程一样重要。学生的划分是这些内部结构变数中的第一个。为了成功地实施改革，至少有两项重大改革是可以进行的：教师们和几个教师小组可以负责多组学生，以及教师们和几个教师小组负责同一组学生一年以上。

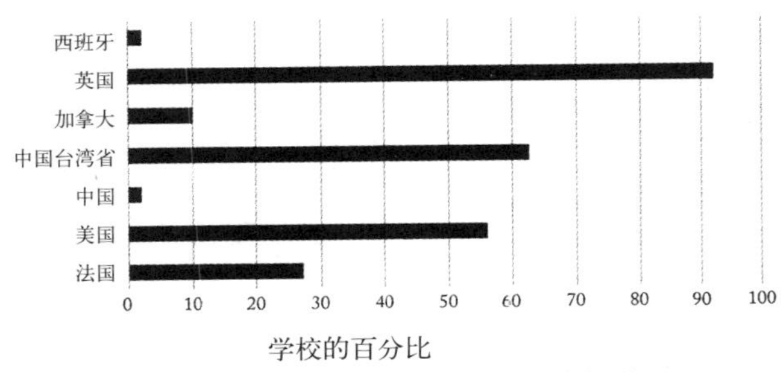

各个国家和地区根据学生能力划分的数学班

来源：National Center for Education Statistics. (1991). *Education in states and nations*. Washington, D.C.: Author.

应用这两种办法或其中任一办法,都将导致教学实践上的实际变化。例如，如果一个班是由各种不同年龄的学生组成的，那么这同一个班上的所有学生就不可能都处于同一个科学知识水平上，这样，教师们也就不大可能仅仅只依靠全班授课的教法和布置一套相同的作业。此外,一位教师长期教一个班的学生,可能就不会感到有多大的压力,不自然地和不恰当地强迫学生在一套具体的课程单元结束时掌握科学基本要求。换句话说，教师可能不那么操心是否能教完所有科目的问题，他更可能把基本要求用来作为一种学习进展的标志，而不是作为学生应在一段具体时间内掌握的能力。最后,学生的这种组合方式,可以使目前在科学课目之间、或在科学课与其他课目之间存在的、明显的区分模糊起来，从而加强跨学科的学习。

虽然这些做法大大增加了课堂的复杂性，但是，使教师和学生相处一年以上的做法，也在某种程度上简化了教师的工作。特别是在学年开始时，教师一般都要努力了解整个新班的学生。老生与新生的交往也会有所帮助。而且，即使有这些好处，这种分班方法所增加的复杂性也是很大的。作为补偿，划给教师负责的年龄范围可能不得不有所限制。

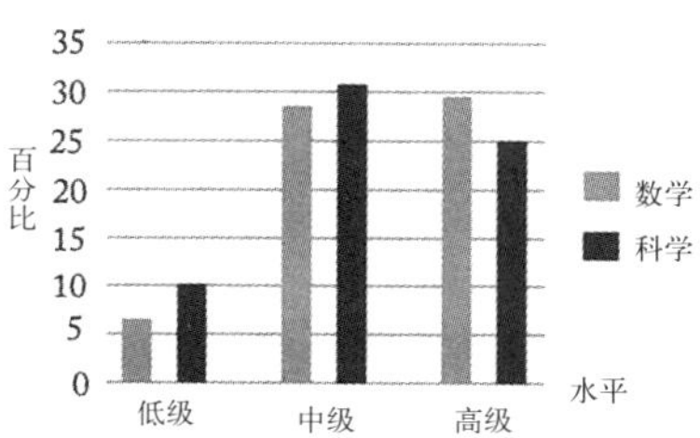

按能力分班的各类学生所占百分比

来源：National Science Foundation.(1996).*Indicators of science and mathematics education 1995*. Arlington, VA: Author.

而且,年龄范围太大,以及由一位教师带一群学生超过一年时间,很可能不受学生和家长的欢迎。这些做法脱离了传统，破坏了人们心目中对什么是学校和学校应该是什么样子的形象。它们也要求家长和学生重新认识把学习仅当成一个线型的增加过程的观念，把教书当作一个传播信息过程的观念。

虽然这些考虑要求改革工作者们谨慎行事，但是如果教学实践要改革，科学教育改革的某些目标要达到的话，那么，这套系统至少要发生某些震荡。改变学生的组合方式可能就是途径之一。

时间的组织

组织结构方面另一个可能的也许是应有的改变，是50分钟的课时。在目前大多数学校的分段学习日里，很难设想教师能如何适应灵活的教学方法，以及学生如何能够提出有分量的问题。改变教学时间，包括温和的改变和较为激进的改变，有三种可能：把一节课的时间加长一倍，即课目仍然分开，但是以100分钟为一节课的时间教半年，而不是以50 分钟为一节课的时间教一年；在一年中，由教师或一组教师，以两倍的分节时间教两门或更多的课目；长短课时混合使用。这些办法互有利弊。把一节课的时间加长一倍，将把教学方式的范围扩大到超出课堂讲课以外，要增加课堂作业时间和教师的备课时间。以两倍课时教两门或更多的课，将促进课程的综合化，但对教师的知识提出了更高的要求。

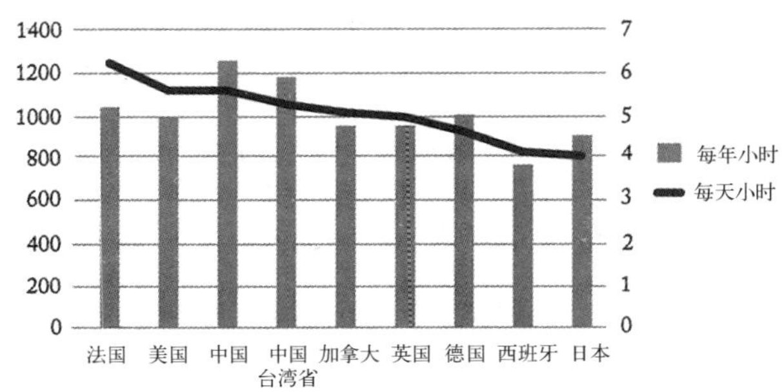

8国及中国台湾省学校的平均课时

来源：National Center for Education Statistics. (1991). *Education in states and nations.* Washington, D.C.: Author.

长短课时混合使用的办法是改变学校现行时间组织的最激进的办法。这可以被看作是一个优点，但因为它将使学校环境大大地复杂化，它的生存力就令人怀疑。在大多数学校里，最好还是要有一点灵活性，如可以为一组教师和他们的学生划定一段课时档期和一定的空间，而不采用长短课时混杂的做法。这种做法创造了学校中的学校，在不改变传统课时组织的情况下提供了灵活性。

员工的组织

把教师和学生按较小的单位划分，并赋予他们较大的自由度去控制他们的时间和空间，这样做有几个优点：第一，组织规模的减小，这意味着在安排进度时需要考虑的变数减少，这样就能更好地利用时间。同时，规模小了，一组教师可以通过面对面的互动制定时间安排计划，从而能有更多的机会随时交流和磋商。

这样划分小组也为更多的跨学科的教学打开了大门，仅为了涵盖大量的基本要求——以某种非说教的方式，这样做可能是必要的。如果把科学素养教育的责任仅局限于科学课和数学课，而把技术课只当成是一种应时的设置，教师们就可能会因为顾虑涵盖问题而采用说教式的教育方法和死记硬背的学习方式。最后，这样划分小组的做法，也为管理和帮助新来者在一个支持性的团体里发展他们的职业实践提供了机会。

尽管有这些好处，也不能把分组和校中校的做法看作是万灵药方。校中校的想法已经出现了一段时间了，但在大多数地方，这一概念并未发挥作用。如果科学教育改革者们赞成分组的概念——强调共同计划和决心在学科和领域之间建立联系，实际上就是要求集体工作——他们必须还认识到，集体工作还需要各种支持才能实现。例如，教师们需要相当长时间在一起工作——较为理想的是，每周有一段相当长的时间在一起研究计划。在学期中如果要抽出时间进行集体计划，有一个办法就是让学生每周用一天时间去参加社区服务、课程以外的活动、实习、独立的项目或类似活动。当然这种做法将使学校的工作更加复杂化，因为必须为学生们安排去处，而且学生们也需要管理。其他活动，如体育运动、文艺活动和图书馆学研究，安排起来则较为容易，不需额外花很大的精力。

教研组成员也需要接受如何化解冲突、提高工作效率和用好计划时间等方面的培训，这意味着不仅仅只是一种偶然的在职培训。相反，教练是需要的，至少在教研组组建初期是需要的。而且，理想的情况是，一直持续到此后。目前用于正规师资培训计划的钱，也许要用到这一较不正规的建立“学习组织”的做法上。大学的力量也可用来支持教研组教练活动。在农村地区，可能需要其他力量和职业网络。但是，从职业培训学校得到的有限的经验表明，此类师资培训活动也为学校生活增加了复杂性。

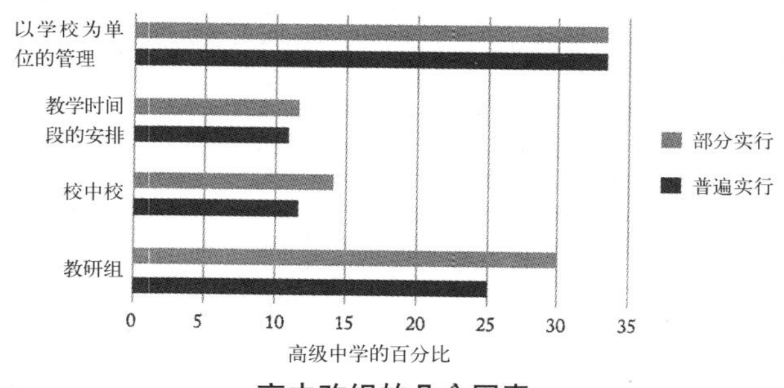

高中改组的几个因素

来源：Cawelti，G.(1994). *High school restructuring：A national study*. Arlington，VA：Educational Research Service.

空间的组织

改变有形的空间是有效的变革催化剂。我们组织空间的方式为某些事情的发生搭好舞台，并向人们发出重要的象征性信息。实际意义上的打掉隔墙，将导致打碎人际隔墙（当然，在20世纪60年代和70年代早期建起来的、许多建筑学意义上的开放学校里，教师之间只有临时隔墙）。下列做法可能有助于科学教育改革：

1.科学—数学—技术实验可以成为学校的中心，很像现在的媒体中心一样。

2.突出跨学科的联系，单科实验室可以合并。

3.鼓励数学课和科学课的联系，可以把这类课室编组在一起，并在同一空间内为教师和学生提供开会的地方。反过来，对于更广泛的跨学科的教学工作，数学和科学课的教师们则可以分散到大楼的各处去。

从空间方面看，在学校内“激起变化”的另一途径，就是把学生放到社区中去。但是，校门大开之后，大大增加了学校组织工作的复杂性。如对学生参与的管理问题——学校的这一传统的管理职能是不大可能被放弃的——将变得更为困难，因为学生们都分散在社区各处。

即使我们把学校对社区开放的过程只当作一种比喻，实际上是把社区成员请入学校，我们仍然为学校的课堂生活增加了复杂性。试想，当本地的原教旨主义牧师协会提出，要来开讲一门科学的神创学课时，管理人员或生物学教师该如何应对？虽然地方教育董事会和其他机构，能够限制可能发生的冲突，教师和管理者们仍需要花相当的时间去商讨课程安排，和解决其他由于学校开放政策所带来的问题。由于这些可能发生的问题，学校或学校系统在考虑这类重组空间问题之前必须权衡得失。

迈向改革的最初几步

这就仿佛我们必须把一辆正在路上行驶的小轿车改成一架飞机

我们已经看到，改革过程本身不可避免地给组织工作增加了复杂性。改革使组织机构的稳定性中断，而这一中断又为已经很复杂的学校增加了一定程度的不可预测性，这就仿佛我们必须把一辆正在路上行驶的小轿车改成一架飞机（或者可能是一艘火箭船）。我们怎么能完成这一改变而又不撞车呢？“2061计划”旧金山学区中心的经验，表明了实施改革的某些通用原则。

这个学区创造了一种名叫“挑战学习”的教学法，即提出一个挑战性的课题，并以这一课题——如制造一个能划行一定距离的爱斯基摩划子——为中心，把各单位组织起来（《蓝本》第六章《课程联系》

对挑战性活动有更详细的描述)。总之,"挑战学习"在指导和自决之间取得了平衡。

该学区还有意识地努力适应学校和教师的各种兴趣水平。如该学区的教师并不都愿意实施这种挑战学习。同样重要的是,该学区还提供了一些方法,以帮助那些可能被说服采用"挑战学习"教学法的老师。对此有兴趣的教师可以逐步向这种教学法迈进,首先进行元件装配,然后逐步达到制作他们自己的"挑战学习"器械。

该学区这一首创的指导者是一位特别有耐心、特别积极的人,他是那种会等待和创造时机说服别人的典型。他确实相信教师们迟早会认识到教育改革的意义。那时,你也就不必费力让他们去采纳这种做法。他一直在向学区的教师们和管理者们兜售教改思想。事实上他是一个完美的文化领导的实践者。

在旧金山的联合学区,还采用了与行政系统相对应的做法,把科学教育改革与当地正在进行的其他多项工作联系起来。没有人想把这些工作都统一到一个管理机构之下。当然,这也是不可能的。相反,科学教育工作与学区的其他有关工作的协调都具有非官方性、偶然性和即兴性。

旧金山"2061计划"工作组经常招聘新人,他们不采用总是由一小部分内部人员管理这项工程,从而招致学区的其他教师不满的那种做法。工作组不断扩大,新人不断加入,而一些较老的人员则休假一年,不再直接卷入工作。另一些较老人员则重返实际工作。还采用了开办暑期学校或课余学校的办法,以扩大工作面和招收新人。像这类在正常教学日以外的活动,为实验不同的教学方法提供了良机,而不必去对付学校的各项正常规定的限制。总之这种做法能尽量减少复杂性,在某种程度上它也是这一学区渐进改革做法的又一例子。

对该学区实施教改工作的这一段简述是重要的,因为它证明"2061计划"的思想开始扎根(虽然很慢而且也不完全)。这也是一个表明如何让一辆在行驶中的小轿车飞起来的一个切实可行的例子。这一过程繁琐而缓慢,是渐进式的,但它所表明的一个基本原则却是不能不正视的:必须认识并以某种方式去适应学校组织的复杂性。

建　议

本章重点讨论了管理机构、课程、评估和鉴定、学生、时间、师资与授课等问题，以及为执行“2061计划”所设想的科学教学，可能对它们逐个进行什么样的调整等问题。历史的经验告诉我们，需要注意组织生活的简化问题。对这种简化的需要，使学校机构有相当的稳定性。面对改革工作带来的复杂性的增加，一般学校便又恢复原貌。但这并不意味着学校机构的变革是不可能的。相反，改革工作者们必须逐步前进，要认识到精简的必要，也要认识到改革有阻力。

随着改革的进展，对改革的建议将会越来越多、越好。为了支持在科学和数学教育机构内实施科学教育改革的设想，在各种可能的建议中本章特提出以下几点：

管理的组织

(1)依靠使用民主领导模式和共同决策的方法这类非正式做法。

(2)利用文化机制提供指导，但也允许在制定细节方面自决。

课程的组织

在教材方面(如州里的纲要、课本)，指导与自决必须平衡。虽然，如果课本已经考虑到这一需要，也许就够了。但课程组织方面的一些技术解决方法，对这种平衡也可能起到支持作用。

评估和鉴定的组织

(1)使用以实际表现为基础的评估方法，以更好地适应科学素养的要求。

(2)应当理解，为了评估学生的自觉批判思考能力，观察是关键的一条。

学生的组织

(1)采用多个年龄分级的办法，可导致重大变化，值得认真考虑。但是，单个教师所负责的学生年龄范围应予限制。

(2)让教师或一组教师与同一批学生相处一年以上，以促进长期了解，提高文化水平。

时间的组织

为一组教师和学生划出一段时间和一定的空间，让他们拥有实现课程综合的灵活性和以学生为中心的教学的灵活性。

人员的组织

(1)每周拿出一大段时间，让教师做集体备课计划。

(2)将师资培训重点放在有效地利用计划时间、教研组建设和化解矛盾方面，这些都是创建非正规的“学习组织”所必须的。

空间的组织

(1)把科学—数学—技术实验室作为学校的中心，把学生的学习活动集中安排在那里，就像目前的媒介中心一样。

(2)把生物、化学、地球科学和物理学实验室结合起来，以强调跨学科的联系性。

(3)把数学和科学课堂结合起来，以鼓励它们之间的联系。或者把科学和数学课堂分散到教学楼的各处，以便让它们与其他学科进行更广泛的联系。

(4)把学生送到社区，或把社区请到课堂。要认识到，必须想出减少这种做法不可避免地带来复杂性的方法。

正如以前指出过的，改革自然要打破组织机构的稳定，给已经复杂的教学过程增加一定程度的不可预测性。我们必须谨慎行事，避免为改革而改革，对简化机构管理必须敏感。但学校组织的改革是可能的，而且，如果要实现科学教育改革的目标的话，学校组织的改革确实也是必须的。

参考书目

1 American Association for the Advancement of Science.(1993). *Benchmarks for science literacy*.New York: Oxford University Press.

2 American Association for the Advancement of Science. (1989).*Science for all Americans*. New York: Oxford University Press.

3 Argyris, C., & Schon, D.(1975).*Theory into practice:Increasing professional effectiveness*.San Francisco:Jossey-Bass.

4 Cuban,L.(1995).The hidden variable:How organizations influence teacher

responses to secondary science curriculum reform. *Theory Into Practice, 34*(1), 4–11.

5 David, J. (1989). Synthesis of research on school–based management. *Educational Leadership, 46*(8), 45–53.

6 National Research Council. (1996). *National science education standards.* Washington, D.C.: National Academy of Sciences.

文献目录

1 American Association for the Advancement of Science. (1993). *Benchmarks for science literacy.* New York: Oxford University Press.

2 American Association for the Advancement of Science. (1990). *Science for all Americans.* New York: Oxford University Press.

3 Apple, M. W. & Beane, J. A. (1995). *Democratic schools.* Alexandria, VA: Association for Supervision and Curriculum Development.

4 Arcaro, J.S. (1995). *Teams in education: Creating an integrated approach.* Beach, FL: St. Lucie Press.

5 Argyris, C. and Schon, D. (1975). *Theory into practice: Increasing professional effectiveness.* San Francisco, CA: Jossey–Bass.

6 Baratta–Lorton, M. (1976). *Mathematics their way.* Menlo Park, CA: Addison–Wesley.

7 Belenky, M., et.al. (1986). *Women's ways of knowing.* New York: Basic Books.

8 Black, P. (1993). *Preference assessment and accountability: The experience in England and Wales.* Paper presented at the annual meeting of the American Educational Research Association, Atlanta, GA.

9 Blase, J. & Blase, J.R. (1994). *Empowering teachers: What successful principals do.* Thousand Oaks, CA: Corwin Press, Inc.

10 Borman, K.M. & Greenman, N.P. (1994). *Recapturing the past or inventing the future?* Albany, NY: State University of New York Press.

11 Brown, D. (1990). *Decentralization and school–based management.* New York: Falmer Press.

12 Carnegie Forum on Education and the Economy. (1986). *A nation prepared: Teachers for the 21st century.* New York: Carnegie Forum.

13 Carnoy M. & MacDonnell, J. (1989). *School district restructuring in Santa*

Fe, New Mexico. New Brunswick, NJ: Consortium for Policy Research in Education.

14 Castle, D.K. & Estes, N.(1995). *High-performance learning communities.* Thousand Oaks, CA: Corwin Press, Inc.

15 Clark, S. & Clark, D.(1987). Interdisciplinary teaming programs, organization, rationale, and implementation. In *Schools in the middle: A report on trends and practices.* Reston, VA: National Association for Secondary School Principals.

16 Clune, W.H. & White, P.A.(1988). *School-based management: Institutional variation implementation, and issues for further research.* New Brunswick, NJ: Rutgers University. Center for Policy Research in Education. (ERIC Document Reproduction No. ED 300 908).

17 Conley, S. & Bacharach, S.(1990). From school-site management to participatory school-site management. *Phi Delta Kappan, 71*(7), 539-544.

18 Conley, S.(1991). Review of research on teacher participation in school decision making. *Review of Research in Education, 17*, 225-266.

19 Cuban, L.(1995). The hidden variable: How organizations influence teacher responses to secondary science curriculum reform. *Theory Into Practice, 34*(1), 4-11.

20 Cuban, L.(1992). *The hidden variable: How organizations influence teacher responses to science curriculum reform, 1900-1990.* Background paper for *school organization blueprint.* Columbus, OH: The National Center for Science Teaching and Learning.

21 Cuban, L.(1989). At-risk students: What teachers and principals can do. *Educational Leadership, 46*(5), 29-32.

22 Dade County Public Schools.(1988). *School-based management: Shared decision making.* Miami, FL: Author.

23 David, J., with Purkey, S. & White, P.(1988, September). *Restructuring in progress: Lessons from pioneering districts.* Paper presented at the Annual Meeting of the National Governors' Association, Washington, D.C.

24 David, J.(1989). Synthesis of research on school-based management. *Educational Leadership, 46*(8), 45-53.

25 Donmoyer, R. and Kos, R.(1993). At-risk students: Insights from/about research. In R. Donmoyer and R. Kos (Eds.), *At-risk students: Portraits,*

policies, programs, and practices. Albany, NY:State University of New York Press.

26 Donmoyer, R.(1995).The rhetoric and reality of systemic reform: A critique of the proposed national science education standards.*Theory Into Practice*,*34*(1), 30–34.

27 Fairfax County Public Schools.(1986).*School–based management: A process for school improvement.* Falls Church, VA:Author.

28 Fullan, M.G.(1991).*The new meaning of educational change.* New York: Teachers College Press.

29 Kulik, P.(1991). *The interdisciplinary team in a nationally recognized middle school setting.* Unpublished doctoral dissertation, Ohio State University.

30 Maeroff, G.(1990).Getting to know a good middle school:Shoreham Wading River. *Phi Delta Kappan, 71*(7),505–511.

31 Mager, R.(1984).*Preparing instructional objectives.* Belmont, CA:Pitman Management and Training.

32 Malen, B., & Ogawa, R.T.(1988).Professional patron influence on sitebased governance councils: A confronting case study.*Educational Evaluation and Policy Analysis*,*10*(4),251–270.

33 Meyer, J.and Rowan, B.(1977).Institutionalized organizations: Formal structure as myth and ceremony. *American Journal of Sociology*,*83*, 340–363.

34 Page,R.(1995).Who systematizes the systematizers? Policy and practice interactions in a case of state–level systemic reform.*Theory Into Practice*, *34*(1),21–29.

35 Popham, J.(1987).The merits of measurement–driven instruction.*Phi Delta Kappan*, *68*(9),679–682.

36 Shakeshaft, C.(1993).*Gender issues, school organization, and Project 2061. Background paper for School organization blueprint.*Columbus, OH:The National Center for Science Teaching and Learning.

37 Sharer,P.and Zajano,N.(1993).Direction with discretion: Reading recovery as an example of balancing top–down and bottom–up decision making. In R. Donmoyer and R.Kos.(Eds.).*At–risk students: Portraits, policies, programs and practices.*Albany, NY:State University of New York Press.

38 Sickler, J.L.(1988).Teachers in charge:Empowering the professionals. *Phi*

Delta Kappan, *69*, 354–358.

39 Slavin, R. & Madden, N. (1990). What works for students at risk: Research synthesis. *Educational Leadership*, *47*, 4–13.

40 Smith, M. & O'Day, J. (1991). Systemic school reform. In S. Furhman & B. Malen (Eds.), *The politics of curriculum and testing: The 1990 year-book of the Politics of Education Association* (pp. 233–267). Bristol, PA: Falmer Press

41 Villa, R. A. & Thousand, J. S. (1995). *Creating an inclusive school*. Alexandria, VA: Association for Supervision and Curriculum Development.

42 Wagstaff, J. C. (1995). Site-based management, shared decision making, and science and mathematics education: A tale of two districts. *Theory Into Practice*, *34*(1), 66–73.

43 Weiss, C., Cambone, J. & Wyeth, A. (1992). Trouble in paradise: Teacher conflicts in shared decision making. *Educational Administration Quarterly*, *28*(3), 350–367.

第六章

课程联系

本章是要说明，在美国的标准的K–12年级的课程中，是怎样贯彻《面向全体美国人的科学》所提倡的那种学科学方法，这个文件是由美国科学促进协会制定。科学家们所学习的传统科学，通常很少强调科学课程与其他课程之间的联系，例如物理学和生物学就经常是孤立地研究问题，所以，《面向全体美国人的科学》强调了科学课程与其他课程之间的联系。我们建议，教育工作者应当鼓励学生不但要学懂科学知识，还要学会用科学的眼光去观察这个世界。

本章阐述了跨学科联系的原理。学生通过学习跨学科课程、各项课程与现实世界之间的联系、以及各项课程与实际工作之间的联系，将他们在学校所学到的各种知识联系起来。我们介绍了5个学习案例，试图探讨各种课程之间的联系，并为这些联系的来龙去脉下个定义，找出与“2061计划”的目标相符的各种原则。本章并非指导或规定教师如何具体讲授跨学科课程，而是要敦促教师去认识这些课程联系。学校的组织是在不断变化的，例如，教学时间和教学空间都经常有所改变，关于这一点，我们在本书第五章《学校组织》中已经做了叙述，该章会有助于启发教师的教学灵感。

现状

各种年龄的儿童在日常生活中，每天都有可能应用科学的各种原理，或者参与各种科学活动。有成千上万的儿童对当地的垒球队感兴趣，这会引导他们去计算击球的安打率，或者使他们懂得，芝加哥某一天的风向会对里格利公园（Wrigley Park）的击球手有利，而第二天的风向则会对投球手有利。热爱舞蹈的儿童，有可能获得一些人类生物和生理方面的新知识，并运用这些知识构成对现实世界的直观认识。

> 不论是审阅古代文明，了解人体，还是观测彗星，这些概念总是反复出现。这是一些超出于学科界限的概念，人们在说明事物、创造理论、观察和设计时，常常要用到它们。——摘自《面向全体美国人的科学》第十一章《通用概念》

可惜的是，学校里很少培养儿童在这些方面的兴趣，也很少开展这些方面的活动。各种课程和教学单元，都规定了具体的开始和结束时间，让学生学完一课再学别的。此外，这些课程或教学单元经常是严格区分为不同的学科，如：化学、艺术、历史等等。教师很少要求学生运用他们所学到的知识去解决他们所想到的问题，或与他们生活有关的问题。《面向全体美国人的科学》承认各种学科的重要性在于能够为学生研究问题时提供一个知识概念，与此同时，它还认为，严格区分各种学科的做法，并不能反映现实世界的真正运行模式，并有可能曲解学生学习的意义，而限制了学生对世界的认识能力。

不断进步的技术革命和信息革命，使我们的世界变得越来越小，也变得越来越复杂。人们越来越需要综合分析大量信息，以便为他们的生活和工作集体做出信息方面的决策。由于这些信息不会严格地区分为化学、艺术或历史等类别，所以，人们必须将这些新信息与他们已有的知识相联系，以便形成新的知识，并千方百计地得出较好的解决方案。一个人如果能成功地认识到这些信息之间所存在的各种联系，并且懂得数学、技术和各种科学之间是相互依存的，那么就可以说，他在学习《面向全体美国人的科学》之后，其科学水平有所提高了。

构筑各种课程之间的联系

各种课程间的联系，现已成为一种经常讨论的话题，对于科学教育改革者来说，这一点实在是很幸运的。关于这个话题，有关的参考文献每天都在增加，各种会议所公布的关于各种学科之间的关系模型，吸引着大量的与会者。但是在学校里，要想建立各种课程之间的联系时，就好像是碰上人文学科与各种科学之间所存在着的一条鸿沟，似乎是不可逾越和难以得出答案的。例如，重点学校联合体（Coalition of Essential Schools）是一个提倡教育改革运动的全国性组织，它一向强调各种课程之间的联系，可惜的是，属于这个联合体的许多学校，仍然在分门别类地讲授人文学科和各种科学（Sizer，1989）。

下面这一串方框图讨论了世界的可知性。分别用数字标明各年级学生似应理解的相应概念。

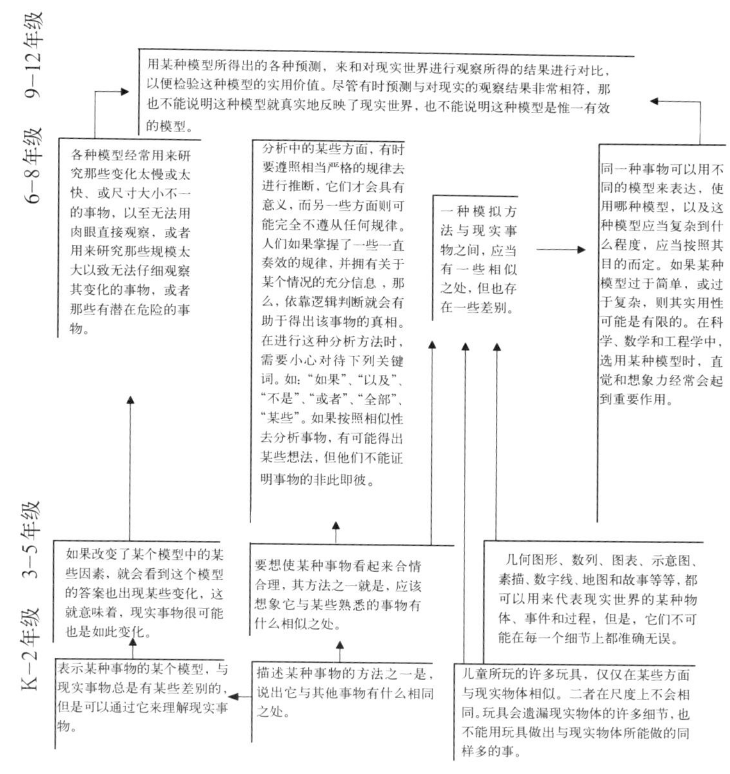

世界的可知性

注：9—12年级相当于中国的初中三年级到高中三年级

6—8年级相当于中国的小学六年级到初中三年级

3—5年级相当于中国的小学三年级到五年级

K—2年级相当于中国的幼儿园到小学三年级

与学生的思想世界相联系，可以大大增强学生的学习动力

教育工作者应当致力于在这条鸿沟之间搭一座桥，其理由有二。其一，作为一名有科学素养的人，应当能够善于利用科学和数学等领域内外的知识。其二，由于要求所有的美国学生都要掌握日趋庞大的知识，教师如果能善于利用各种课程之间的联系，就可以消除各种课程之间的重复之处，提高教学效率，这一点是很有实用价值的。

搞清跨学科联系，是深入研究各种课程之间联系的最明显合理的途径。不论是检验音乐的数学结构，或是通过碳的同位素来研究玛雅文化的年代，各种各样的学生可以通过跨学科联系来接触各种科学原理。教师可以应用跨学科联系来改善教学大纲，并很快地补充一些课程的内容。搞清事物的各种来龙去脉，可以增强学生学习知识的能力，并懂得科学与其他学科之间的联系。

将科学教育与现实世界相联系，是搞清各种课程之间联系的另一条途径。通过研究事物的来龙去脉，与学生的思想世界相联系，可以大大增强学生的学习动力。本书第十一章《家庭与社区》就详细谈论了这个问题。该章鼓励学校和学生父母所在的组织帮助学生家庭认识到他们也能够起到重要作用，例如，培育儿童天然的好奇心，向子女提出各式各样的问题，要求子女提出各种设想，帮助子女认清科学是他们日常生活的一个重要部分。每天都从事科学活动，是学习科学的途径之一，应当鼓励年轻人在他们的家里、后院和社区中去发现科学道理。

学生们一旦懂得科学是怎样影响着他们的日常生活，他们就能比较容易地看出科学教育和一般工作之间的联系。对于将来准备投身于一般工作的学生来说，如果能加强对这些联系的认识，要比将来准备投身于学术事业的学生更为有用。例如，文秘必备技巧委员会(Secretary’s Commision on Achieving Necessary Skills，简称SCANS) 等单位所发表的报告，均证实了这种联系的重要性（参见美国劳工部的报告，1991），他们认为，有许多学生之所以不能找到或保持一份好工作，大多是因为这些学生未能将学校里所学到的知识应用于实际工作。有一些科学家和专家，虽然是从高等院校毕业的，但他们仍然不懂得如何应用科学知识、科学概念和科学方法去解决实际工作中的一些较大系统中的问题，如大自然系统、设计系统和生产系统等。在SCANS报告中，呼吁我们的教育系统应当进行变革，要使学习变得更讲求实效，要求学生在校时就能够学会解决实际问题，学会对问题进行分析，学会交流沟通，这样才能使他们从学校走入社会工作时，所遇到的困难少一些。

所需的变革

对科学课程实行改革，可以说是一个雄心勃勃的目标。跨学科联系，不大可能那么简单地移植到现有的各种课程中去，因为，这些课程的叙述本来就显然过于孤立和琐碎。以“2061计划”为例，它呼吁人们要全盘重新考虑在美国如何讲授科学课程。在学校，这会导致出现完全综合性的教学计划，重新安排各种普通结构的课程，使其强调跨学科联系，或者采用能达到此目的的成千上万个教育改革方案中的任何一个。有许多学校已经开始课程改革，进行此项艰巨的教育改革任务。下一章将叙述教育改革方案。

以下的几个例子，提供了一些具体想法，说明了为建立课程之间的联系所需的必要变革。这些想法只是几种试验样板，仅仅谈到课程联系的基本要求和标准。这些例子说明，所有的教育工作者（不仅是科学教育工作者）都应当参与教改的规划和实施，而且认识到教改是需要一定的时间才能获得进展的，不仅要使儿童获得知识，而且要教会他们应当怎样学习。

跨学科联系：建造一艘爱斯基摩人的划艇

实施“2061计划”的旧金山学区（School-District）中心及此学区所属的6个学校，共同制定并实施了K-12年级的课程模式，以达到《面向全体美国人的科学》中所列举的各项学习目标。这些教育工作者虽然受到现有教育制度的限制，但他们仍强调了“2061计划”的各项目标，使他们能够在现有课程之外，引入一些非传统的教学活动。例如，有一些学校采用一些强调课程联系的课程模式。这些强调课程联系的教学单元，不是按照中心主题组织教学，而是围绕想象、好奇和怀疑的观点去启发学生学习，或者让学生对某项看法或做法提出“挑战”。在这种学习中，需要一件有形的实物（通常是一项计划或一件赠品），来调动学生面对挑战的积极性。

这种类型的活动，外行人听起来可能有点难以理解，有些习惯于脱离实际的教学理论的教师，也可能觉得有点超出他们的想象力，但是,那些旧金山教师却从新的教学模式中真地尝到了一些成功的甜头。有9组学生分别来自3个学校，他们负责在3周之内各自建造一艘爱斯基摩人的划艇，这是一项成功的试验。这种爱斯基摩人的划艇，仅用塑料带和纸板制造，还要能在水面上承载一名学生。这显然需要学生们能够综合运用数学和科学的各种知识和技巧，需要他们真正懂得质量、体积、密度、浮力、飘浮和水面位移等概念，还需要他们探索如何进行测量，计算面积、体积和比例，然后，他们才能造出一艘划艇的小尺寸模型。

对于这种颇有意义的数学加各种科学的综合性试验，有许多教育工作者可能已感满意，但是，那些旧金山教师小组又看出，这种爱斯基摩人的划艇还可以再与许多其他学科发生联系。在这种为期三周的教学单元中，学生们还学到了有关这种划艇的历史，阿留申人和伊努伊特人（Inuit，美洲的爱斯基摩人，他们用自己民族的绘画来装饰这种划艇）的文化，以及白令海峡与北冰洋的地理位置关系。学生们还学习了阿留申群岛与俄罗斯的历史渊源，以及该群岛的地理位置在冷战中的重要性，并从制造这种划艇的小试验中，看到了它在船舶技术史和运输技术史中的地位。在划艇制作完成后，学生们还举办了一项划艇100码（约合91.44米）比赛，这项比赛按照以下各方面来评分：小组成员合作程度的高低；划艇设计的优劣；划艇美观与否；他们在脑海中所留下科学和数学概念的深浅；最重要的当然是划艇的漂浮能力。共有9艘划艇参与了这项比赛，显然最后只能评出一名优胜者。

学生们这项比赛，涉及到几个方面的评判标准：对技术与设计之间关系的理解程度；关于物体质量的自然规律的认识程度；以及数学应用程度。此外，学生们在设计和建造划艇的过程中，加强了他们提出问题、提出设想和解决问题的能力，这些技巧都是《面向全体美国人的科学》中所要求的科学素养应具备的几个重要方面。

现实世界的各种联系：进行一项城市科学考察

加利福尼亚州洛杉矶大学（UCLA）的科学计划，为洛杉矶县学区的K－8年级(相当于中国的幼儿园到初中二年级)教师开办一些为期两周的夏季教师强化短训班，为他们创造一个机会，去实践科学教学的新战略。其中的一个短训班，让教师们到洛杉矶风景区进行一项城市科学考察。这项考察有着双重目的，其一是帮助许多教师（尤其是小学教师）克服他们在讲授科学课程时缺乏自信心的弱点；其二是破除他们的一种误解，即认为科学是一门晦涩难解的学科，认为科学活动只应当在实验室或某个遥远的地方进行。

这种科学考察所使用的工具，仅仅是一些廉价品或临时代用品，如在空的磁带盒中装上一点糕点屑和白糖，就完全足以用来捕捉小虫子了。教师们被分成一些小组，分别到某个空地、某个正在维修的庭院、某个停车场或某个建筑工地去进行考察。为了帮助这些小组深入进行考察，可以对他们提出一些问题，例如："某些植物是如何适应人行道裂缝的环境而不停地生长的？""植物的种子是怎样传播到此地的？""垃圾场或花园中存在着动物生命的踪迹，它们是自生自灭的呢，还是由人带进去的呢？"还可以让教师们在混凝土表面、草丛中和水坑中测量温度和湿度等数据，这将有助于他们增长见识。

这些教师按照一种宽松的要求，将他们科学考察所研究的各个方面综合起来，用来说明加利福尼亚科学框架中所规定的5个方面之一，即能源、进化、变化模式、规模与结构、系统与相互作用。有了这种宽松的要求，这些教师将会看到他们的考察几乎不受任何限制，并且认识到他们完全有能力进行任何深度和复杂程度的考察活动。他们在社区中讨论了反复进行这种考察的可能性，利用他们已取得的经验，就可以让学生在整个学年中观察某个小地方所发生的一些变化。

摘自《科学素养的基准》第十二章《思维习惯》：

1.价值观和态度

2.计算与估算

3.操作与观察

4.交流技巧

5.评判性反应能力

摘自《面向全体美国人的科学》第十二章《思维习惯》:

“可以认为价值观、态度和技能属于思维习惯,因为,它们直接与人的知识和学习观点有关,与人的思维方法和工作方法有关。”

这项城市科学考察,不仅帮助教师克服了对讲授科学课程的畏惧,也教会他们如何把科学与学生所生活的现实世界联系起来。这项考察行动可以为很多目的服务,这些目的有:懂得物理环境(气候周期、腐蚀循环、水循环、岩石循环、物体结构)和生活环境(生命的多样性、细胞、食物循环);鼓励学生发展所需的思想习惯。这些目的是由《面向全体美国人的科学》、《科学素养的基准》、以及《国家科学教育标准》所制定的。如果这项战略能够与了解当地环境相结合,与学生进行城市考察的明确的目标相结合,它就会为低年级学生的科学教育提供一个有力的学习手段。

与工作单位的各种联系:造就适用人才

在托马斯·杰斐逊科技中学(Thomas Jefferson High School for Science and Technology)里,人文学科和美术课程是其强项。这所声名卓著的学校,对于有数学和科学天赋的北弗吉尼亚(Virginia)州学生,该校特意强调培养他们的设计、写作和表演才能。该校要求每一个毕业生都要完成一项深入的研究计划,经常是由政府试验室或私人试验室的资深导师加以辅导。

该校对许多课程的安排,就好像是让学生进入一座座迷宫,要求每座迷宫都体现跨学科联系。例如,有一节极不寻常的课程,称为“生物学、英语及技术导论”,共占用3个小时。该课程决定将某些核心课程的环境安排成仿真的工作环境,让学生置身于这个环境中学习解决问题。按照这些原则,技术只是作为学习的工具,而不是要学生去学习这项技术本身,这样一来,就可将这项课程与其他核心课程联系起来(Barth,1993)。

该校所制定的有创造性的学术计划,已发展成为与工商界的伙伴关系。这些工商界伙伴对该校的支持,表现在学校的课程和设施方面,例如，他们资助学校建成11个实验室。在辅导计划中，该校高年级学生一方面独立进行研究，一方面与各种专家互相讨论各种科学、工程学、技术及工业方面的问题。大西洋研究公司（Atlantic Research Corporation）所提出的一项学生研究计划，称为“用光纤技术制造陀螺”。又如，BDM公司和马丁·玛丽埃塔（Martin Marietta）公司，帮助该校高年级学生解决与自动化系统和机器人系统有关的技术问题。一些科学和工程学的一流大学，一贯招收杰斐逊科技中学的学生，而公司则认为，支持学校进行科研的做法是与公司本身的利益有关，是为了得到他们的未来雇员的一种投资。私人公司对该校的资助，以及公司雇员应聘为该校的辅导老师，可以说是源源不断而来，同时，该校的毕业生也获得了“未来的适用人才”的美名。

托马斯·杰斐逊科技中学所取得的成功，大半是由以下原因所致：因课程创新而打破了各学科之间的森严壁垒；认为所有的学术性课程内容都是可以实际运用的；为直接参与实践而提供教育服务。对学生入学实行严格筛选，也是该校取得成功的因素之一。由于该校有着严格筛选学生的特有做法，所以有人怀疑该校的经验是否能适用于其他学校。该校校长杰弗里·琼斯（Geoffrey Jones）承认，学生素质高，能使他在教育改革中获得很大的回旋余地，这一点是其他校长所不具备的，但是他坚信，联系各学科的教学方法，以及有计划地培养学生，这两点可能适用于所有的学校。此外，他还坚持认为，对于成绩较差的学生和需要提高学习觉悟的学生，最好的学习方法应是，启发他们自己提出问题，并让他们试图自己回答问题。亨利·莱文（Henry Levin）速成学校也持有这种观点（Levin，1987），并在提高“处境危险”（at risk）学生学习水平的工作中，取得了实际成效。

杰斐逊科技中学所采用的教学方法，强调了表面上似乎毫不相干的学科（例如生物学和英语）之间的联系，这显然是符合“2061计划”的目标。该校所具有的某些特点，使它在科学课程方面的水平超过了《面向全体美国人的科学》大纲所规定学生应具有的科学水平，但是，该校的某些做法，如教学计划中的课程结构、强调学生自己提出问题、由辅导老师进行指导等，都有助于许多学校实施科学、数学和技术等课程新的教学框架。此外，各学校如果都能像杰斐逊科技中学那样达到教改目标(至少也应当鼓励他们去追求这个目标)，他们就比较容易从社会上获得关键性的政治上的支持，甚至是经济上的支持。

从似无联系的各种事物中去发现各种联系

在纽约昆士（Queens）的拉瓜地亚社区学院（LaGuardia Community College）的校园中，有一所密多学院中学（Middle College High School)，它录取新生和教学改革的做法，与杰斐逊科技中学形成了鲜明的对比。凡是经过该校年轻的高级顾问判定为长期成绩低劣的学生，或者是在感情方面或行为方面存在困难的学生，该校对这类学生敞开大门已有 18 年之久了。该校校长塞西莉亚·卡伦（Cecilia Cullen）说，重要的是要使学生尽快地对学习产生兴趣，这样就能使他们愿意留在学校里学习，为此，这位女校长采用了一些非传统的方法进行教学。

该校最初是作为纽约市“非传统学校”(alternative school) 而成立的。它于6年前参加了特德·赛泽（Ted Sizer）的重点学校联合体(Coalition of Essential Schools，简称 CES)，这个联合体的教学改革目标是，除了以学生为中心的学习之外，还强调增加一些讲授跨学科课程。有许多属于CES的学校，都安排了一项科学与人文学科之间联系的课程，密多学院中学带头讲授这项课程。

密多学院中学最成功的一项尝试，是称为“运动计划”（The Motion Program）的单元课程，时间长达13周，高年级学生通过对文学作品、数学、物理的学习和实物教学，对运动的概念进行深入研究。该计划的实物教学部分，称为“探险计划”(Project Adventure)，需要学生在尼龙丝编织成的一张巨大的“蜘蛛网”内进行活动，全组学生在网内行动，但不许他们碰到尼龙网。校长认为，该校所取得的成功，在很大程度上要归功于“探险计划”的实施，培育了学生们解决问题的能力。

通过该单元对小说类、非小说类和诗歌类文学作品的学习，学生们检验了运动、动作和变化等概念。除了指定的阅读材料之外，还要求学生们写出一个剧本场景，将牛顿定律应用于与他们有过交往的人。

将物理和数学综合起来进行集体教学，并强调集体试验，使学生对运动概念有一个基本了解，特别是对那些似乎属于非直观的现象有一个基本了解。

该校的综合性实践教育，是其教育改革经验的核心。阿冯公司(Avon Corporation)和当地的一些医院，一直坚持参加了一项由350多个公众和私人机构参加的长期实习计划。所有的学生在他们4年学习的过程中，需要参加3次实习活动。该校的教师们承认，实习的质量存在着一些差异，学生有时在博物馆作为一名动物行为试验室助手，有时在邮件室担任一名办事员，但是，所有的实习都强调要与学校的活动结合得很完美。

自从密多学院中学参加重点学校联合体以来，该校毕业生的教育成绩测试（SAT）综合评分的平均分数已提高了200分。此外，有些曾一度被视为需要退学的学生，已有85%从中学毕业了。该校近80%的毕业生，都进入两年制或四年制学院学习。有许多实习活动的主办机构，都对该活动给予肯定的评价，并年复一年地参加该项活动。

该校的校长指出，当初曾有许多教师拒绝讲授跨学科课程，或者拒绝与同事们合作。现在也仍有极少数教师拒绝参加教改活动，但是，所有积极参加科学教育改革的人都承认，实施各种综合性课程的方式，对于学习困难学生来说，可能是很有帮助的。

该校的科学教育改革工作，无疑仍在向前发展之中。该校最近又为学生们制定了一些学术性目标，有助于进一步发展教学框架和对它的评估。该校正式地增添学习目标，有助于明确跨学科课程的目的性，保证把学生的学习放在首位。此外，针对目前效果不均衡的各种实习活动，拟订了某些希望达到的效果，这特别有助于较好地评估学生在校园外的表现。《科学素养的基准》所规定的各项目标，显然很适合于该校的教学结构，并保证了科学教育改革计划的连贯性。

与周围事物的联系：首先……您需要一辆铁路公务车

萨斯奎尼塔公立学校学区(Susquenita Public School District)，它横跨宾夕法尼亚州哈里斯堡（Harrisburg）的萨斯奎哈纳河(Susquenhanna River) 两岸，该学区设有一所中学和一所小学，为当地的2500名学生服务。该学区的负责人史蒂文·梅斯纳(Steven Messner)和他的同事托马斯·坎贝尔(Thomas Campbell)很早就从事提高文化水平的运动,他们相信,该学区可能是当地学生显示艺术和文学才能的惟一场所。他们所采取的第一个步骤,是将著名的美术作品引进该校的所有课程。有一位科学部门的主席曾告诉坎贝尔,说科学之中并无艺术,坎贝尔却不为所动,而在《国家地理》杂志中写了一篇文章,文中谈到精心修复意大利西斯廷教堂(Sistine Chapel)装饰画时的科学修复过程。不久之后,该学区的学生就在上化学课的同时也学习一点艺术。

当该校向铁路公司索要了一辆铁路公务车(caboose,货车后部供乘务员坐的),并将其修复工作与该校的课程相结合,这时才取得科学教育改革工作的真正突破。这种公务车是铁路历史活生生的见证物,学生可以将它看作是一座科技试验室,同时结合课堂的抽象学习,由此取得实际而有形的经验。当地的艺术家和说书人(storyteller)也可由此保存当地的文化,使其长期流传下去。

学生们大部分的工作,是设法将公务车从铁路调车场转移到该校附近的临时车棚。该校的一部分学生,得到了联合铁路公司(Conrail)、市政当局以及义务乘务员的帮助,安排了公务车的转移计划,其余的学生则研究铁路技术和当地的铁路文化史,为搞好修复工作而钻研公务车图纸,甚至拆卸了一些铁路调车场设备作为配件。高年级学生则专门将这次转移行动写成书面文件,说明学生是如何将数学和科学概念转化为实际行动的。

梅斯纳和坎贝尔索要了部分铁轨,供公务车停车和转向之用。几何教师在铺轨的当天,才给学生小组布置作业,同时将该段铁轨的弧线尺寸交代给这个小组。该小组据此尺寸进行设计之后,让该年级其余的学生按照小组的设计为这段铁轨标定界桩。这些学生接受了这项困难任务,临时学习了几何和历史课,像木匠那样标定了这段铁轨弧线的中心线,并用绳子标出了一对铁轨的平行轨迹线。

这些学生在整个铺轨计划中最为活跃,除了完成标定铁轨界桩的任务以外,还学习了有关火车及其文化史的知识。对于一年级学生,只是告诉他们火车如何在铁轨上行驶，并发给他们一些火车和铁轨的木质模型，好让他们自己试验“火车”如何在“铁轨”上行驶。它们试着在“铁轨”上推动“火车”前进而不让它脱轨。坎贝尔有好几个星期允许低年级学生用一种秘密的握手方式（用双手窝成杯状，并向前推）来表达互相祝贺。当这些儿童参观这节公务车时，都激动不已，因为，他们秘密的握手方式正好模仿了这节公务车在铁轨上移动的样子。

该校的这项活动，看起来似乎是随意安排的，但是活动进展得非常自然，使得学校成为一个令儿童们感到有趣的地方，教师鼓励他们对事物进行深入探索，自己寻找事物之间的联系，并找出解决问题的办法。公务车这个主题，为寻找技术、文化、科学和数学原理之间的联系，提供了一个可喜的机会。梅斯纳和坎贝尔认为，这项活动是无法用传统的考试计分方法来评分的，但是他们发现，在他们的任期内，喜爱这类课外活动的学生是越来越多了。学生们和这个社区，都肯定会努力从事这类活动，并因此而受益。看来，有些事物是非常有价值的，但有时却很难用分数去衡量他们。

建立各种联系

上一节所列举的一些事例，只是科学教育改革的一些初步尝试，这项工作仍在向前发展之中。这些事例未必全都符合《科学素养的基准》和《面向全体美国人的科学》所规定的各项目标，但是它们的确是迈出了新型教学方式的第一步，而这正是“2061计划”所极力提倡的。涉及全部课程的这类科学教育改革活动的一些事例，正不断公布出来以供人们借鉴（可参见1996年第5期的Educational Leadership，其中叙述了一些教改事例）。在每一个案例研究和跨学科课程的样板中，都各具特点。但是，我们可以从这些案例和样板中找出一些普遍适用的原则：

1.最有效的各种课程联系，应当在学校制定，并需要直接参与教改的人与学校共同拟定　过去按照一种模式写出来的千篇一律的教科书，可以说是已经声名狼藉了，它一直不能很好地为教师和学生服务。即使我们不考虑公众要求教师和行政人员给学生以更大自由的呼声，有许多教师也自发地抵制自上而下的许多不合理的指令，这就意味着，应当允许当地自主制定科学教育改革的方法和步骤，并由他们实施。这并不是说，制定教改大纲的人员就必须是教育工作者。像杰斐逊科技中学、密多学院中学和萨斯奎尼塔公立学校学区那样，就有一些社区代表参与教改活动。但是，最后还是得靠学校全体教职员工的集体努力，才能制定出具体的教改计划和活动。

2.需要找出课程联系的重点 作为一种教育改革的具体教学形式而言，旧金山采用的是铁路看守车，其他地方也可采用另一种具体的实物。不管是采用哪种实物作为教学主题，每一项跨学科课程的教学单元，都应当使学生能够接触实物，容易理解课程与实物的联系，使他们能够学会从具体形象上升为抽象概念。有许多教师说，如果教师能指明各种联系中的重点，学生就能够比较容易理解，并主动对一些其他课程产生联想。

3.不应勉强寻找课程联系 在进行跨学科课程教学单元时，不应把寻找各种联系作为惟一的目的。科学学科并非由一种违背常情的意愿发展而成，它也不应使学校成为一个枯燥乏味和与现实世界失去联系的场所。每一种学科都有其独有的特点，以至可能产生不同的要求。例如，探索科学不同于探索历史，学生应该两者都学会。学生应知道数学在抽象世界里自有它的美，也应懂得数学在现实世界中是可以获得广泛应用的，二者有着同等的重要性。想找出那些看起来互不相干的联系并将它们综合起来，是从来不存在什么神奇公式的。教师应当懂得课程的内容，也应懂得学生的需要，这样才能对每一种情况取得恰当的平衡。

4.对于只有值得知道的事物，才应寻找其联系 对于什么是“值得知道的”一词，甚至在同一学校的教师之中都会产生很大的争论，但《科学素养的基准》和一些标准，会提供一些有关课程联系的具体学习目标。一些州和一些学区，正在采用某些学习内容标准，并制定它们自己的教改框架，科学教育工作者应当保证这些教育改革框架的内容，能够体现为学生科学水平的提高。

以后的一些步骤

在现在的教育改革浪潮中，如何开展跨学科课程，这是最令教师伤脑筋的事。但是在很多情况下，它几乎是顺其自然地就出现了。一些教师在他们的报告中指出，由全国数学教师委员会（National Council of Teachers of Mathematics，1989年成立）所制定的一些标准，是符合《科学素养的基准》中对数学方面的要求的，这些标准对他们教学方式影响之大，是他们以前从未想到过的，比如，要求儿童用数学来解决社会和科学研究中的问题。这些报告的作者，主要来自小学和中学教师，他们有很多都是按照国家所批准的课程设置和教科书以及规定的课时进行教学。小学的课堂教学，一般是由一名教师进行讲课，这对开展跨学科课程是有利的。科学教育改革工作者应当支持政府的教改政策，使其在各级学校都得到贯彻实施。

中学里的集体教学和跨学科课程教学方式，正经历着越来越多的困难，主要是因为教学方法在不断改变，但是，日益增多的学校仍朝着科学教育改革的大方向前进。一般来说，中学教师是开展课程联系教学的最主要的阻力。因为，中学的各个课程过去是一直按着相当严格的学科界线来设置的，纯中学教师与K－12学校的教师不同，前者大多把注意力放在他们各自的课程内容上。密多学院中学的教师起初也反对跨学科教学的想法，但是，对教改坚定不移的校长说服了他们，终于使他们走上了科学教育改革之路。现在有许多文章报道，提倡教师们的职业责任感，也介绍了对学生学习很有价值的经验。如果没有更多的学校感到进行课程联系的必要性，那么，要达到《面向全体美国人的科学》所要求的科学水平，将来还会遇到很多阻力。

课程联系的预警旗

如果一个学校的行政人员反对教育改革，特别是它的校长反对教育改革，那就会令教改完全失败，如果进行科学教育改革时遇到这种阻力，其后果也不会有什么两样。除此而外，教师们也有可能反对教学中的任何改变。例如，我们在编写本章时，曾访问过一些教师，发现有些代数教师就不愿与物理教师坐在一起讨论科学教育改革的事，有些地理教师也不愿与生物教师平心静气地讨论。要想跨越自然科学与人文学科之间的界线，那就会变得更为困难，有时几乎是不可能的。

有许多教师本来有足够的知识和能力去考虑和实施课程联系，但是需要给他们一定的机会和时间，有时甚至要狠狠地推他们一把，才能使他们敢于尝试教改。一般说来，需要一些热心于教育改革并有远见的人来负责这件事，综合安排整个课程。对于学校中那些虽有志于教育改革、但被各种事务压得喘不过气的人来说，本章可以奉上一句劝告：“从小处着手，开始时要干得漂亮一些。”

外部影响

在美国，各地的学校显然都是由当地控制的。但是，各学区和各州控制学校的教学，都是通过规定的考试和课程以及专项拨款等方式来实现。所有这些方式都可能影响科学教育改革。但是，如上文所述，有许多州已开始采用商定的标准，为学校安排适合于学生的课程。科学教育改革者应尽可能地支持这些教改措施。

当教育工作者准备将他们所制定的标准和目标公之于众时，他们那些跨学科课程的设想，未必能够得到公众的支持。有许多家长有可能大声疾呼地批评教师们的那些设想，也有可能担心他们的孩子在学习代数时不能过关。当孩子们的学校进行跨学科课程的学习时，即使他们的家长有一定的文化水平，也可能对此事感到犹豫不决，因为家长们担心孩子们将来应考高等学府时，学习成绩单上可能缺少传统学科的分数。

当教育工作者准备实施跨学科课程时，他们首先应当做的事，就是将所设想的改革有效地公之于众，以便获得公众的支持。尤其是在社会教育的工作中，从事闭门教学是必败无疑的。公众应当尽早地在某种程度上参与科学教育改革。例如，旧金山的教师们就曾吸收某些家长志愿参加爱斯基摩划艇比赛，并当着教育委员会(Board of Education)的面进行划艇表演赛。在获得公众支持和行政当局支持的过程中，教师们的这些公之于众的做法，就曾起过重要作用。

建议

包括社会科学和自然科学（如数学与技术）在内的综合性科学水平，需要联系与科学有关的各种非传统思想领域。能满足这些要求的课程，并不能简单地取代现有的科学课程或数学课程，而是要在全部课程中贯彻这些联系才行。如果想要广泛采用课程联系的做法，我们为此总结出以下关键性建议：

1．扩大宣传　《面向全体美国人的科学》和《国家科学教育标准》必须做到家喻户晓。公众，尤其是所有的教育工作者和所有的家长，必须理解这两个文件所提出的各项目标，并要求各学校实现这些目标。正如本书第十一章《家庭与社区》所述，尽管教育改革涉及到现有的教学质量问题，公众也未必衷心拥护这种改革。所以，应当对教育改革进行广泛宣传。

2．资料和教材　如果有了高质量的教材，就会大大有助于教改，反之，就会阻碍教改。例如，由于现在缺少环境教育的教材，有许多教师只得求助于现有的资料，这一般都是由提倡环境教育的团体或能源工业所提供的，可惜他们尚无明确的计划推广宣传这些资料。如果能够对某些书籍、软件和其他资料进行认真的综合分析，准确地说明它们与《科学素养的基准》和《国家科学教育标准》之间的联系，那将有助于保证这些资料的质量和有效性。

3．研究的传播　为了有效地安排课程内容，教师们应当寻求一些新方法，来适合儿童认识能力的发展过程。例如：儿童要到什么阶段才能懂得“尺度”这个概念；他们的认识程度到什么时候才能从直观的形象上升为抽象的概念；教师怎样才能使儿童懂得某些概念。《科学素养的基准》中有很多条都是为配合这些问题而写的，教师们在钻研这份文件的同时，应当继续不断地寻求新的教学方法，以与这些教改课程内容相配合。

4．专业培训　在建立跨学科联系时，必须要求科学课和数学课教师对他们的专业有深入的研究，还应要求他们认识其课程内容如何才能与外部世界发生联系。因此，显然必须重新考虑教师们如何能接受适当的培训，并通过跨学科课程和实习活动等方式，为他们学习和讲授科学课程提供更多的机会。在本书第九章《教师培训》和第十章《高等教育》中，讨论了在自然科学、人文学科和教育学科等高等院校中的教师培训计划，应当大力加强这些学科之间的联系。

美国的学校与世界其他各地的学校不同，它们从未全心拥护以跨学科的方式来进行教学。在本书第五章《学校组织》中已指出，其中有些原因是有其历史渊源的，比如，学校从来就是“各司其职”地组织教学。但是，有许多教师已经认识到，为了实现《面向全体美国人的科学》中的素养目标，并使学生准备好将来要在这个日益广泛的跨学科联系的世界中工作，现在进行科学教育改革，可以说是正当其时。在各种课程之间寻求联系，已经成为科学教育中一个迫切需要解决的重头戏。《面向全体美国人的科学》中的各种设想，以及本章中所提到的一些实例、原则和建议，都为今后进行科学教育改革开了一个好头。

参考书目

1 American Association for the Advancement of Science.(1993).*Benchmarks for science literacy*. New York：Oxford University Press.

2 American Association for the Advancement of Science.(1989).*Science for all Americans*. New York：Oxford University Press.

3 Barth, P.(1993,January). To make a good scientist. *Basic Education*, 1–4.

4 Levin, H.(1987,March).Acceleratec schools for disadvantaged students. *Educational Leadership*, *44*(6),19–21.

5 National Research Council.(1996).*National science education standards*. Washington, D.C.:National Academy Press.

6 National Council of Teachers of Mathematics. (1989).*Curriculum and evaluation standards for school mathematics*. Restcn, VA：Author.

7 Sizer,T.(1989).Diverse practice, shared ideas：The essential school. In H. Walberg & R.Lane(Eds.), *Organizing for learning：Toward the 21st century*. Reston, VA：National Association of Secondary School Principals.

8 U.S. Department of Labor.(1991). *What work requires of schools*. The Secretary's Commission on Achieving Necessary Skills (SCANS) Report. Washington, D.C.：Author.

文献目录

1　American Association for the Advancement of Science.(1993).*Benchmarks for science literacy*. New York：Oxford University Press.

2　American Association for the Advancement of Science.(1989).*Science for all Americans*. New York：Oxford University Press.

3　Barth, P.(1994, February). Taking an urban safari. *Basic Education*, 14–16.

4　Barth,P.(1993,January). To make a good scientist. *Basic Education*,1–4.

5　Borko,H.,Brown,C.,Underhill, R.,Eisenhart, M.,Jones,D., & Agard,P.(1990). *Learning to teach mathematics for understanding*. College Park, MD：University of Maryland.

6　Donmoyer, R.(1993, September). *School organization blueprint*. Prepared for the American Association for the Advancement of Science, Project 2061, Washington,D.C.

7　Drake, S.M.(1993). *Planning an integrated curriculum：The call to adventure*. Alexandria, VA：Association for Supervision and Curriculum Development.

8　Elmore, R.F.(1993,June). *The development and implementation of large–scalecurriculum reforms*. Background paper prepared for the American Association for the Advancement of Science, Project 2061,Washington, D.C.

9　Fogarty,R.(1991).*The mindful school：How to integrate the curricula*. Palatine, IL：IRI/Skylight Publishing, Inc.

10　Mitchell, R.(1993). *Interdisciplinary standards and curriculum：Promises and perils for the K–12 educational system*. Unpublished paper prepared for the Bauman Foundation, New York, NY.

11　Mitchell, R.(1992). *Testing for learning：How new approaches to evalu–ation can improve American schools*. New York：The Free Press.

12　Moore, J., Bridgman, T., Rohner, S.J., & Watson, C.A.(1993). Integrating language arts and math in the primary curriculum. In S.Tchudi (Ed.), *The astonishing curriculum：Integrating science and humanities through language*. Urbana, IL：National Council of Teachers of English.

13　Nehring,J.(1992). *The schools we have, the schools we want：An American teacher on the front line*. San Francisco, CA：Jossey–Bass Publishers.

14 Nelson, D., Joseph, G.G.,& Williams, J.(1993). *Multicultural mathematics: Teaching mathematics from a global perspective*. Oxford, England: Oxford University Press.

15 Sizer, T.R.(1989). Diverse practice, shared ideas: The essential school. In H. Walberg & J.J.Lane(Eds.), *Organizing for learning: Toward the 21st Century*. Washington, D.C.:National Association of Secondary School Principals.

16 Toch, T.(1991). *In the name of excellence*. New York: Oxford University Press.

17 Tyson, H.(1988). *A conspiracy of good intentions: America's textbook fiasco*. Washington, D.C.: Council for Basic Education.

18 U.S.Department of Labor.(1991). *What work requires of schools*. The Secretary's Commission on Achieving Necessary Skills (SCANS) Report. Washington, D.C.:Author.

19 West, P.(1993). Skeptics questioning the accuracy, bias of environmental education. *Education Week*, June 16, p.1.

第七章

教材和教学法[①]

在美国的教学历史中，或许从来也没有出现过像现在这么广泛的呼声，人们要求将技术作为高质量教育的重要工具与卫星相连的课堂，从未想到如此海量的信息光盘，以及刚刚显示巨大威力的"信息高速公路"，这些新技术似乎都具有无穷的潜在用途。

与此同时，科学和数学教育改革者也迫切希望看到这些新技术能在课堂里得到有效的应用。我们全心全意地相信这些新技术能对教育起到积极作用，但是我们也希望，教育工作者、政策制定者和社会中的大多数人，对待在教育中采用这些新技术时，应当首先看到这些技术对教育的价值，以及它们的技术魅力。

过去人们总是相信技术改革是由硬件推动的，而在相当大的程度上忽视了各项课程的内容和结构所能起到的作用。在采用这些对教育有极大价值的技术时，人们也不应忽视技术以外的各种因素。例如：在引进这些技术时，有可能过分夸大了它们的价值，也过分夸大了它们对学生学习所起的作用；过于匆忙地引进这些技术之后，很少花费精力去核查它们的技术内容，也未能适当地去确定它们所能起到的作用，更很少培训教师去学会如何使用它们；一旦学生、教师和家长发现这些新技术的缺陷，就有可能把它们扔在一旁，就此永远束之高阁。

注：① 本章中所使用的"技术"一词，是泛指作为工具使用的各种技术，包括计算机、声像系统、计算器、印刷生产以及其他硬件和软件等各种技术，它们可以用来支持数学和各种科学的教学工作。但该词并不涉及《面向全体美国人的科学》第八章《被改造了的世界》中所研究的那些技术中的各种重要议题。

技术素质

这个社会日益迫切需要人人学技术和懂技术。人们如果不注意新技术和学会使用新技术，似乎就难以生活下去了。大多数有关学习新技术的话题，并非本章所讨论的范围，我们在此所要讨论的只是如何使用这些技术。在校园内外学习各种科学，与日益复杂化的媒体是紧密相连的。今日的各种媒体，不仅是日益普遍化，而且是日益复杂化。

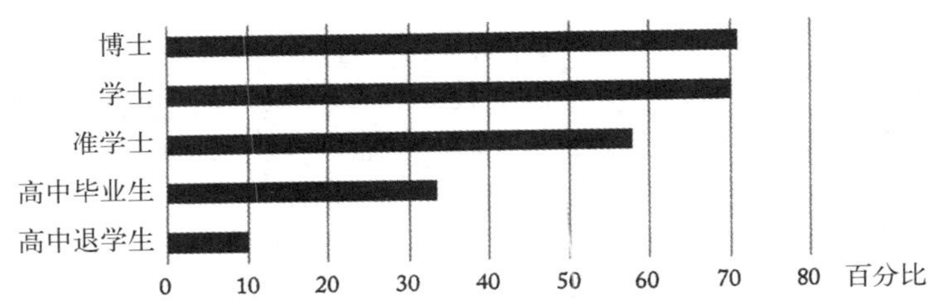

人们在工作中使用计算机的比例（按教育程度分类）

来源：National Center for Education Statistics.(1996).*Digest of education statistics, 1996*. Washingtong, D.C.: Author.

人们在选择和使用各种媒体时，不仅需要相应的知识和技巧，还需要理解它们的关键思想方法。

尽管计算机、视频设备以及其他技术越来越容易使用，人们还是感到需要学习一定的知识才能用好它们。现在几乎不可想象还有什么人会害怕计算机了。从点火系统到收款机，几乎任何东西都需要芯片组，这就需要人们学习与其有关的知识。如果仍按照老方法去调整新式汽车的化油器或火花塞，那就肯定会弄坏它的发动机。来自网络、有线电视和社会媒介的信息资源，不见得都是组织得很好的，这就需要人们具备广泛的知识以及对各方面（包括科学方面）的思考能力。校内学习和校外学习之间的界线已经变得模糊不清了，技术也已成为全部课程中的一个不可分割的部分，因此，如何提高人们在各个方面的水平，已成为日益重要的话题了。

美国各学校的技术革新和教学媒体革新，呈现出一种周期性的流行病，并没有很好地利用声像工具和科学步骤来系统地提高教学质量。

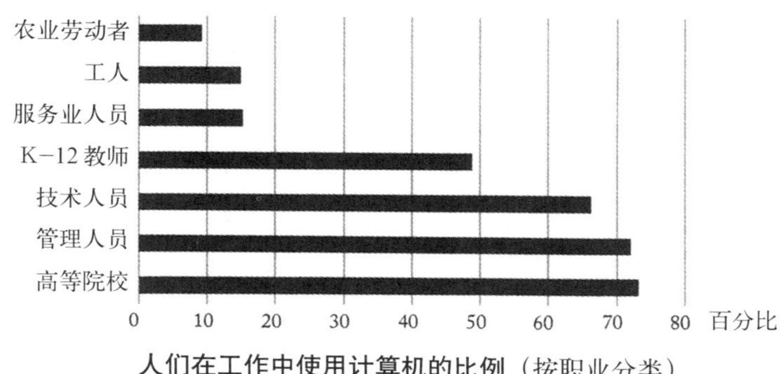

人们在工作中使用计算机的比例（按职业分类）

来源：National Center for Education Statistics.(1996).Digest of educationa statistics, 1996. Washingtong, D.C.:Author.

我们就要进入21世纪了，技术已经成为非常有价值的和强有力的教学工具，这就有可能再度出现上面所说的那种周期性的革新流行病。本章的目的，就是要避免出现这种流行病。本章首先分析了美国各学校过去和现在使用技术的实际状况；其次，介绍了未来课堂使用技术的理想面貌；最后，探讨了从当前的实际情况通向未来的理想面貌的各种道路。

现 状

由硬件推动教育改革，还是由教学内容推动教育改革

几十年以来，锐利无比的各种技术，一直被吹捧为美国教育的奠基石。尽管美国学校的课堂中经常引进各种新技术，但是，人们对实际状况进行研究之后，发现有一种周期性流行病，各学校有时候并不能恰当地应用某种新技术，然后就是失望，最后是完全放弃（Cuban，1986），继之而来的是另一种新技术，然后又是失望和放弃，周而复始。之所以出现这种周期性流行病，其主要原因可能是，当使用新技术来改进教学时，只强调它的技术魅力，只强调它处理信息是如何快和如何多，只强调它能实现远距传输信息，而不去强调这种硬件所能带来的更高的教学质量。这种做法可称为“由硬件推动教育改革”，而不能

称为“由教学内容推动教育改革”。

“由硬件推动教育改革”是注定要失败的，其理由主要有三。其一，这种改革假定单靠技术本身就能提高学生的学习，而忽视了它所能产生的实际效果。其二，由于硬件会造成一些差异（例如，它会因教学方法或软件质量的不同而出现一些差异），而且，由于社会上一股热潮导致匆忙将新技术引入课堂，没有充分的时间对教师进行培训，所提供的资源也很有限，以至教师未能将技术真正地融入课程内容。其三，由于匆忙地将技术引入课程，尚未明确它在教学中的作用和目的。与硬件有关的一些现状（例如，现有的硬件生产商和推销商的现状，教育技术的研究现状，学校选择和使用硬件的现状等），如果不从根本上进行改变，就难以解决上述这些严重问题。

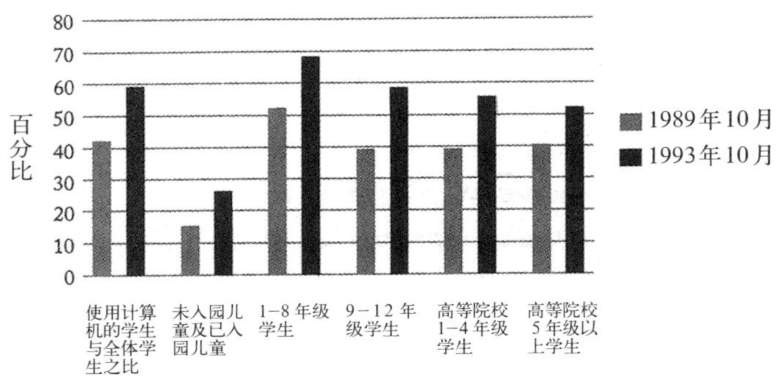

学生在校使用计算机的比例（按教育水平分类）

来源：Published on the U.S. Department of Commerce, Bureau of the Census World Wide Web site at http://www.census.gov/

学生的学习效果

历史的经验告诉我们，如果各种技术、媒体和资料能够表现出富于成效的话，那么，人们还应该衡量课程内容和教学工作本身的价值。现在学校引进某些技术时，人们实际上并未注意到它们是如何影响学生的学习表现的。例如，计算机辅助教学（computer-assisted instruction，简称CAI）是学校广泛采用的技术方式之一，但是，有许多CAI项目的效果好坏，与学生的个人特点有着很大的关系，因此就有人批评CAI，说它扩大了成绩好和成绩差的学生的差距（Hativa，1988）。所以，我们要提出一个虽然简单但却是非常重要的问题：在采用CAI之前，原来的教学方法（即因人施教）具有多大的效果？这个问题尤其重要，因为CAI的购置费用和维护费用是非常高的。

如果在课堂里选用某种技术来提高学生的学习效果，我们就不应忘记这种技术所需要的费用高低。例如，假如采用CAI来提高学生的成绩，但每个学生平均要花费2000美元，而其效果只不过和现有的教学方法差不多，按照费用效率比的观点来看，可以说采用CAI是失败的。从另一方面来说，即使采用某种技术可以省钱，但教育工作者还应看一看学生在学习时是否会感到吃力。

当然，并非采用新技术的所有例子的效果都不好。我们可以举出大量的事例，证明采用新技术之后，要比原有的教学方法好得多。在某些事例中（可参见Thorkildsen & Lowry，1990；Woodward，1994），以新技术为基础的教学费用只及原来教学费用的十分之一，并适用于许多不同类别的学生，学生对课程内容的理解也上了一个新台阶。新技术虽然对提供新的教学方式很重要，但是，所取得的效果，还

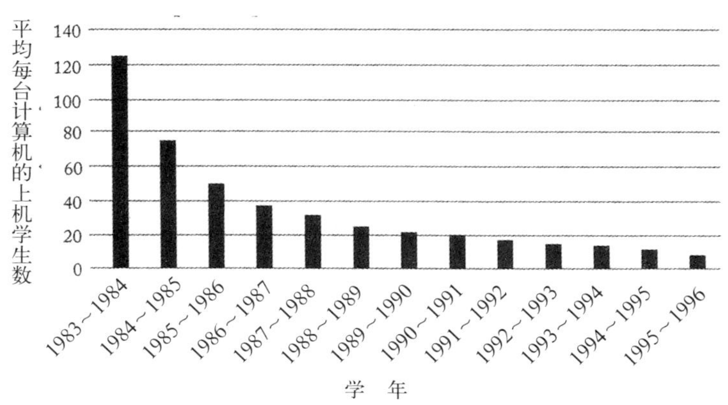

公立学校平均每台计算机的上机学生数

来源：Published on the QED World Wide Web site at http：//www.informall.org/Showcase/QED/

是应该主要归功于课程内容和教学工作能够与新技术完美配合。

教职员培训

有许多教育工作者认为，采用以技术为基础的教学计划和教材，对于所有的学生来说是一种公平的学习方法。实际上，有许多美国学校，尤其是那些条件较差地区的学校，并没有采用以技术为基础的教学，也不大适用这种教学方法。即使具备了某种技术条件，新技术项目也未必能肯定奏效，除非能对那些从事这个项目的教师给予足够的技术培训。

过去和现在，在推广许多教育技术改革项目时，虽然发布了一些技术教材，但是，对学校教职员的培训工作并未相应地跟上，或者说，培训的规模不够大，缺乏针对性，也不能做到持之以恒，总之，培训未能生效。这样一来，就使得想采用这些技术进行教学的教师，处于一种非常尴尬的地步。教师所得到的一些技术教材，可能并不是他们所熟悉的技术，教材中所设想的那些教学目的，也可能定位得很不恰当。即使教职员接受了培训，但是那些编写培训教材的人，往往对课堂教学很不熟悉，对采用新技术进行教学的方法有可能脱离实际，对教师们在课堂教学中的具体要求也漠不关心。总之，由于对教职员培训工作较差，目的性不明确，以及仍按传统方法进行教学，其后果是，虽然采用了新技术，还是不能体现出时间的节约和效率的提高。我们发现，某些教师在采用了新技术之后，反而会出现无法控制教学，不能理解新技术，以及缺乏教学中独立自主等现象(Callister & Dunne，1992)。

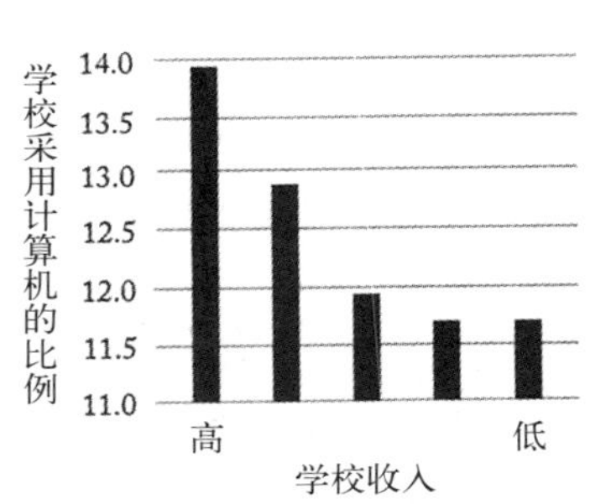

学校采用计算机与收入之间的关系

来源：Published on the QED World Wide Web site at http://www.informall.org/Showcas/QED/

如果将来有人想通过互联网发布教学技术和教学资料，那么，他必须认识到，教师是连接技术革新和改进学生成绩的最重要的中间环节。

技术在课堂中所起的作用

在课堂中要采用某项新技术之前，应当首先明确它所能起到的作用。人们总是以为学校里所有的人（包括学生、教师和学校负责人）都早已明白某项技术在教学中所能起到的作用，以为新技术硬件的销售商也是如此。其实，很少有学校负责人和教师等能够明白这项新技术是怎样在课堂中起作用的，硬件销售商把其产品卖给学校之前，也很少了解该学校或该学区对教学的具体要求。

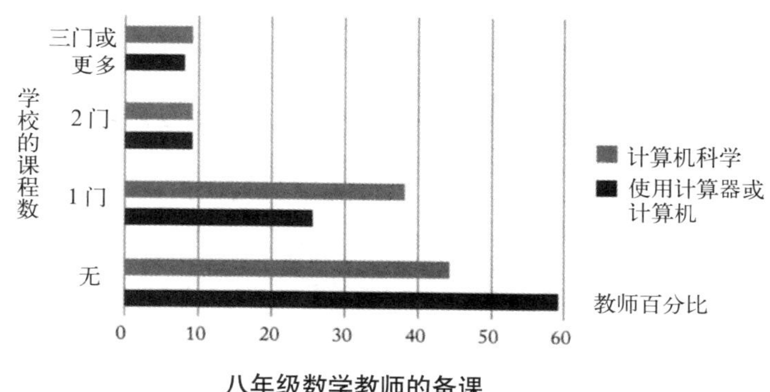

八年级数学教师的备课

来源：Nelson，B.H.，Weiss，I.R.，and Conaway，L.E.(1992).*Science and mathematics education briefing book：Volume Ⅲ* Chapel Hill，NC：Horizon Research，Inc.

如果不能明确新技术在课堂中的作用，就会产生某些不良后果。例如，如果在全部课程中准备采用某项以技术为基础的计划，就需要一套标准来鉴定它的教学价值。如果只将这种技术用作一种工具，为课程中其他的目的服务，那就需要一套与前面完全不同的标准来鉴定它的价值。试以空白表格（spreadsheet）计划为例，它可能是某个课程单元或整个课程中的学习重点，其目的是教会学生怎样使用空白表格。在化学课中也可使用这种空白表格，因为教师相信这样可以提高学生在实验室的实习水平，如填写数据、进行分析、填写实验报告等。空白表格除了上述两种用途之外，还可以有非常之多的其他用途。如果事先没有明确这种空白表格的用途，那就无法决定这种技术有多大成效，当然，我们在此把具体的教学环境所起的作用排除在外。

企业的作用

有人把课堂中的技术革新史说成是一部平凡无奇的历史，面对这种批评，显然不能只由学校负责人和教师来承担责任。企业的销售人员大都强调他们的硬件产品对科学教学所起的独特作用，但他们并不明白，单单靠这种硬件是不能提高学生成绩的。制造商都禁不住想夸大他们硬件产品的好处，并且说成是比其他任何人的产品好，他们也忽视了这样一个事实，即他们的产品在4～5年内（甚至是更短的时间）将面临淘汰的危险，这对各个学校来说，肯定是一个不小的问题，因为大多数学校的预算都非常吃紧。

还有一点，有不少硬件和软件的承诺未能兑现，使得教育工作者大失所望。对此可以举出很多例子，比如，硬件和软件不能兼容，没完没了地要求提高计算机的容量和速度，说明书编写得非常糟糕，计算机在安装和升级方面都存在困难，等等。如果教师不能及时得到技术支援，再加上新技术的费用不断升级，那么，所谓“对用户友好”的新技术，只能是可望而不可及。

研究与鉴定的作用

教育研究团体也应该对许多技术改革的失败负责。据克拉克（Clark，1992）的说法，一些学者数十年来一直在研究有哪种机械或电气工具会比其他方法更能提高学生成绩，但是他们却忽视了与这种工具有关的教学环境或教学内容的作用。很多这样的研究，把人们搞得无所适从，因为，在这些研究中，或是变数太多，或是根本不起作用，或是不能再现它的效果。我们以为，未来的研究所需迈出的第一步，不应是再对各种技术或方法进行比较，而是应仔细地描述各种科学课教学环境，在这些环境中，某种技术能够起到影响学生成绩和行为的作用。这种理想的研究方法，注重了对各种有效方法的观察和分析，从而能将新技术与科学课程的内容结合起来，并使得科学课教师获得具体的有用信息，知道如何才能成功地应用某种新技术。

由于计划鉴定工作把最重要的注意力都放在最终结果上，教育工作者通常忽视了中途修正该计划所需的详细资料，而这些资料正可以利用来改进该计划。在某个计划进行鉴定和上报之后，人们在看这份鉴定报告时，尤其重要的是应当想到两个问题。第一个问题是“这个计划的效果有多好？”第二个问题是“如果想不断改进这个该计划，我们应该做些什么？”恐怕这第二个问题才是更重要和更有用的。

要想在学校中用好各种新技术，就应当从本质上改进研究报告的鉴定工作，或许这才是最有价值的事。只有当鉴定的结论是真实的、可靠的和可应用于课程教学的，而不是就事论事的，人们才能利用这些鉴定结论，来明确地制定应用新技术的各种目标，或者为教师提供一份能在课堂中有效利用新技术的教学大纲。

由于计划鉴定工作把最重要的注意力都放在最终结果上，教育工作者通常忽视了中途修正该计划所需的详细资料

所需的变革

要想有效利用新技术，一般应具备三个重要的特点。

第一个特点，这些技术应当能为学生提供高质量的教育，这也是它们最重要的特点。有无数的事例可以证明，有效地利用技术，不仅比传统的教学方法要好，还能为学生提供特有的学习机会。目前在科学教学中已利用了因特网、实时数据采集、计算机建模和图像分析等技术，如果没有这些技术，有许多工作几乎是不可能的，或者是令人心烦的。这些技术都具有一个重要的特点，即它们强调将该技术所固有的教学方法与课程组织有机地结合起来，并强调能使学生得益，而不是强调该技术的应用。在这些事例中，技术能完全融入课程内容，所有学生都能认识到该技术的本质、威力和应用范围。

第二个特点，在新技术应用计划中，教师掌握该技术的能力高低，是该计划能否取得成效的最重要和最有影响的因素。在科学课教师的影响下，州领导人或学区领导人应针对将要采用的教材或技术，制定一套广泛而明确的教学目标。然后，可以安排专人根据这些目标编写一套专用教材，教师经过学习之后，才有可能在课堂教学中有效地利用这些新教材和新技术。

第三个特点，教育工作者、研究人员和设备技术供应商经过共同努力，将硬件设备、课程内容和教学方法很好地结合起来，成为一套不可分割的东西。研究人员和鉴定人员应当检查这项新技术计划的实施过程，只根据学生学习的效果来鉴定这个项目。硬件设备供应商应当注意其产品的适用性，使其产品能够根据不同的教学情况灵活地调整产品性能。教育工作者应当根据产品的质量、可实践性和费效比来选择适用的产品。要想达到这种理想的做法，似乎离目前的现实情况还有一段很遥远的路要走。在下面一节文章中，我们将探讨一些能够缩小目前实际情况与理想状态之间差距的方法。

我们坚决支持《国家科学教育标准》和《科学素养的基准》中所详细阐明了的那种思想，即对凡是有利于提高学生科学水平的那些关于科学、数学和技术课程教材的研究报告，应当进行分析、叙述和广泛传播。在作为《科学素养的资源》(Resources for Science Literacy)一部分的“2061计划”[①]中，这种思想又进一步得到发展。凡是把学生达到《科学素养的基准》和《国家科学教育标准》的规定作为惟一目标的那些教材，都可以作为一种教学工具，使得科学教育改革得以真正进入课堂。

这些课程可以提供一种框架，围绕这种框架来进行教职工培训，并将有助于定位某种技术、媒体或教材在学校科学课程改革中的作用。一旦教职工通过了培训的初期阶段(formative stage)，教师就掌握了课程教学内容，免得再受自行编写教材之苦。

最后，为了弄清新编教材是否有效，应当有人协同评估其教学效果。评估人员不但应当参考《科学素养的基准》，同时还应参考本书第八章《评估》，因为该章提供了一些配合教改目标的评估实例和评估程序。教材的评估工作应当按照严格的程序进行，以弄清教材是如何达到要求的。

科学课程教材的编写、独立分析和评估的整个过程，不但能够提

注：①“2061计划”制定了一种分析步骤，该步骤可用于分析科学课教材（其课程内容和教学方法应符合《科学素养的基准》和《国家科学教育标准》的要求）。此项工程目前正在协助教师和其他人对这类教材进行分析。

> 受过培训的教师"消费者"，将会扩大那些能满足《科学素养的基准》的教材市场

高教师对科学课教材的判断能力和使用能力，还能使课程教材的发展动力，由市场推动转为由《科学素养的基准》和《国家科学教育标准》的目标来推动。受过培训的教师"消费者"，将会扩大那些能满足《科学素养的基准》要求的教材市场，并会把那些受到其他原因而引起购买欲的教材和技术赶出市场之外。

在编写和实施某些最有效的科学课教材时，其方法之一是，遵循美国教育部的计划效果小组（Program Effectiveness Panel，简称PEP）所制定的某些指导原则，包括：制定并批准教育计划，判断哪些计划能够提高教学效率的目标，评估一下该计划如果由别人来进行是否也能达到相似的效果。PEP拥有丰富的实践经验和理论知识，它建议，在衡量任何教育计划的效果时，应当遵循以下三条准则：

1．鉴定方法　一种可信赖的鉴定方法，应当能够保证其评估结果适用于该计划（在此是指科学课教材），以及该计划显然能够产生预期的效果。

2．效果要有实际意义　只有当该计划的各项目标确属重要，而且对学生学习所起的作用确实明显时，该计划的效果才具有实际意义。

3．计划的可重现性　该计划必须能在其他地方也能生效，其费用要合理，其效果要相似。

拉尔夫（Ralph）和德怀尔（Dwyer），于1988年比较详细地探讨了PEP所制定的这些准则，对于将这些准则应用于公立学校的日常实际工作时可能出现的问题，提出了一些看法。

教职员培训

注重教职员培训，是使得教育改革计划取得成功的重要因素之一。利用各州和各地方当局以及各学区的协助，可以将专门研究教改计划的人员与他们未来的用户（即学校和教师）联系在一起。有很高素质的培训教员，应该与学校共同规划、制定和实施培训计划，以培训学校的教师和行政人员，这种培训将是非常紧张的、长期的和针对某个教学计划的。虽然这类培训有可能极富成效，但是，如果这个技术和

科学课改革计划的规模很大，那就需要派出成千上万高素质的培训人员到各地学校去，所需要花费的费用也将变得很可观，那就有可能根本实现不了这个计划。我们以为，费效比相对较好的做法，应当是利用目前正显现出无比威力的通信网络来支援这类高素质培训。专业协会，课程教材编写人员，以及各地的协会、大学和研究中心，可以组成一个专业知识资源和交换中心的大型信息网络，帮助实施这个培训计划，并提供适合当地所需的帮助。

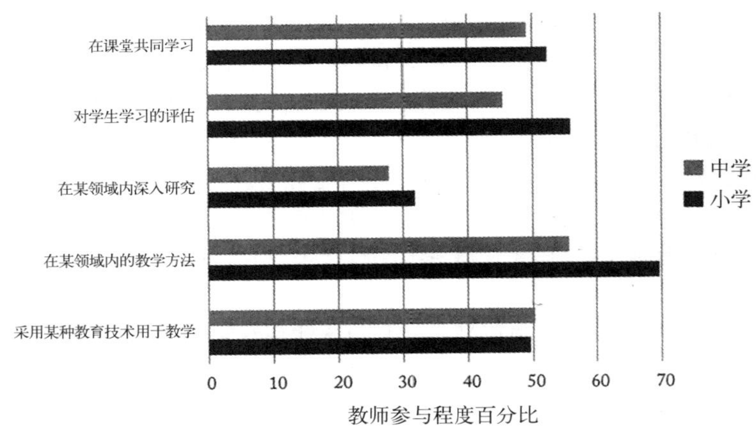

在职教育（1993～1994）

来源：National Center for Educational Statistics.(1996). *Condition of education 1996*. Washingtong, D.C.:Author.

在教职员培训中，与新课程和新技术有关的科学知识和数学知识，应该成为培训的重点。但是，简单地增加课程种类和课程时数，并不能解决问题。因为，已经有研究人员指出，在教师对某门课程的了解程度与学生的成绩之间，即使存在着什么联系，这种联系也不算大(Ball，1991)。实际上，教师所需的不是更多的数学知识和科学知识，而是需要与具体的教学环境紧密相关的知识（Brophy，1991)。例如，教师在指导六年级(相当于中国的小学六年级)学生上实验课时，对于糖分子究竟在热水中还是在冷水中溶解得快这个问题，教师应当善于利用他所掌握的分子知识去向学生提问。因此，对教职员进行培训时，应当强调其培训的针对性，而不是只注意教改的某些辞令。

企业的作用

对科学和数学课程的分析，可以使学生利用技术来提高学习效果，所以，这种分析也可让企业了解学校真正需要的是什么样的技术。同一种硬件和软件，可以适用于不同的科学教学计划，如果它能够满足《科学素养的基准》和《国家科学教育标准》的要求，那将是十分有用的，如果它只能在某一项科学教学中起作用，那么，它的用处就相对少一些。

技术、媒体和资料，都是独立的工具或资源，它们具有两个明显的优点：第一，它们是通过技术来强调教学产品的内容，而不是仅仅限于媒体本身；第二，它们保证同一种硬件可以适用于不同的教学计划，这在变化迅速的高科技软件研制领域里，尤其显得重要。

一项能够起到独立作用的技术，应当采取优雅和对用户友好的形式来储存和显示教学内容，同时应当保证最高的质量和最大的通用性，还要考虑适用于目前和未来的媒体形式。目前，能达到广播级质量的每秒30帧的录像，以及可以复制成黑白或彩色的文字和图像，已经广泛使用了。看来最有前途的工具，将是激光视盘和只读光盘，前者能提供高质量的运动和静止图像，后者能提供超过60分钟经过压缩的运动图像。目前，只读光盘的容量正从600兆比特发展到超过6吉（1吉即1000兆）比特，以数字方式存储文字、图像以及静止和运动画面。激光视盘所储存的音频和模拟视频信息，可以利用只读光盘作为载体，以“脱机”和“联机”的方式读出来，在目前存在激烈竞争的硬件行业中，硬件价格正不断地降下来。面对这种现实情况，可能会让制造商感到有必要与科学教育工作者共同研制后者需的产品。

研究和鉴定的作用

研究能够支持科学教育改革的技术，其中一条重要的方法是，将学生的成绩作为衡量某种技术成效的主要指标。在衡量某种技术的价值时，有必要对教师的行为、费用、物理基础和社会基础等进行观察，它们都各有其重要性，但是，与该种技术提高学生认识和表现所起的作用相比，这些观察仍然位居次要。

为了在科学教育中更好地采用技术，人们越来越多地倾向于在采用新技术的初期就对其效果进行鉴定，这是取得成功的另一个重要因素。对技术进行初期鉴定工作，可以在很大程度上限制或避免其负面效果，这是因为，鉴定过程相当深入细致，还要观察学生对技术的反应。研究人员和教师，能够通过鉴定过程来发现他们原来的设想是否会导致出现负面效果，以免其后果发展到不可收拾的局面。后面这一点尤其重要，因为，美国的学生之间的差异越来越大，同样也反映在各地科学教育改革目标的差异性上。由于有一些儿童缺少有组织的校外辅导，如果不在初期进行试点和鉴定，就全面铺开某项科学教育改革，那就未免太不负责任了。如要在学校或学区这一级实施科学教育改革，应当先检验某项具体的科学教改计划对学生的效果，教育工作者由此可以有把握对不同的课堂教学提出不同的要求。

要想在科学教育中更好地采用技术，那么，推广用于检验计划效果的鉴定工作，就是取得成功的一个重要因素

要想使初期鉴定工作取得成效，应当让教师也参加鉴定大纲的制定和实施。让教师制定、实施和鉴定他们自己的科学教育项目，可能有很多教师会因此感到负担过重，但可以肯定的是，他们能够起作用。例如，远西实验室（Far West Laboratory）的教师们，大量参与课程的制定工作，并参加对教改计划的质量的初期鉴定和总结检查（Borg & Gall，1989）。

最后，初期鉴定工作应当制度化，使其成为所有教育计划发展过程中的一个不可分割的部分。在严格的科学计划中，研究项目发展中的初期鉴定阶段，往往要占用相当多的时间。但是有许多教育研究项目会受到批准的时间限制，这就意味着，研究人员经常只好利用已知的答案来选择各种问题，以致教改计划的初期鉴定阶段只能占用很少的时间。巴巴拉·弗拉格（Barbara Flagg）于1990年写了一本名为《教育技术的初期鉴定工作》(*Formative Evaluation for Educational Technologies*)的书，书中把教育计划的发展和鉴定的一般性原则，与迅速变化着的各种教育技术可用方案联系到一起，对于想要使初期鉴定工作成为教改计划发展中的一个重要组成部分的那些研究人员和科学课教师来说，该书应该是一本极为宝贵的指导性书籍。

建　议

如果技术和媒体能够在实施科学教育改革中起到重要作用，那么，有远见的领导人就应当把它们的作用向前推进。科学教育改革的制定者和支持者、开明的改革倡导者，以及全国性的各种媒体，这四种人结合在一起，可以形成强有力的呼声，促使教育改革取得重大进展。可惜现在还听不到这种呼声，但是，要想使科学教育改革得到广泛的认可，这种呼声真是显得太重要了。

本章列举了一些事例，并建议一项行动过程，以达到教育改革者所设想的目的，即培训教师和编写教材。在这项行动过程中，需要各方在以下各项行动中密切合作：

1．采用《科学素养的基准》中的各项重要目标，这对个人和全国来说都很有价值。

2．应用教育计划中各种理论，使科学课教材和技术能够汲取“教育的本质是精美”的观点，在科学教育的实践中普遍贯彻“学得精就等于学得多”（less is more）的方针。

3．采用已经证实过了的分析(这种分析应当是能够经得起各种实践考验的)，去识别和研究各种科学课程（指符合《科学素养的基准》和《国家科学教育标准》要求的课程)，包括采用技术或媒体的课程在内。

4．对计划的初期鉴定和总结鉴定，以及对计划的修订工作，给以足够的投资，以保证所有学习者的需要。

5．对科学计划的宣传和教师的提高，应当想出一种方法，以保证实现尽可能广泛和良好的教学环境，采用适当的技术，以节约年度费用和个人费用。

信息时代已经初露曙光，有一些观察家已经预料到，课堂教学将需要采用信息技术，它将帮助教师提高教学效率。彼德·德鲁克（Peter

Drucker）引用过海因里希（Heinrich）一段话，后者很准确地预料到科学、数学和技术现在所面临的情况。下面这一段话就是海因里希的原文：

“新的信息技术对教学影响之深刻程度，要比它对人们生活的影响要大得多。教学工作非常需要新的方法和新的工具，因为它是人类最古老的和最顽固的手艺。我们需要大大地提高教学水平。尤其是需要一些新方法，使得教师提高教学效率，提高他们的能力。实际上，教学是一种传统的手艺，直到现在还没有将它现代化，如果有了现代化教学工具，就可使普通人能够具有出色表现。”（Heinrich，1970，第 56 页）

参考书目

1 American Association for the Advancement of Science.(1993). *Benchmarks for science literacy*. New York:Oxford University Press.

2 Ball,D.(1991).Research on teaching mathematics: Making subject-matter knowledge part of the equation.In J.Brophy(Ed.),*Advances in research on teaching* (Vol.2,pp.1-48).Greenwich,CT:JAI Press.

3 Borg, W.R.,& Gall, M.D.(1989). *Educational research*.New York: Longman.

4 Brophy,J.(Ed.).(1991). *Advances in research on teaching*. (Vol.2). Greenwich,CT: JAI Press.

5 Callister,T.A,Jr.,& Dunne, F.(1992).The computer as doorstop:Technology as disempowerment.*Phi Delta Kappan*,*74*(4),324-326.

6 Clark,R.E.(1992).Six definitions of media in search of theory.In D.P. Ely & B. B.Minor (Eds.), *Educational media and technology yearbook* (Vol.18,pp.65-76). Englewood, CO:Libraries Unlimited.

7 Cuban, L.(1986).*Teachers and machines: The classroom use of technology since 1920*. New York:Teachers College Press.

8 Flagg, B.(1990).*Formative evaluation for educational technologies*. Hillsdale, NJ: Lawrence Erlbaum.

9 Hativa, N.(1988).Computer-based drill and practice in arithmetic: Widening the gap between high-and low-achieving students.*American Educational Research Journal*,*25*(3),366-397.

10 Heinrich, R.(1970). *Technology and the management of instruction.* Washington, D.C.: Association of Educational Communications and Technology.

11 National Research Council.(1996). *National science education standards.* Washington, D.C.:National Academy Press.

12 Ralph, J.,& Dwyer, M.C.(1988). *Making the case:Evidence of program effectiveness in schools and classrooms.* Washington, D.C.:U.S. Department of Education, Office of Educational Research and Improvement and RMC Research.

13 Thorkildsen, R.,& Lowry, W.(1990). *The effects of a videodisk program on mathematics self-concept: Research report.* Logan, UT:Utah State University, Center for Persons with Disabilities.

14 Woodward,J.(1994).Effects of curriculum discourse style on eighth graders' recall and problem solving in earth science. *Elementary School Journal, 94*(3),299–314.

文献目录

1 American Association for the Advancement of Science.(1989). *Science for all Americans.* New York:Oxford University Press.

2 Anderson, R.C.(1988,September 8).Comments submitted to the California State Board of Education at a pubilc hearing in Sacramento, CA.

3 Baker, D.P.(1993).Compared to Japan, the U.S.is a low achiever... really: New evidence and comment on Westbury. *Educational Researcher, 22*(3),18–20.

4 Ball, D.L.(1991).Research on teaching mathematics:Making subject-matter knowledge part of the equation. In J.Brophy (Ed.), *Advances in research on teaching* (Vol. 2,pp.1–48). Greenwich, CT:JAI Press.

5 Bangert, R.L.,Kulik, J.A., & Kulik, C.C.(1983).Individualized systems of instruction in secondary schools. *Review of Educational Research, 53*(2),143–158.

6 Bateman, B.(1992) *Academic child abuse.* Eugene, OR:International Institute for Advocacy for School Children.

7 Begle,E.G., & Geeslin, W.(1972). *Teacher effectiveness in mathematics instruction* (National Longitudinal Study of Mathematical Abilities Reports,

No.28). Washington, D.C.: Mathematical Association of America and National Council of Teachers of Mathematics.

8 Bishop, A.J.(1990). Mathematical power to the people. *Harvard Educational Review*, *60*(3), 357-369.

9 Block, J.H.(1980). Success rate. In C.Denham & A.Lieberman (Eds.), *Time to learn* (pp.95-106). Washington, D.C.: U.S.Department of Education, National Institute of Education.

10 Borg, W.R., & Gall, M.D.(1989). *Educational research*. New York: Longman.

11 Brophy, J.(Ed.).(1991). *Advances in research on teaching*, Volume 2. Greenwich, CT: JAI Press.

12 Buchmann, M.(1986). Role over person: Morality and authenticity in teaching. *Teachers College Record*, *87*(4), 529-543.

13 Bunge, M.(1991). A critical examination of the new sociology of science, Part I. *Philosophy of the Social Sciences*, *21*, 524-560.

14 Callister, T.A.Jr., & Dunne, F.(1992). The computer as doorstop: Technology as disempowerment. *Phi Delta Kappan*, *74*(4), 324-326.

15 Carnine, D.(1993a). *The development of educational tools-for scientific literacy, instructional technology, media, and material* (Research Report). Eugene, OR: National Center to Improve the Tools of Educators, The University of Oregon.

16 Carnine, D.(1993b). *Process for selecting and implementing valid educational approaches*. Eugene, OR: National Center to Improve the Tools of Educators, The University of Oregon.

17 Cherryholmes, C.H.(1992). Notes on pragmatism and scientific realism. *Educational Researcher*, *21*(6), 13-17.

18 Clark, R.E.(1992). Six definitions of media search of a theory. In D.P. Ely & B B.Minor (Eds.), *Educational media and technology yearbook* (Vol.18, pp.65-76). Englewood, CO: Libraries Unlimited.

19 Clark, R.E.(1985). Confounding in educational computing research. *Journal of Educational Computing Research*, *1*(2), 137-147.

20 Clark, R.E.(1983). Reconsidering research on learning from media. *Review of Educational Research*, *53*(4), 445-459.

21 Clark, R.E.(1982). Antagonism between achievement and enjoyment in ATI studies. *Educational Psychologist*, *17*(2), 92-101.

22 Clark, R.E., & Salomon, G.(1986). Media in teaching. In M. Wittrock(Ed.), *Handbook of research on teaching* (3rd ed., pp.464–478). New York: Macmillan.

23 Clifford, G.J.(1973). A history of the impact on research on teaching. In R.M. W.Travers(Ed.), *Second handbook of research on teaching*. Chicago: Rand McNally & Company.

24 Cochran Smith, M.(1991). Word processing and writing in elementary classrooms: A critical review of related literature. *Review of Educational Research*, *61*(1), 107–155.

25 Cohen, D.K., Peterson, P.L, Wilson, W., Ball, D., Putnam, R., Prawat, R., Heaton, R., Remillard, J., & Wiemers, N.(1990). *Effects of state–level reform of elementary school mathematics curriculum on classroom practice* (Research Report 90–14). East Lansing, MI: The National Center for Research on Teacher Education and The Center for the Learning and Teaching of Elementary Subjects, Michigan State University.

26 Columbro, M.N.(1946). Supervision and action research. *Educational Leadership*, *21*, 297–300.

27 Commission on Instructional Technology.(1970). *To improve learning. A report to the President and the Congress of the United States.* Washington, D.C.: Author.

28 Cronbach, L.J., & Snow, R.E.(Eds.).(1977). *Aptitudes and instructional methods.* New York: Irvington/Neiburg.

29 Cronbach, L.J.(1963). Course improvement through evaluation. *Teachers College Record*, *64*(8), 672–683.

30 Cuban, L.(1989). The "at–risk" label and the problem of urban school reform. *Phi Delta Kappan*, *70*(10), 780–784.

31 Cuban, L.(1986). *Teachers and machines: The classroom use of technology since 1920.* New York: Teachers College Press.

32 Engelmann, S., & Carnine, D.(1991). *Theory of instruction: Principles and applications.* Eugene, OR: ADI Press.

33 Feynman, R.P.(1985). *Surely you're joking, Mr. Feynman.* New York: W.W. Norton & Co.

34 Finn, J.D.(1993). *School engagement and students at risk.* Buffalo, NY: State University of New York at Buffalo.

35 Flagg, B.N.(1990).*Formative evaluation for educational technologies.* Hillsdale,NJ: Lawrence Erlbaum Associates.

36 Fulton, K.(1993, Autumn/Winter).Teaching matters:The role of tech–nology in education. *ED–TECH Review*,5–10.

37 Grint,K. & Gill,R. (1995).*The gender–technology relation*.Bristol,PA: Taylor & Francis, Inc.

38 Hannifin, M.J.(1985).Empirical issues in the study of computer–assisted interactive video.*Educational Communications and Technology Journal, 33*(4),235–47.

39 Hasselbring,T.,Sherwood,R.,Bransford,J., Fleenor, K., Griffith, D., & Goin, L. (1987–1988).An evaluation of a level–one instructional videodisc program.*Journal of Educational Technology Systems,16*(2), 151–169.

40 Hativa, N.(1988).Computer–based drill and practice in arithmetic: Widening the gap between high–and low–achieving students.*Ameri–can Educational Research Journal,25*(3),366–397.

41 Heinich, R.(1970).*Technology and the management of instruction.* Washington, D.C.:Association for Educational Communications and Technology.

42 Hodgkinson, H.L.(1957).Action research:A critique.*Journal of Educa–tional Sociology,31*,137–153.

43 Hodson, D.(1988).Toward a philosophically more valid science curriculum. *Science Education,72*(1),19–40.

44 Hofmeister,A.M.(1993).Elitism and reform in school mathematics. *Re–medial and Special Education,14*(6),8–13.

45 Hofmeister, A.M.(1992).Multimedia overview:An educator's perspective. In *Stimulate learning with DVI multimedia* (pp. 4–6).Atlanta, GA: International Business Machines(IBM).

46 Hofmeister, A.M.(1990). Individual differences and the form and func–tion of instruction. *The Journal of Special Education,24*(2),150–159.

47 Hofmeister, A.M.(1989).Teaching problem–solving skills with technology. *Educational Technology,29*(9),26–29.

48 Hofmeister, A.M., & Thorkildsen, R.(1989).Videodisc levels:A case study in hardware obsession. *Journal of Special Education Technology, 10*(2),73–79.

49 Hofmeister, A.M.(1984). *Microcomputer applications in the classroom*. New York: Holt, Rinehart, and Winston.

50 Hofmeister, A.M.(1973). Audio-tutorial programming with exceptional children. *Educational Technology*, *13*(12), 50-52.

51 Hooper, S., & Hannifin, M.J.(1991). Psychological perspectives on emerging instructional technologies: A critical analysis. *Educational Psychologist*. *26*(1), 69-95.

52 House, E.R.(1991). Realism in research. *Educational Researcher*, *20*(6), 2-9, 25.

53 Hughes, M.M.(1955). Iron County teachers study their problems scientifically. *Educational Leadership*, *12*, 489-495.

54 James, R.K., and Francq, E.(1988). Assessing the implementation of a science program. *School Science and Mathematics*, *88*(2), 149-159.

55 Kameenui, E.J.(1993). Diverse learners and the tyranny of time: Don't fix blame; fix the leaky roof. *The Reading Teacher*, *46*(5), 376-383.

56 Komoski, K.(1992, March 18). A testimony given by Kenneth Komoski, Director of the Education Products Information Exchange, to the U.S. Congress Select Committee on Education, Washington, D.C.

57 Kozma, R.B.(1991). Learning with media. *Review of Educational Research*, *61*(2), 179-211.

58 Long, J.L.(1989, November 14). *Judge of the Superior Court. Statement of Decision, No. 361906, Dept.* 14. Sacramento. CA: Superior Court of the State of California, in and for the County of Sacramento.

59 Maddux, C.D.(1989). Logo: Scientific dedication or religious fanaticism in the 1990s? *Educational Technology*, *29*(2), 18-23.

60 Mann, L.(1979). *On the trail of process*. New York: Grune & Stratton.

61 Martin, M.(1979). Connections between philosophy of science and science education. *Studies in Philosophy and Education*, *9*, 329.

62 Multimedia Monitor.(1993). IBM Corporation offers print-on-demand service. *Multimedia Monitor*, *11*(10), 6.

63 National Council of Teachers of Mathematics.(1991). *Professional standards for teaching mathematics*. Reston, VA: Author.

64 Nicholls, J.G.(1989). *The competitive ethos and democratic education*. Cambridge, MA: Harvard University Press.

65 Nicholls, J.G.(1979). Development of perception of own attainment and

causal attributions for success and failure in reading. *Journal of Educational Psychology*, *71*, 94–99.

66 Nicholls, J.G.(1978). The development of the concepts of effort and ability, perception of own attainment, and the understanding that difficult tasks require more ability. *Child Development*, *49*, 800–814.

67 Orleans, J.S.(1952). *The understanding of arithmetic processes and concepts possessed by teachers of arithmetic* (Publication Number 12). New York: Office of Research and Evaluation, Division of Teacher Education, College of the City of New York.

68 Ralph, J., & Dwyer, M.C.(1988). *Making the case: Evidence of program effectiveness in schools and classrooms*. Washington, D.C.: U.S. Department of Education, Office of Educational Research and Improvement and RMC Research.

69 Ross, S.M., & Morrison, G.R.(1990). In search of a happy medium in instructional technology research: Issues concerning external validity, media replications and learner control. *Educational Technology Research and Development*, *37*(1), 19–33.

70 Salomon, G., & Gardner, H.(1986). The computer as educator: Lessons from television research. *Educational Researcher*, 13–19.

71 Schoen, H.L.(1976). Self-paced instruction: How effective has it been in secondary and post-secondary schools? *The Mathematics Teacher*, *69*, 352–357.

72 Sewall, G.(Ed.).(1992). *Social studies review #9*. New York: American Textbook Council.

73 Shulman, L.(1987). Knowledge and teaching: Foundations of the new reform. *Harvard Educational Review*, *57*, 1–22.

74 Shumsky, A.(1956). Cooperation in action research: A rationale. *Journal of Educational Sociology*, *30*, 180–185.

75 Slavin, R.E.(1989). PET and the pendulum: Faddism in education and how to stop it. *Phi Delta Kappan*, *70*(10), 752–758.

76 Snider, W.(1988). "Small changes won't do," says California panel: Cites failure to serve diverse student body. *Education Week*, *7*(37), 1, 12.

77 Strahler, A.N.(1992). *Understanding science: An introduction to concepts and issues*. Buffalo, NY: Prometheus Books.

78 Tetenbaum, T.J., & Mulkeen, T.A.(1984). Logo and the teaching of

problemsolving: A call for a moratorium. *Educational Technology,24*(11),16–19.

79 Thorkildsen, R., & Lowry, W.(1990).*The effects of a videodisc program on mathematics self–concept*. Logan, UT: Utah State University, Center for Persons with Disabilities.

80 Thorkildsen, R.(1986). *Development and testing of videodisc systems for main streaming*. Final Report to U.S.Department of Education, Office of Special Education Programs (Grant No. G008402242).Logan, UT: Utah State University, Center for Persons with Disabilities.

81 Toch,T.(1993). The perfect school. *U.S.News & World Report, 114*(1),46–60.

82 Tyson–Bernstein,H., & Woodward, A.(1991).Nineteenth century policies for twenty–first century practice:The texbook reform dilemma. In P.G.Altbach, G.P.Kelly, H.G.Petrie, & L.Weis(Eds.), *Textbooks in American society* (pp.91–104). Albany, NY:State University of New York Press.

83 Tyson–Bernstein, H.(1988).*A conspiracy of good intentions: America's text book fiasco*. Washington, D.C.:The Council for Basic Education.

84 Vitale, M., & Romance, N.(1992). Using videodisc instruction in an elementary science methods course.*Journal of Research in Science Teaching,29*(9).

85 Westbury, I.(1993).American and Japanese achievement...again:A response to Baker.*Educational Researchers,22*(3),21–25.

86 Wilson, J.(1990).Integrated learning systems:A primer. *Classroom Computer Learning,10*(5),22–23,27–30,34,36.

87 Woodward,J.(1994).Effects of curriculum discourse style on eighth graders' recall and problem solving in earth science. *Elementary School Journal, 94*(3), 299–314.

88 Worthington, R.M.(1963).Action research in vocational education. *American Vocational Journal,38*(1),18–19,38

第八章

评　估

对学生表现的评估，会对美国的各级教育系统（从州议会到课堂）产生极大的影响。因此，有许多人争辩说，这种评估将会阻碍有意义的教学改革，而有人则据理力争说，它对教学改革将起着可能是最重要的催化剂作用。就这两种情况来说，这种评估对教育的影响，是不大可能减弱的。所以，对全国性科学教育改革的任何努力，都必须把对学生表现的评估作为一项重要的目标。

本章探讨了如何重新制定对美国学生表现的评估，以便达到科学教育改革目标的要求，就像“2061计划”中的《科学素养的基准》和《国家科学教育标准》所列举的那些要求的那样。本章分为三部分：第一部分描述了美国当前的这种评估的实际情况；第二部分建议了为实施科学教育改革目标所应进行的一些变革；第三部分探讨了为缩小当前科学评估的实际情况与理想状态之间的差距，到底有哪些可能的做法，并提出一些建议。

读者在阅读本章时，应当记住两条经常为人们所忽视的事实。

第一条，许多人一看到“评估”这个词，就立刻联想到由小组管理的并已经标准化的各种多答案选择测验，但是，评估实际上包含了很广阔范围的各种步骤，其目的是收集学生的一些有关信息，包括学生知道什么、相信什么、能做什么。当前正在制定一些针对学生评估步骤。例如，按照一套编写好的评估文件（许多教育工作者已经使用得很有成效了）来判断学生多方面的表现，而不是根据个别考试的平均分数来评估。各式各样的评估步骤，看来将会日益增多。

第二条，评估有着各种目的，它们可分为两大类，即“校内目的”和“校外目的”。

1．评估的校内目的包括：

(1) 表达希望学生所应学到的最重要的东西；

(2) 向学生和家长提供关于学生学习进步情况的信息；

(3) 帮助学生了解自己的学习情况；

(4) 指出教学的努力方向并改善教学；

(5) 学生的分类及选择。

2．评估的校外目的是指学校以外的，它包括：

(1) 为成绩责任制（accountability system，这是一种美国的教育制度，它是根据学生考试的分数来决定学校基金分配额及教师工资的做法）提供有关情况；

(2) 指导基金和职工培训等方面的政策性决策；

(3) 收集项目评估的信息；

(4) 为人员的资格、证书和雇用等问题筛选和分类人员。

各种评估对美国的教育政策和实践有着长期的重要影响，但是近年来，委托评估的做法已经广为流传，并且其影响越来越大（特别是在州一级）。本章确认这种评估的影响，并对学生的评估工作提供一些建议，这将有助于推动科学、数学和技术教育达到改革目的。

现　状

美国学校教育系统的分散化，使得各种教育系统对学生评估的做法，在校与校、学区与学区、州与州之间存在极大的差别。美国学校尚未普遍实施科学课教育改革，所以，就总体而言，重视对学生评估的各种技巧，是比较理想的符合实现教育改革各种目标的方法。本节简要地回顾了当前对学生评估的实际情况和方针政策，它可以分为四个级别：课堂、学区、州和全国。后三个级别的学生评估工作对于教改有着重大的影响，因为它们对学生和教师的时间分配和社会对学生的数学和科学水平的看法，有着极为重要的影响。

重视对学生评估的各种技巧，是比较理想的符合实现教育改革各种目标的方法

对学校课堂评估

学生的课堂评估，始终对学生的日常学习存在重大的影响。由个别教师所搞出来对个别班级的考试,也可以用于较大范围的学生测验，但不能作为州一级或全国性的标准化考试。有的研究人员认为，与标准化考试相比，这种由个别教师所搞出来的考试，对于衡量学生的思考能力，存在着一定的局限性（Stiggins & Conklin，1992）。首先，由个别教师所搞出来的考试，大半是强调学生的记忆能力，而不是强调学生的思考能力。其次，有证据表明，教师们没有受过有效评估方法的培训，都倾向于采用以往的评估方法，而这种评估方法正是当前需要改革的。例如，在衡量学生的表现、努力和成绩时，应当采用不同的评估方法，但是，教师对这三者往往采用同一种评估方法。再者，由于时间来不及，教师们往往采用教科书末章或教科书出版者所提供的配套评估方法。这类评估方法所提出的只是需要简单回答的各种问题,因此学生所需的只是低水平的思考和对所学知识的回忆(测验、鉴定及教育政策中心,Center for the Study of Testing，Evaluation，and Educational Policy,1992)。在许多较新的科学和数学课程的教科书或教改项目中，包含有许多有价值的研究成果，并能改进课堂评估工作，这就需要教师经过培训和有效地使用这些新的评估方法。

即使教师们经过培训，又有足够的时间和资料可用于改进他们的科学课评估实践，但是如果学生方面存在一些问题，那也会对评估工作产生一定的困难。许多学生，尤其是中学生，对付考试已经有了一套有效的办法，他们不喜欢太费脑筋的考试方式，而新的评估方法正需要他们进行艰苦的脑力劳动，用短文回答问题，或者对无确定答案的问题提出多种可能答案。家长们已习惯于看学生的成绩报告单，其中附有一些信件，可能提出一些并未解释清楚的新方法的问题。

最后，还有供应和技术方面的一些原因，能够说明某种评估方法何以得到广泛流行。标准化的计算机判分考试，其效率很高，费效比也高。这种测验能够提供各种量化结果，所以，校内的教师和学生以及校外的立法者、政策制定者和公众，都容易理解这些结果。有一些问题是实际存在的，并要求教师和其他人花一点时间继续探索的，这些问题如，如何评估小组活动对学生表现的贡献，又如，在进行多日作业时，如何处理学生旷课的问题。

对学区和州的评估

几乎每个州都各有本州的某种评估方式。某些评估方式是专门为本州的科学和数学课程的教学大纲而制定的，也有一些是用课程作业或无确定答案的问题方式来评估学生的水平。但是，也有一些全州或学区的考试内容并不符合科学教育改革的要求。这些考试都要求学生做一些现成的、标准化的、多选择性的考题，而这些考题大都不符合《国家科学教育标准》和《科学素养的基准》的要求，它们不让学生对考题做出自己特有的答案，也不让学生对考题进行自己的分析和综合。选择这些考试时，经常只考虑到数学课的内容和阅读材料，而没有考虑到考试的科学内容，所得出的考试结果也很少能用于改进科学课的教学。

各州的评估特点

类别	州的数量*
包括数学评估	45
4年级(相当于中国小学四年级)考试	33
8年级(相当于中国初中二年级)考试	40
11年级(相当于中国高中二年级)考试	32
用于学校的成绩责任制	30
用于学生的成绩责任制	26
符合本州各种课程标准	23**

* 有45个州有全州的各种评估制度。

** 有21个州正在争取符合《国家科学教育标准》和《科学素养的基准》的要求。

来源：National Education Goals Panel.(1996). *Profile of 1994–1995 state assessment systems and reported results*. Washington，D.C.：Author.

各州和各学区对学生和学校设置了多种分数线。有一些州要求学生从中学毕业时，必须通过该州对中学生设置的评分标准，学区学校也经常用考试来决定学生编入哪一班，或是补习班，或是正常班，或是荣誉班。这些考试所设置的分数线，使得学生处于被动地位，引起他们的反感，而不是让学生发挥他们的智慧和增长他们解决问题的能力。当地的报纸经常公布个别学校的各种平均分数。学校的行政人员和教师为了提高学生的分数，感受到巨大的压力，再也无力考虑学生教育的其他方面。在某些州和学区，资金分配决策是按照学生在标准化考试中所得的分数来决定的，凡是学生分数高的学校，就可得到额外的奖金。如果有一些学区学校的学生的考试分数较差，这种学校就会被该州监管。

已有许多证据表明，这种高分数线考试的设置，已对教学工作带来了不良后果（Darling-Hammond，1995)。这些考试强迫学生和教师注重考试技巧，以至无法注意教育的其他方面。教育中的公平和自由(尤其是进行各种大规模评估时的公平和自由)，始终是人们关心的话题，特别应关心女学生、少数民族学生、残疾学生、以英语为第二语言的学生等类学生的教育。不公平的考试会令人感到特别担心，因为，考试的结果可能用于以下的目的：学生按考试分数分班、教师的提升、人员的雇用、奖金的分配以及奖惩等。

尽管过分强调标准化考试成绩会带来许多不良后果，但是，恰当地运用对学生的评估，仍然是科学课教育改革中的一个非常重要因素。教育界所普遍接受的一种看法是：考什么就应当教什么。所以说，制定得很差的学生评估工作，是教育改革的巨大障碍。与此同时，按照《面向全体美国人的科学》的目标和原理制定的各州和各学区的科学课评估工作，它所产生的效果，将至少在相当大程度上与科学教育改革的远景目标是一致的。

全国性评估和国际性评估

公众相当关注美国教育质量的下降，由于美国学生的以下三种考试成绩较差，人们就更加担忧了。这三种考试成绩分别为：全国教育进步评估（Nationgal Assessment of Education Progress，简称NAEP）考试成绩，它代表美国国内学生成绩；学生成绩国际鉴定（International Evaluation of Achievement，简称IEA）考试成绩；教育进步国际评估（International Assessment of Educational

Progress，简称IAEP）考试成绩。后两种考试成绩是专门用来比较各国学生成绩的。NAEP 考试成绩可以看成是“美国学生的成绩报告单”，因为它定期抽样评估美国学生各科的成绩。

NAEP考试是在1969年开始的，那时美国学生的NAEP数学和科学课的成绩正在下降，直到1980年中期才稍见改善。美国学生的国际性考试成绩以及与其他国家对比的情况，也同样令人沮丧。例如，1994～1995年度IAEP的研究表明，美国8年级(相当于中国的初中二年级)学生的数学成绩在41个国家中排名第28位（Beaton 等人，1996）。根据学生在课堂内外所花的学习时间以及其他情况，更详细的分析进一步表明，美国学生的情况还要糟糕得多。例如，美国所需要的是改进它的课程教材和数学课的教学方法，而不是在课堂上多花时间。最近对各国和美国个别州所做的对比表明，只采用全美国平均分数来作对比，有将复杂的问题看得过于简单化之嫌。例如，美国有许多州的学生平均数学成绩并不比世界上教育先进的国家差（全国科学基金会，1996）。

美国公众在看到各国学生成绩之后，对美国的教育质量感到极为愤怒，此外，总统在他的“2000年目标”的美国教育计划中，要求美国学生的科学和数学课成绩到2000年时要达到世界第一，这样一来，就会导致近期的考试分数线要设置得更高一些。IEA制定了一项1999年评估计划，这将导致学校的行政人员和教师更加注重提高考试分数。过去对全国学生各科成绩的要求，已渐渐失去号召力，全国教育目标小组已经对各州学生的数学和阅读能力的表现实行监督，近年发布了年度报告，核查学生为达到2000年目标所表现的学习进步程度（全国教育目标小组，1996）。

再者，尽管高分数线的标准化考试有着种种的局限性和潜在的不良后果，但是，国家所制定的关于科学和数学课的教改目标，还是反映了《国家科学教育标准》和《科学素养的基准》的要求，并会对美国学校讲授这些课程时，起着巨大的和正面的影响。《国家科学教育标准》和《科学素养的基准》都号召课程要少而精，并要加强学生对课程的理解深度。但是，这两套标准在内容、语气、风格、对各年级的水平要求等方面，仍然存在着差别，这种差别正好提出了一个问题，那就是如何通过共同努力，以共同的评估方法来实现改进科学课的教学水平。

所需的变革

对学生评估的某些重要方面，有必要进行改革，以便达到诸如“2061计划”之类所描绘的教育改革远景。这些重要方面包括：评估的原理与实践；评估与教学；教师在评估工作中的准备工作；以及校外评估。

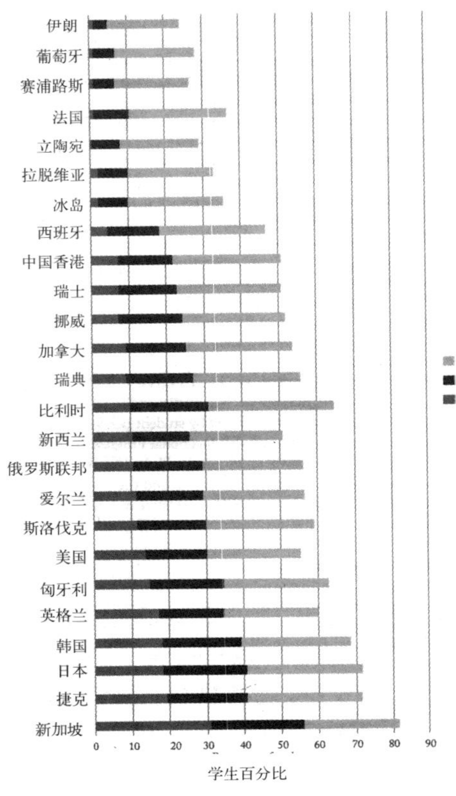

8年级学生科学课成绩的得分水平

来源：Beaton et al.(1996) *Science achievement in the middle school years: IEA's third international mathematics and science study*. Chestnut Hill, MA: Boston College.

评估的原理与实践

科学教育所面临的最大挑战，恐怕要算如何传播《面向全体美国人的科学》中所概述的科学教育改革和科学水平的目标。教师、教育系统的行政人员、当地教育委员会的成员和各州教育部门的官员，正在共同努力，以制定能够反映出“2061计划”中的《面向全体美国人的科学》和《科学素养的基准》，以及国家研究委员会的《国家科学教育标准》等文件精神的科学课程教学框架（Blank & Pechman, 1995）。要想把各州的教学框架转变为学区政策和课堂实践，是需要通过巨大的努力的，不断宣传和推进科学课教育改革的目标。如果教育改革工作者希望造成广泛的和巨大的影响，他们就需要影响和支持州一级的教改工作，通过课程的教学大纲和相关的评估工作来实现科学课学习的目标：

1．州的各种教学框架 截至1996年下半年，共有45个州已制定了科学课和数学课的教学框架。有许多教学框架显然受到《面向全体美国人的科学》、《科学素养的基准》以及《国家科学教育标准》等文件所要求的课程内容的影响。州一级今后还需要做更多的工作，以便支持和鼓励各学区保证以公平和恰当的方法提高科学课教学。

2．州的各种评估工作 由于学校一直采用“考什么就应当教什么”的方针，科学课教育改革工作者能够对全州学生的科学课和数学课考试起着重要影响。州一级的正常评估内容已包括了科学课程内容，所以应当在进行评估时注意反映出学生对科学课内容的推理能力、探索能力和概念理解能力。

> **在评估所有学生时，首先要保证评估的公平性**

在评估所有学生时，首先要保证评估的公平性。各学校和各学区所采用的许多标准化评估方法，并没有提供足够多的评估技术来真实体现学生的科学和数学能力。最糟糕的是，这些评估甚至被用作学生按成绩分班的依据，而且，由于采用了这些不合理的评估制度，某些学生仅仅因为考试成绩不佳，便完全被取消了上科学课和数学课的资格。人们在检查各种评估方法时，需要偏重语言和课程内容，人们还要认识到，目前的评估方法对于所有的学生来说并不是完全公平的，因为并没有给他们以同等的学习机会（Fair Test,1991）。科学课的教育工作者，应当支持对这个问题的研究，在各州制定新的评估方法时，他们应当把这个问题放在优先考虑位置，努力去影响这些评估方法的制定工作。

目前有许多州，每年要考查每个学生好几次［典型的例子是 4 年级(相当于中国的小学四年级)、8 年级(相当于中国的初中二年级)、以及 11 年级(相当于中国的高中二年级)或 12 年级(相当于中国的高中三年级]，这是成绩责任制的一部分制度所规定的工作。有人坚持认为，这类广泛流行的考试花费不多，也容易量化评定分数。但也有人认为，通过反复考试来反映学生的科学水平，就意味着要多花钱，而且，如果想使这类以考学生为中心的评估方法更可靠一些，也需要对它做进一步的研究。这两种意见，实际上反映了一种直接冲突，即当前实行的成绩责任制的需要与科学教育改革者的利益之间的矛盾。在本章的《建议》部分中，叙述了克服这种矛盾的某些可能性。

在制定任何评估方法时，有必要明确指出以下几种因素：所需数据的类型（如：学生的成绩、态度、表现等）；如何收集数据；什么人将使用这些数据；这些数据的用途。科学教育改革者如果能想到评估工作具有校内和校外两重目的，那么，他就能影响政策制定者，使后者也能想到以上几种因素。例如，如果采用对学生科学课成绩进行评估的方法，以监督该州实施课程教学大纲的效果，可能并不需要对该州的每一个学生进行考试。如果采用观察和采访之类的取样方法和深入研究方法，同样有可能减少单单依靠高分数线考试的重要性，以及同样有可能减少这类考试对教学的影响。

对于其校内目的来说，各种评估方法有可能转变其性质，从作为一种强迫学生学习的工具，变成鼓励学生学习和推理的工具、检验教学样板质量的工具、长期观察学生行为的工具、支持学生发展对自己学习质量的判断能力的工具。这些性质有可能使教学与评估之间的界线变得模糊不清，但是它们能反映出《面向全体美国人的科学》中所要求实现的提高学生科学水平的多种目的。

要想改变评估的原理和实践，可能存在一些障碍，但也有克服这些障碍的方法。教师需要懂得如何制定和使用新的评估方法。学生也需要不仅习惯于各种新的评估思想，还要懂得如何评估他们自己学习科学的能力。如果教师觉得新的评估方法很好，学生大概也会有同样的想法。

政策制定者、行政人员和选民有可能拒绝接受那些看来很“软”的和非量化的评估方法。这类评估方法看起来可能不像真正的考试，因为上述这些人一向习惯于传统的多选择答案和简短回答的考试方式。应当对这些怀疑论者多做思想工作，让他们认识到，新的评估方法本来就是“软”的，可以在更高的层次上去衡量学生的思考技巧。政策制定者和传媒尽力宣传的正是这种技巧，在当今这个日益技术化的世界里，美国人只有掌握了这种技巧，才能生活得更健康，更多出成果。与此同时，商业界的领袖们认为，明天的工人应当是一名能够灵活思考的人，在工作岗位上要能跟得上技术的迅速变化。

科学教育改革者应当强调，高层次的思考技巧，是无法用机械判分或多答案选择的考试形式来衡量的。实际上，这两种考试形式只会阻碍高层次思考技巧的发展。看清了新评估方法的特点，科学课教育工作者就可以找到政治上的同盟者，否则，他们只会找到反对者。

评估与教学

目前，《面向全体美国人的科学》和《科学素养的基准》中的内容，尚未包括评估工作和学生考试。“2061计划”要求教师避免口头提问，因为教师本可以较好地制定较灵活的评估方法，用来衡量学生是否达到应有的科学水平。但是，教师很少有时间制定科学课的各种评估方法，特别是没有时间安排有效和可靠的评估活动。虽然这样并不完全符合“2061计划”和《科学素养的基准》的要求，但是，如果有一套评估的准则，并附有详细的评估实例，那还是有助于实现课堂教学改革的目标。这种指导性的评估准则，将对课堂教学评估起着重要的作用，并将教育改革推向一个更深的层次。

美国的考试，尤其是州一级和学区一级的考试，仍然依靠大量的简短回答问题的老方法，这种方法只能反映学生的直接反应能力，而不能反映学生的思考能力。教师和学生所采用的科学课评估方法，可以有多种形式和方法，可用于发现教学问题之所在，用于计划教学，用于反映教学进度，用于改进学习活动，以及用于监督学生的学习态度。

用于衡量科学知识和科学推理能力的新评估方法，有可能大大提高学生高层次的思考技巧。与现有的方法相比，新的评估方法更为公平，它可以适用于更大范围的学生，可以衡量出他们在科学方面的能力和技巧。与传统的考试方法相比，新的评估方法除了使用笔和纸以外，还使用其他工具和设备，因此它的效果更为真实和有用。它不是鼓励学生加强记忆，而是鼓励学生发挥创造力和提高表达能力。

良好的课堂评估的一些特点

1.它能衡量学习表现；

2.它将学生与学习目标紧密相连；

3.它能通过课程学习获得知识；

4.它适应不同的发展水平和智力水平；

5.它说明某项任务所应具备的前期知识，或者提供进行评估前的各种活动，使学生熟悉其内容；

6.它给学生和教师以多种选择性，任务可由个人或集体来完成；

7.它可以让学生以最佳的方法来完成任务；

8.它能贯彻始终地评估各种任务。

改编自：Lawrence Hall of Science. (1994). *Authentic assessment tools & shining examples*. Berkeley，C.A.：Author.

在大多数美国学生和教师心目中，还是认为考试和学习是不同的事。美国学校（特别是中学）的典型学习进程是：阅读课文；听讲；也许安排一点实验；然后在星期五安排周末考试。这种学习进程，就是在高等院校也没有什么不同。科学课程的教学和评估相伴而行，它们是通过观察和检查学生在各种活动中的表现来进行的，这些活动包括：解决问题、进行实验、按照某些准则来评估个人和集体、并使用一套文件来反映学生通过一段时间的活动后所取得的知识进展。在所有这些活动中，学生可以挑选用来评估他们工作的一些准则，挑选有哪些项目需要进行评估，然后提高他们的表现。

为了改变这种现状，本章所提出的建议，应当与本书第九章《教师培训》和第十章《高等教育》中的各种建议一起实施，以便使教师经过培训后，能够掌握各种经过改进的评估方法。改进教师的准备工作和提高教师的教学能力，是需要经过长时间努力的，所以，教育工作者也应重新考虑他们怎样才能评估学生在科学课程中的表现。

教师在评估中的准备工作

目前，教师仍然依靠传统的简短回答的考试方法，其中有三条重要的原因。第一，由于现在实行的是成绩责任制，他们对采用新的评估方式感到有些心中无数，因为不知道学校的行政人员和大多数公众是否会接受这种新方式。(这使我们想到可能会出现这样的情况：即使教师已经懂得怎样使用新评估方式，他们也不见得使用它，除非得到学校行政人员的批准。)第二，有许多教师至今还不知道如何在课堂使用一些新评估方式。第三，新评估方式还需要更多的时间去研究，然后才能取代传统的考试方式。由此看来，非常有必要宣传这些新评估方式所能起的作用，并培训教师和学校行政人员去使用它们。

为了要达到实行新评估方式的目的，中小学、大专院校和科学教育的领导者应当密切合作。为了减轻教师们担心新评估方式不能满足成绩责任制的畏惧心理，应当鼓励他们按照本州和本学区的科学和数学课程的教学框架行事。各州如果已经按照《科学素养的基准》以及《国家科学教育标准》的要求制定了科学和数学课的教学框架，就有必要重新考虑全州所实行的评估方法，并对于那些希望按照科学素养目标进行教学的教师，给予更多的支持。

教师的准备工作和学校行政人员的研究工作，可以注重将评估工作与科学课的教学工作结合起来。在过去，教师曾有忽视评估工作的倾向，或将评估视作一个独立的部分，今后则应将评估工作与教学和教材很好地结合起来。教师应当像分析他们的课程内容那样来分析目前的各种评估工作，检查一下后者在多大程度上符合《科学素养的基准》和《国家科学教育标准》的要求。科学课程的教师在进行这种分析之后，就有可能把所取得的经验很好地融合到课堂教学之中。

校外评估

科学教育改革者如果采用全国性、本学区或本州的无确定答案的考题和能够体现学生表现的其他作业，也能使教学工作取得长足的进步。但是，他们如果采用标准化的多答案选择考题的方式来衡量学生的表现，那么，就不大可能改进评估方法。某些州已经认识到这个问题，已经把一些考题出版商、负责本州教育的官员、教改团体和学校成员召集到一起，共同协商如何创建新的评估形式。有一些州是按照《科学素养的基准》和《国家科学教育标准》的目标来制定本州的教学框架，其他州也应按此目标来制定新的评估方式。

密歇根州教育评估计划

多重评估作业已包括在全州评估计划之内

1．多答案选择项目。本项目包括对科学知识的“使用”、“构筑(constructing)”和“反映”。

2．成组问题（cluster problems)。使用文字、图画和图表来描绘现实世界，接着提出5～6个问题，其中一个是对“构筑”的反应能力。本项目包括对科学知识的“使用”、“构筑”和“反映”。

3．文章评论。提供一段从通俗书籍或贸易书籍中摘出的有关科学的短文，接着提出5～6个问题。本项目包括科学知识的“使用”、“构筑”和“反映”。

4．调查研究。在考试前，学生进行为期数周的调查研究。在考试中，学生需要完成以调查研究为基础的5～6个项目，包括科学知识的“使用”、“构筑”和“反映”。

来源：Michigan Department of Education.(1994). *Assessment frameworks for the Michigan high school proficiency test in science*. Lansing, MI: Author.

要想摒弃机器评分考试，其最大障碍可能是因为它的效率高和费效比高。如果要对全州好几个年级学生的无确切答案的考题进行判分，所要花费的时间和功夫之多，那简直是不可想像。由于评估的变化需要反映出《国家科学教育标准》所要求的教育改革目标，各州应当重新考虑如何使用它们的各种评估方法。各州应当认真地考虑取样的思想，监督学生学习的进展，以及制定各学区对学生毕业的各种要求。认识和讨论这些问题，是极为重要的，与此同时，找出切实可行的解决办法，也是同等重要的。

为改进评估工作所提出的建议

上一节介绍了为实施科学课教育改革所需的各种评估方法的改革。这一节则要叙述理想的学生评估方法的各种特点，并推荐能走向这种理想状态的几个步骤。

评估与科学课内容

最理想的状态是，各种评估活动的内容应当反映出《科学素养的基准》和《国家科学教育标准》的目标要求。各州和各学区在制定科学和数学课的教学大纲时，应当围绕上述这两个文件的要求进行，同时，各项评估工作也应与这些教学大纲紧密相连。

(1) 教育工作者在制定各种评估方法时，应当参考《科学素养的基准》和《国家科学教育标准》，但决不能生搬硬套这两个文件。学生如果只能背诵《科学素养的基准》的词句，并不意味他的科学水平有了提高，如果他能真正懂得这个文件的精神，那么他们就会真正得到提高。

(2) 如果能将这两个文件看作是所有级别的成绩责任制的明确准则，那么，这两个文件与评估实践之间的联系就会得到进一步加强。凡是按照《科学素养的基准》目标要求制定的科学课评估方法，它就能帮助家长、立法者、教育工作者和对此有兴趣的纳税人，看清各校、各学区或各州学生科学素养的真正水平。

评估的原理

凡是用于科学课的评估项目，应当经常测试学生对各种系统、各种模型、各种变化模式、事物的进展和规模等等的熟悉程度和复杂程度的认识。这些评估项目也要注意学生的心理习惯，如好奇心、敢于接受新事物、对事物能提出质疑等，这些都在“2061计划”中有所叙述。这是把重点放在事物的主题上，而不是放在支离破碎的信息上，把重点放在学生的心理习惯上，而不是放在学生的记忆能力上，这也就是说，各种评估方法应当强调学生的反应思考能力，而不是强调他们的本能反应能力。

(1) 应当认识到，教育改革是一个需要时间并且不断取得进展的过程， 一旦出现新的思想，评估工作就应该能灵活地做出反应，并且要易于修改。

教师应当提出他们所期望达到的目标（这已包含在按照《科学素养的基准》和《国家科学教育标准》制定的各种教学框架中），然后才能放手地研究自己的教学方法和评估方式。这样就可以灵活地制定科学课程内容和评估方法，可以做到各授课教师之间的密切合作，可以使各种课程和评估方法更好地为个别学生服务。

(2) 各州可以不必对每一名学生进行考试，就能达到成绩责任制的要求。

有一个重要的原则问题，那就是，按照各州的成绩责任制的要求，需要每年对K–12年级的每个学生考试好几次，这样会对数学和科学课的课堂教学产生一定的负面影响，我们不禁要问，这样的要求究竟是否合理？各州应当考虑采用类似于NAEP的取样法，以便更深入和更综合地反映出学生的科学水平。取样法可以评估学生作业的表现，并可以收集会影响学生学习机会的那些重要因素的数据，这些重要因素如：各种科学活动的类型、课程的类型、各种评估方法的类型以及学生对待科学的态度等等。凡是能够进行深入调查研究的各种评估制度，将会比那种花费不多的学生考试方法更有成效。

评估的各种战略

评估的各种战略与活动，应当能被教师在讲授科学课的每一单元所使用。对于这种课程单元以及其相应的评估方法，应当采用符合《科学素养的基准》和《国家科学教育标准》要求的那种具有实效、综合性和标准化的程序来进行分析①。

注：①“2061计划”已制定了一种程序，可用于分析科学课的教材能够在多大程度上符合《科学素养的基准》和《国家科学教育标准》的要求，并可用于培训教师和其他人对教材进行分析。已经有一小部分科学课教材由此程序分析过了，目前正在对更多的教材进行分析，安排更多的受训人员来进行这种分析，并且正在制定能够分析各种评估活动的程序。

(1) 教师和学生应当使用各式各样的评估技巧，并要求学生使用更高层次的思维技巧。

(2) 除了那些编写得较好的多答案选择性项目之外，评估方式还应包括：无确定答案项目、文章、计划、文件选、展览或表演以及能测验出学生回答问题和提出论点的能力（不是要学生简单地回忆数据或从几种选择中挑出答案）的其他评估战略。

(3) 科学评估应当能够消除课堂教学与现实生活之间的严格界线。例如，一组学生在池塘、湖泊或耕地附近工作数天或数周后，有可能从水样或土样中查出污染的原因。经过调查研究之后，他们有可能对如何治理这种污染提出自己的建议。

(4) 对于科学现象，学生应经常多问几个“为什么”，而不能简单地回答“正确”或“错误”来解决问题。应当评估学生以下几方面的能力，包括：是否能准确地进行测量；是否能用数学和数据分析来解决实际问题；在设计实验和解决数学或科学问题时，是否具有创造性；探索问题时，在方法和质量上是否足够严格。

评估与学习

从事各项科学评估活动时，也是学习的很好机会。教师和学生应该共同制定各种能够很好结合课程的评估方法，不要把时间都花费在回忆事实的考试上。

(1) 应当衡量学生对科学和世界本质的理解程度，而不是测验他们机械刻板地引用事实的能力。

(2) 学生应当参与制定评估方法及其评分方法，以提高他们对学习的责任心和主动性，并及时表现在他们的学习过程中。

例如，在9年级(相当于中国的初中三年级)的一节生物课上，教师可能给学生读一段报纸文章，所说的事是最近的科学研究成果。教师应当根据学生的以下表现来进行评分：能否找出研究成果中所存在的缺陷？能否提出有创造性的建议，使它的逻辑更严格一点？是否能对报纸文章或其他信息资源抱有一种质疑的心态？

恰当公平的评估

各种评估方法对于所有的学生来说，都应当是恰当的和公平的。

各种评估方法都是用来提高评估的公平性，保证美国所有的在校学生都有学习科学的同等机会，应该强调学生在学习中的进步，而不是注意他们在考试中的失败（Malcom，1991）。

(1) 应当让学生参与讨论学习的好与坏的各种标准，并在评估过程中始终贯彻这些标准。

(2) 学生与教师都应认识到，通向成功之路远不止一条。这种观点与评估的公平性的目的是一致的，评估是用来帮助学生培养科学思考习惯的，而不是用来使学生只会滚瓜烂熟地回答问题。

教师的准备工作

授课前的准备工作，是要使未来的科学课教师掌握各种评估技巧。所有的教师都应很好地准备，懂得使用各种不同的有效方法来判断学生的表现，并发展出各种有效的方法来消除考试和教学的严格界限。

各州和各学区的教育政策虽然强调评估形式，但是，教师却应区分以下两种评估方法的不同之处，一是符合本州和本学区成绩责任制的评估方法，另一是实际教学中所采用的更丰富和更全面的科学课评估方法。

校外的评估

学区、州、国家级别的考试，应当符合《科学素养的基准》和《国家科学教育标准》的要求。考虑到这两个文件的要求，以及时间有限和采用取样法，这些考试中也可采用多答案选择的形式。但是，这些考试中也应包括类似于校内评估的那种作业（无确切答案的问题、文章以及表现学生能力的作业等）。应当采用学生所熟悉的考试形式，以免损害由考试结果所推断出的结论的真实性。

(1) 应当大大减少目前每个学生参加校外考试的时间。应该把时间和资源都用来帮助各学区和教师们，使他们能够识别、分析和制定与他们的科学课程紧密相连的各种评估方法，这些方法能为学生提供各种直接学习的机会。

(2) 校外考试应该向校外公众提供一些信息，可供制定成绩责任制、计划、评估以及未来政策时参考之用。但不能用于对个别学生、个别教师或个别学校做出任何决定。

评估的各种标准

用于校内和校外目的的各种评估技巧，应该符合在真实性、可靠性、可行性和公平性等方面都可接受的各项标准。国家研究委员会所制定的《国家科学教育标准》(1996) 中，包括了一整套评估科学课教育的标准，全国数学教师委员会也出版了《学校数学课评估标准》。这两个文件中所提出的各种标准，可以作为开展评估工作的一个很好的起点，这些标准涉及到所有级别（课堂、学区、州、国家）的科学课评估准则。此外，美国教育研究协会（American Educational Research Association)、美国心理学会（American Psychological Association)、衡量教育质量全国委员会(National Coudil for Measurement in Education) 都制定了一些考试标准，还有一些书籍和杂志专门谈到考试的质量问题。

(1) 科学课的各项评估工作，应当严格符合由这些全国性组织所批准的文件的规定。

(2) 科学课教师应当经过培训，以便他们能够识别和制定各种可靠的和真实的评估方法，使评估活动能够达到预期的目的。

参考书目

1 American Association for the Advancement of Science. (1993). *Benchmarks for science literacy*. New York: Oxford University Press.

2 American Association for the Advancement of Science. (1989). *Science for all Americans*. New York: Oxford University Press.

3 Beaton, A.F., & Martin, M.O., Mullis, I.V.S., Gonzalez, E. J., Smith, T.A., and Kelly, D.L.(1996). *Science achievement in the middle school years: IEA's third international mathematics and science study*. Chestnut Hill, MA: Boston College.

4 Blank, R. K., & Pechman, E. M. (1995). *State curriculum frameworks in mathematics and science: How are they changing across the states ?* Washington, D. C.: Council of Chief State School Officers.

5 Center for the Study of Testing, Evaluation, and Educational Policy. (1992). *The influence of testing on teaching math and science in grades 4–12*. Boston, MA: Author.

6 Darling–Hammond, L. (1995). Equity issues in performance–based assessment. In M.T. Nettles & A. L. Nettles (Eds.), *Equity and excellence in educational testing and assessment* (pp.89–114).Boston, MA; Kluwer Academic.

7 Fair Test. (1991). *Statement on proposals for a national test*. Cambridge, MA: National Center for Fair & Open Testing.

8 Malcom, S.M. (1991). Equity and excellence through authentic assessment. In G. Kulm & S. M. Malcom (Eds.), *Science assessment in the service of reform*.Washington, D.C.: American Association for the Advancement of Science Press.(Now published by Lawrence Erlbaum).

9 National Council of Teachers of Mathematics. (1995).*Assessment standards for school mathematics*. Reston, VA:Author.

10 National Educational Goals Panel. (1996). *Profile of 1994–1995 state assessment systems and reported results*. Washington, D.C.: Author.

11 National Research Council. (1996). *National science education standards*. Washington, D.C.:National Academy Press.

12 National Science Foundation. (1996). *The learning curve*. Washington, D. C.:Author.

13 Resnick, L. B., & Resnick D.P.(1989). *Tests as standards of achievement in schools. The uses of standardized tests in American education*. Princeton, NJ: Educational Testing Service.

14 Stiggins, R.J., & Conklin, N. F.(1992). *In teachers' hands: Investigating the practices of classroom assessment*. Albany, NY: State University of New York Press.

文献目录

1 Baker, E.L., and Webb, N. (1993, April). *Implications of collaboration on the measurement of student achievement*. Paper presented at the annual meeting of the American Educational Research Association, Atlanta, GA.

2 Baron, J.B.(1991). Performance assessment: Blurring the edges of assessment, curriculum, and instruction. In G. Kulm and S.M. Malcom (Eds.), *Science assessment in the service of reform*. Washington, D. C.: American Association for the Advancement of Science. (Now published by Lawrence Erlbaum).

3 Back, P.(1993, April). *Performance assessment and accountability: The experience in England and Wales*. Address to the annual meeting of the American Educational Research Association, Atlanta, GA.

4 Blank, R. and Dalkilic, M.(1992). *State policies on science and mathematics education*. Washington, D.C.: Council of Chief State School Officers.

5 Carter, K.(1984). Do teachers understand the principles of writing tests? *Journal of Teacher Education, 35*, 57–60.

6 Council of Chief State School Officers. (1993). *State student assessment program database, 1992–1993*. Washington, D.C.: Author.

7 Darling–Hammond, L., and Lieberman, A. (1992, January 29). The shortcomings of standardized tests. *The Chronicle of Higher Education*, B1–B2.

8 Davis, A.& Armstrong, J.(1991). State initiatives in assessing science education. In G. Kulm and S.M. Malcom (Eds.) *Science assessment in the service of reform*. Washington, D.C.: American Association for the Advancement of Science. (Now published by Lawrence Erlbaum).

9 Dorr–Bremme, D.W., and Herman, J.L.(1986). *Assessing student achievement: A profile of classroom practices*. Los Angeles, CA: Center for the Study of Evaluation, University of California, Los Angeles.

10 Educational Testing Service. (1990, August). Testing in the schools. *ETS Policy Notes, 2*(3).

11 Educational Testing Service. (1990, Summer). Growth through school. *ETS Policy Notes, 5*(3).

12 Educational Testing Service. (1990). *The education reform decade*. Princeton, NJ: Author.

13 FairTest(1991). *Statement on proposals for a national test*. Cambridge. MA: National Center for Fair & Open Testing.

14 Fleming, M. & Chambers, B. (1983). Teacher–made tests: Windows on the classroom. In W.E. Hathaway (Ed.), *Testing in the schools: New directions for testing and measurement*. San Francisco, CA: Jossey–Bass.

15 Gong, B., LaHart, C., & Courtney, R.(1991). *Current state science assessments: Is nothing better than something?* Princeton, NJ: Educational Testing Service.

16 Gullickson, A. R & Ellwein, M.C. (1985).Post hoc analysis of teacher-made tests: The goodness-of-fit between prescription and practice . *Educational Measurement: Issues and Practice, 4,* 15-18.

17 Haertel, E., et al. (1984, April). *Testing in secondary schools: Student perceptions.* Paper presented at the annual meeting of the American Educational Research Association, New Orleans, LA.

18 Harmon, M.(1991). Fairness in testing: Are science education assessments biased?In G.Kulm and S.M.Malcom (Eds.), *Science assessment in the service of reform.* Washington, D.C.: American Association for the Advancement of Science.(Now published by Lawrence Erlbaum).

19 Hein, G.E.(1990). *The assessment of hands-on elementary science programs.* Grand Forks, ND: University of North Dakota Press.

20 Hein, G. E. & Price, S.(1994). *Active assessment for active science: A guide for elementary school teachers.* Portsmouth, NH:Heinemann.

21 Interview on assessment issues with Lorrie Shephard.(1991, March). Research News and Comment, *Educational Researcher*, 20,21-23,27.

22 Kulm, G.(1994). *Mathematics assessment: What works in the classroom.* San Francisco, CA:Jossey-Bass.

23 Kulm, G. & Malcom, S.M. (Eds.) (1991). *Science assessment in the service of reform.* Washington, D. C.: American Association for the Advancement of Science.
(Now published by Lawrence Erlbaum).

24 Kulm, G.(Ed.) (1990). *Assessing higher order thinking in mathematics.* Washington, D.C.: American Association for the Advancement of Science. (Now published by Lawrence Erlbaum).

25 Lebert, K. (1991). Math: The tool we use to study science. In G. Kulm and S.M. Malcom (Eds.), *Science assessment in the service of reform.* Washington, D.C.: American Association for the Advancement of Science. (Now published by Lawrence Erlbaum).

26 Linn, R.L.(1993).Educational assessment: Expanded expectations and challenges. *Educational Evaluation and Policy Analysis*, 15,1-16.

27 Linn, R.L., & Baker, E.L.(1992,Fall). Portfolios and accountability. *The CRESST Line*, 1, 8-9.

28 Madaus, G.F.,et al. (1992). *The influence of testing on teaching math and science in grades 4-12.* Boston, MA: Boston College.

29 Madaus, G.F.(1988).The influence of testing on the curriculum. In L.N. Tanner (Ed.), *Critical issues in curriculum, 87th yearbook of the National Society for the Study of Education.* Chicago, IL: University of Chicago Press.

30 Malcom, S.M.(1991).Equity and excellence through authentic science assessment. In Kulm, G. & S.M. Malcom (Eds.)(1990). *Assessing higher order thinking in mathematics.* Washington, D. C.: American Association for the Advancement of Science. (Now published by Lawrence Erlbaum).

31 Mathematical Sciences Education Board. (1993). *Measuring up: Prototypes for mathematics assessment.* Washington, D.C.: National Academy Press.

32 Mathematical Sciences Education Board. (1993). *Measuring what counts: A conceptual guide for mathematics assessment.* Washington, D.C.: National Academy Press.

33 McColsky, W. & O'Sullivan, R.(1993).*How to assess student performance in science.* Greensboro, NC: Southeast Regional Vision for Education.

34 Messick, S.(1989). Validity. In R.L. Linn (Ed.), *Educational measurement* (3rd ed.).New York: Macmillan.

35 National Assessment of Educational Progress. (1987). *Learning by doing: A manual for teaching and assessing higher-order thinking in science and mathematics.* Princeton, NJ:Educational Testing Service.

36 National Commission on Testing and Public Policy. (1990). *From gatekeeper to gateway: Transforming testing in America.* Chestnut Hill, MA: Boston College.

37 Resnick, L.B. & Resnick, D.P. (1989). Tests as standards of achievement in schools. *The uses of standardized tests in American education. Princeton,* NJ: Educational Testing Service.

38 Rezba, R.J., Sprague, C., Fiel, R.L. & Funk, H.J. (1995). *Learning and assessing science process skills, Third Edition.* Dubuque, IA: Kendall/Hunt Publishing Company.

39 Rothman, R.(1995). *Measuring up: Standards, assessment, and school reform.* San Francisco, CA: Jossey-Bass.

40 Spauling, S.(1989). Comparing educational phenomena: Promises, prospects,

and perils. In A.C. Purves(Ed.), *International comparisons and educational reform*. Alexandria, VA: Association for Supervision and Curriculum Development.

41 Stetz, F. & Beck, M.(1979, April). *Comments from the classroom: Teacher's and students' opinions of achievement tests.* Paper presented at the annual meeting of the American Educational Research Association, San Francisco, CA.

42 Stiggins, R. J. & Conklin, N. F.(1992). *In teachers' hands: Investigating the practices of classroom assessment.* Albany, NY: State University of New York Press.

43 U.S.Department of Education. (1991). *America* 2000: *An education strategy* Washington, D.C.: Author.

44 Walker, R. (1992, February). *The philosophy of the Illinois goal assessment program in science*. Paper presented at the annual meeting of the American Association for the Advancement of Science, Chicago, IL.

45 Welch, W. & Anderson, R. (1993, April). *The performance of performance testing in a large-scale assessment of computer education*. Paper presented at the annual meeting of the American Educational Research Association, Atlanta, GA.

46 Welch, W.W.(1995). Student assessment and curriculum evaluation. In B.J.Fraser &, H.J. Walberg (Eds.), *Improving science education: What do we know?* Chicago, IL: National Society for the Study of Education.

47 Wolf, D., et al. (1991). To use their minds well: Investigating new forms of student assessment. *Review of Research in Education, 17,* 31-74

第三部分

支撑体系

立方体I［戴维·史密斯（David Smith）的雕塑作品，1963年］

引 言

学校的状况反映着当地的社会状况。对于邻近的各个学校和全美国的教育系统来说，这种说法都是千真万确的。实际上，可以把教育看作是社会—政治—经济大系统的一个子系统。在本书中，我们将环顾教育系统周围的各个系统的情况。这一部分共有四章，将要调查家庭和社区、工商界、高等教育以及教师培训等在K−12年级科学与数学课教育中所起的作用。

家庭、社区、企业和大学，都能在支撑K−12年级的教育中起到重要作用，当然，他们所能起的作用还远不止这一个方面。在教育企业（译注：指学校）的形成过程中，他们也会起到重要作用。他们竭力要求学校能够制定出他们所喜欢的政策，并希望学校能够放弃他们所不喜欢的政策，他们还在资金限制和其他限制方面插上一手，希望学校能遵照执行。在美国，家长和各个社区的心态各异，存在着极大的差别，因此，事情就变得更复杂了。此外，他们还希望控制教育企业的政策、资金和运作。由于教育系统是社会的一个子系统，看来有必要探索它与社会大系统之间的关系和相互作用。

这一部分的前两章，本可以写成一章。从表面上看，《高等教育》这一章，似乎可以归入《教师培训》。但是，并非全部的教师培训工作都由高校或教授承办。“2061计划”中有一份单独的报告，强调了教师培训工作在教育改革中的重要性。“2061计划”还要求特别重视高等院校对K−12年级教育的影响。可能有的读者会要求作者在构思上重新组织这几章的构架。

从直接影响个别学校系统的教育政策和教育实践方面来看，教师接受培训和接受高等教育的重要性，可以和家庭、社区及企业的影响的重要性相提并论。但是，高等院校与中小学校所结成的这样或那样的伙伴关系，并非大量存在，也常常不能持之以恒。一般来说，高等教育对学校 K－12 年级的教学的影响，几乎都是间接的。例如，高等院校接受中学毕业生入学的条件，并非只针对附近的中学，而是面对所有的中学，各学区可以雇用持有各州颁发的资格证书的任何教师，而不管他们是在何处接受教育和培训的。这种间接的影响很大〔各地的中学都重视参加长春藤联合会（Ivy League）的名牌大学的入学标准〕，也很有活力（各州立大学及其周围的各学区有着牢固的关系）。最后，应当仔细研究社区学院和传统的黑人大学的重要作用，不仅要研究它们是如何满足大专学生数量日益增多的要求，还要研究它们作为教育改革的伙伴，是如何满足对科学和数学课师资力量各式各样的要求的。

这一部分的第十一章和第十二章，讨论了对于某些特定学校或学校系统的政策、预算和实际情况感兴趣的一部分人和小组，包括：

1．一些有子女入学的成年人，他们密切注视学校中所发生的一切，并表达对学校的希望。

2．一些公民，他们或者有子女入学，或者没有，他们关心学校的事务并出席校委会，参加投票，并参加专题小组，或者参加校委会、市议会或州议会的竞选。

3．企业和机构，他们向学校提供各种帮助，如计算机和咨询等，他们作为教育界的代言人而参加校外委员会和州议会，并共同提出税收议案。

4．慈善机构，它们通过奖学基金和资助，支持学校正在进行的项目。

5．报纸、广播电台和电视台，他们定期发布教育话题的宣传。

这些个人、小组和机构的活动，显然有很多是交织在一起的，但是我们把他们的活动分为两章来谈，这就是：《家庭和社区》和《工商界》。这两章都讨论了科学和数学课程的改革及其远景。将这两章合在一起看，读者可以充分认识其复杂性，也许还能洞察其中各种无法避免的冲突，以及看到这些与学校有关的人员和机构之间合作的可能性。

教师培训

1．如果任何人都需要掌握《面向全体美国人的科学》所建议的知识和技巧，那么，教师和学校的行政人员是否也应这样做呢？为了使目前的和未来教育工作者达到《面向全体美国人的科学》所要求的标准，应当做哪些工作呢？应当如何区别对待小学教师和中学教师的上岗前培训工作？

2．如果确定了应学习的内容和技巧，那么，教师就职前的培训需要多长时间呢？需要5年抑或更多？由于经济和社会现实的各种限制，例如，大大提高教师资格的标准，或将教师培训机构的数量减少一半或更多，这样是否就能更严格地挑选教师呢？如果仿照其他行业严格挑选人员的做法，教育系统也通过严格的考查挑选教师，这样做会产生什么影响呢？这样精挑细选，可能会有什么好处以及可能要花多少钱？

3．如果有可能减少合格教师培训的规模，但是仍然要求学校对学生的学习能达到高要求的标准，那么，教师培训的前景将会如何变化呢？教师的工资和地位，会因此而有所提高吗？教师的状况会出现根本性的变化吗？是否会出现什么新的特殊行业？

4．如果想减少教育中目光短浅的观念，可以采取哪些步骤呢？如果美国位居前100位的职业学校（如位居前列的各医科学校）从全国各地录取新生，这种做法会有什么帮助吗？有可能实行全国性的资格考试吗？有可能实行并存的州一级的与全国性的资格考试吗？

5．目前职业培训学校日益增多（这些学校是专门培训教师的，就像大学的附属医院是专门培训医生的），它们能否成为今后组建教师培训学校的样板？这些培训机构应当如何设立它们的科系结构？教师培训学校的入学考试，要求学员应具备哪些知识和经验？学员毕业时应当具备什么样的能力？

高等教育

1．用什么方法才能促使高等院校的科学、数学和工程等各种科系共同合作，以保证它们的所有毕业生（这些毕业生中的许多人，将来有可能成为能影响教育政策的议会议员和企业领导人）都能达到应有的科学水平？为了加强学术机构与培训学校之间的合作，应当采取哪些步骤？

2．有许多教师在进入教师培训机构之前，曾经在社区学院就读，为了使教师培训计划能与高等教育机构的系科设置协调一致，应当做哪些工作？为了提高担任科学和数学课教学的少数民族教师的比例，各培训机构之间是否能够建立一条更为协调一致的畅通管道？

3．为了鼓励设有K－12年级的学校培育出掌握一定科学水平的毕业生，大学应当设立什么样的入学标准？美国的学院在入学前几乎很少采取什么考试形式，那么，应当采用什么形式呢？

4．怎样才能改进高等院校的科学和数学课的教学？对大学的系科是否应当采取某些标准和奖励办法？各种专业学会怎样才能为这方面的工作有所作为？

5．怎样才能鼓励高等院校的教职员与中学共同合作，以改进K－12年级的科学和数学课程的教学和教材？怎样才能够为K－12年级的教师提供科学研究、实验室和现场工作的机会？

家庭和社区

1．面对家庭结构和家庭生活的变化，学校应当如何做出相应的反应？有没有证据表明，个别家庭的某些安排会有害于教学工作？面对家庭环境的变化，学校采取了哪些措施使教学更为有效？

2．在同一社区内，有着极为贫困的家庭，也有富裕的家庭，这会对教育产生什么样的后果？对于选择学校、特许学校（charter schools）以及以学校为基础的委员会等想法，怎样才能适应这种情况的社区？对这类社会经济的话题和项目，某些研究曾说过些什么话？

3．有哪些地方可以安排校外学习？怎样才能使所有的学生参观博物馆或进行非正规科学学习？家庭要怎样做，才能提高学生的成绩和达到对学生的期望？

4．要想使家庭支持以各种标准（如《面向全体美国人的科学》和《科学素养的基准》中所建议的各种目标）为基础的教学工作，应该采取什么样的有效途径？这种途径是否会随家庭的结构和环境而变化？是否会随家庭的文化背景而变化？如果学校和家庭对此的意见不相同，那么，应该采取什么样的步骤来使他们协调一致？

5．为了保证学龄儿童的身体健康，家长、社区保健机构、州政府和联邦政府，应该各自承担什么样的责任？药品、饮料、青少年未婚先孕以及其他与健康有关的话题，怎样才能与教育政策相结合？

工商界

1．20世纪80年代和90年代美国工业的改革，是为教育改革树立了一个好榜样呢，还是树立了一个坏榜样？如果它并不是一个榜样，那么，学校各种系统的运作能够从工业改革中汲取哪些教训呢？对于学生的教育，是否能够像企业录用雇员那样做呢？

2．学校的各种系统，怎样才能获得大公司对州一级或国家一级教育政策和教育经费方面的影响力？与此类似，教师和学校的行政人员怎样才能得到他们所在的社区的较小企业的支持？当商业的利益与教育的利益发生冲突时，这时应该怎么办呢？

3．有哪些类型的学校与企业的相互关系能够获得成功？企业以物资、咨询、资助、职业信息、奖学基金或企业经验等形式帮助教师或学校的行政人员，那么，这类帮助的短期和长期影响分别是什么？这些企业在给予帮助后是否就立刻罢手，或者能够坚持数年抑或数十年？

第九章

教师培训

教师培训在科学教育改革中起着重要的作用。有些教育改革者说，改革教师培训这件事，是迈向科学教育改革的第一步。先用科学知识武装教师，然后提高所有美国人的科学水平，这是具有重大社会意义的向智力和实践的挑战。但是，全面改革教师培训系统，需要同样巨大的努力去改革与之相关的其他部分，如各种标准、课程和评估。

按照霍姆斯小组（Holmes Group，1990）的观点和原则，已经有许多高等院校开始响应这个挑战。已有一些高等院校与有K-12年级的学校结成伙伴关系，组建了一些职业培训学校，其前途可谓无限光明。另一个很有前途的创意是，建立科学和数学课教师培训合作计划，以解决担任培训课的教师、科学家和学校的各种需要（国家科学基金会，1995）。但是，要想在全国推广和实现几千项这样的计划，今后肯定还有很长一段路要走。

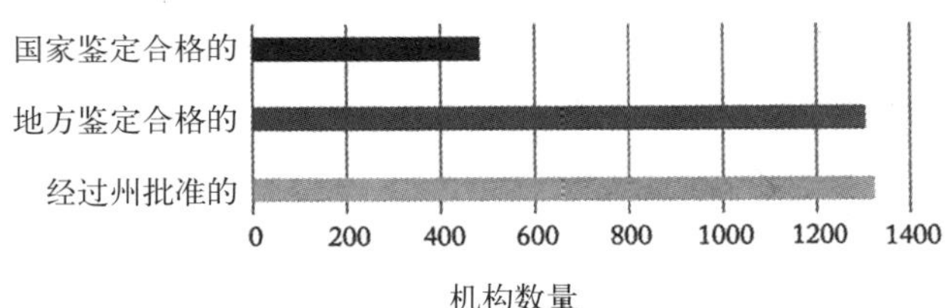

K-12年级教师准备计划的鉴定合格的机构数量

来源：National Association of State Directors of Teacher Education and Certification.(1996).Manual of certification and preparation of deucational personnel in the United States and Canada. Dubuque, IA：Kendall/Hunt Publishing.

本章提出了几种方法，可以用于改革未来教师的培训，以及改革从事科学、数学和技术课的教师的继续教育。本章还研究了教师进行教学的当前条件，并提出几个应当考虑的因素，供担任培训课的教师为搞好培训计划时参考。

下文所提到的一些建议，可以在以下四个方面用来改革大学本科生的教育：教师对于主题的准备工作；教师对于各种不同学生的准备工作；教师对教学的准备工作；雇用科学课教师。这就需要：①按照院校的不同科系改进教学工作；　②改进科学课教师的继续教育工作。在本章的最后，我们还要对教师的专业教育，提出一些指导性的原则和建议。本章虽然注重教师培训问题，但是我们还是要强调，人们应该认识到继续教育对学校行政人员的重要性。学校行政人员如果要想领导学校进行科学课的改革，他们就必须相应地改革自己在学校中的作用。

大学本科教师培训所需的各种变革

科学教育改革者，虽然几十年来一直在大声疾呼改革现有的教学方式，但是鲜有成效。从事教师培训的机构，应当设法找出一些能使改革持久的基础，使得受训的教师能够按照《国家科学教育标准》和《科学素养的基准》的要求，获得相应的知识和技巧。担任培训工作的教育工作者，在重新制定教师培训计划时，需要考虑到许多因素；他们还需要评估改革各阶段的其他可选方案(Wilson & Daviss，1994)。下文对大学本科教师的培训所做的估计，意味着需要深入讨论所需的各种变革。

培训未来的教师讲授科学课

如何对待学生对科学现象的个人见解，是科学课教学所面临的诸多挑战之一。为此，教师需要有极佳的科学知识基础，并应知道怎样才能让学生学好科学。儿童（其中有些人将来可能成为教师）对日常生活中所接触到的周围各种自然现象，可能用自己的一套理论和设想来解释它们，其正确性可能很有限，也很可能因此妨碍他们正确地认识这些科学现象。例如，有许多人相信，由于地球在不断地改变着它与太阳的距离，因此才会出现地球上四季的变化。人们是由观察自然才得出这样的认识和解释这样的现象，可能很难让他们改变自己的看法。人们也很可能用这样的想法来回答传统的考试问题，K−12年级的教师和更高级的教师，经常有可能没有发现这种错误的认识。其结果是，甚至有些主修科学专业的高等院校学生，也相信这种对四季变化的错误认识。为了有效地改正这类错误，大部分教师应当对这类复杂和非直观的科学原理有一个更深和更广泛的了解。

所有的科学课教师，绝对有必要具备足够的科学修养，这样才能实现《国家科学教育标准》和《科学素养的基准》所要求实现的各种目标。只有加强对专业的学习，未来的教师才有可能对科学有一个深入的了解，并在重要的概念、理论和应用上反映出他的科学修养水平。

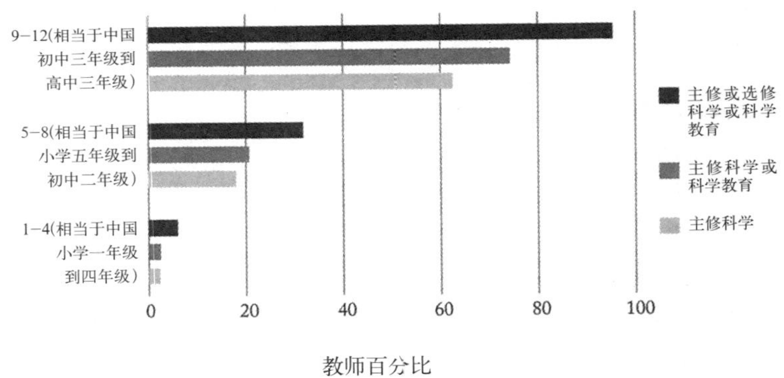

科学课教师的准备工作(1993年)

来源：National Science Foundation (1996). *Indicators of science and mathematics*. Arlington, VA: Author.

因此，大部分教育工作者都认为，中学科学课的所有教师（也许还有中等年级的教师），都应当主修一门科学专业。

小学各年级的科学课和数学课，绝大多数都是由主修小学教育的通才教师担任授课的。可能有人建议，小学的科学和数学课程都应由学这个专业的教师来分别担任教学，我们却认为这种想法是不切实际的。我们以为，所有的小学教师都应当对某一个专业有深入的了解，同时，还应对其他专业的科学内容也有很好的准备。专家们认为，小学教师不应只把了解课程的科学内容当成头等大事。如何解决这个问题，将有赖于当地的实际情况，要看一看当地的小学是按各部门组织的呢，还是按独立自主的原则组织的。高等院校可以和中小学密切合作，共同制定高等院校的科学课和数学课教育计划，使高校毕业生将来可以到中小学从事教学，也可向担任中小学教师培训工作的教师提出一些建议，供他们制订较好的教学计划时参考。例如，城市和郊区的学校，可能选择K－12年级的主课或比较专业的科学课作为其教学计划的内容，而农村地区的学校则可能需要内容较为广泛的科学知识。

培训未来的教师如何面对不同的学生

传统的教师培训计划，通常并不注重教会教师如何了解他们的学生。目前，科学课教师面对成分越来越复杂的学生，而且会面对学生各式各样的态度和行为（如欺骗、对教师权威的质疑、对学习漠不关心等，反映着比较大的社会问题）的挑战。在教师培训的教育中，通常只概括性地介绍不同群体的学生某些特点，但不涉及如何对这些学生有效地进行教学的问题。这种培训只会加强（而不会减少）对某些

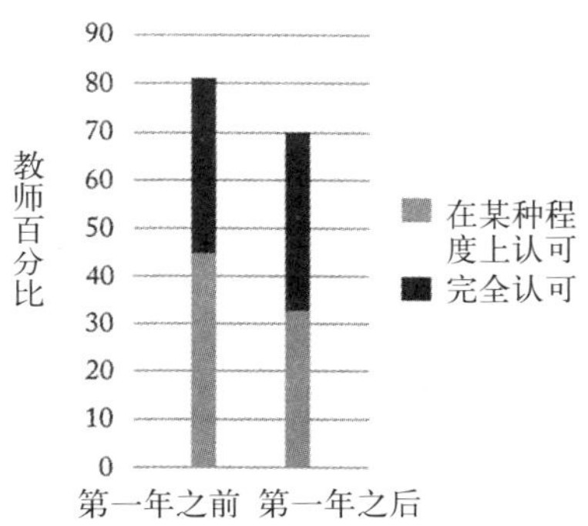

新教师教各种外裔学生时，何时才会感到成竹在胸

来源: Nelson, B.H., Weiss, I.R., and Conaway, L.E.(1992) *Science and mathematics education briefing book. Vol Ⅲ*. Chapel Hill, NC: Horizon Research, Inc.

学生的偏见（Kozol，1991）。所以，应当向未来的教师介绍各种有关的文献，让他们了解，在面对女学生、少数民族学生、残障学生和家庭低收入学生讲授科学课时，可能会产生各种特殊的教学问题。由于美国的人口组成日益复杂化，学校的学生背景也趋复杂化，教师应当在谨慎的前提下进行教学，并同善于对待各种背景的学生的有经验的教师经常切磋。

培训未来的教师进行教学

科学课教师应当让学生参加讨论与日常教学工作密切相关的教与学的各种实际问题。有K-12年级的学校是科学课实践的最佳选择，尤其应当让学生参与讨论。此外，为了缩小在高等院校课堂中所学到的教学一般原理与中小学课堂实践之间的差距，教师培训计划应当采用职业培训学校（Professional Development School，参见本书《资料来源》一章的说明）所制定的各种原理。这项全国性的计划，在教师培训课程中安排了接受培训教师承担课堂教学责任的各种机会。对于全日制受训教师来说，这种教学实践机会不应安排在培训计划的末期。

> **教师培训计划应当让这些接受培训的教师身处另一种文化信仰的环境中，讨论科学的本质，以男女平等的观点对科学做出贡献**

为了使这些计划能延续下去，培训学校的教育和科学课的教职员，必须通过延伸研究（extended research）、观摩教学和正常教学等方式，与实际的中小学校和课堂保持密切联系。教师培训计划的科系设置，必须符合当前的国家职业标准。

除了这些假定、目的和科学论文之外，教师培训计划应当让这些接受培训的教师身处另一种文化信仰的环境中，讨论科学的本质，以男女平等的观点对科学做出贡献。接受培训的教师还应接受由户外工作人员通过长期观察所得到的非正规知识，最后，可以学到各种研究和验证知识的方法，知道什么是好思想，以及使用什么样的论点可以构成有意义的知识。

现场教学和现场工作的经验 在教师培训计划中，应当尽早接触学校教学的第一手经验，并应尽早与科学家共同在现场工作。这些经

验可使未来的教师储备好将来讲授课程的知识，为他们正式授课做好准备。虽然大多数未来教师曾经观摩过正式或非正式的教学，但是在培训课程中，他们很少有机会学习到教师应当采用什么样的有效策略去培养学生的科学态度、技巧和知识，以及怎样去评估他们的教学和学生的学习。担任培训课的教师应当利用这些现场经验，使接受培训的未来教师“预习”他们未来的工作场景；还应当创造各种各样的专业讨论会，使这些未来教师建立起一种反思式教学(reflective teaching)习惯的基础。

教学实践　教师们经常不能看出他们在课堂中所遇到的各种事件与他们在高等院校中所学到的各种教学原理之间的关系。有很多教师说，他们在学院里所学到的教学原理很少有价值，直到他们真正从事教学实践后，才懂得教学是怎么一回事。所以，教师培训计划应当制定出一些有效的办法，以帮助未来的教师和有经验的教师，将教学的一般原则与课堂所发生的具体事件和问题联系起来。

学校应当鼓励采用教研组的形式组织教学，并把教研组的每一位教师看作是某一个专业领域（包括科学课）的专家。在日常教学进度中，应当留出一定时间讨论教研组计划和专业研究，这是一件很重要的事。在教研组内，每次学习至少选出一位准备工作做得比较充分的教师，让他来主持这次学习，制订教学计划，进行示范教学，并提供特殊的教材。这样的活动，有助于建立教师之间的集体工作和专业互助的良好信念（Abell，1990）。在这样的环境中，教师们可以继续学习科学和数学。在“教研组专家”（team specialist）的模式中，每一位教师可能至少在一个领域内是专家，如大学文科（liberal arts）教育和某个主修科。这种教研组教学的方法，与现在的各种小学通才计划（这种计划认为，懂一点科学知识总比完全不懂科学为好）相比，有很大的不同，以及与现在的许多中学（这些中学的教师的专业分得非常细）相比，也有很大的不同。

新教师，往往被教学的各式各样的要求搞得不知所措。他们未曾观摩过别人的教学，也未曾请别人看过自己的教学，甚至也未和导师或同事们讨论过有关教学的话题，因此，他们只好在短期之内找到一些能满足教学要求的方法。在这些方法之中，有可能包括“让学生不断做作业”，而这种方法并非《国家科学教育标准》和《科学素养的基准》所提倡的那种学生学习方法。学校领导可以通过组织教研组研讨和其他机会，帮助教师们培养反思式实践习惯，让他们加深对科学、数学和技术等教学的了解。

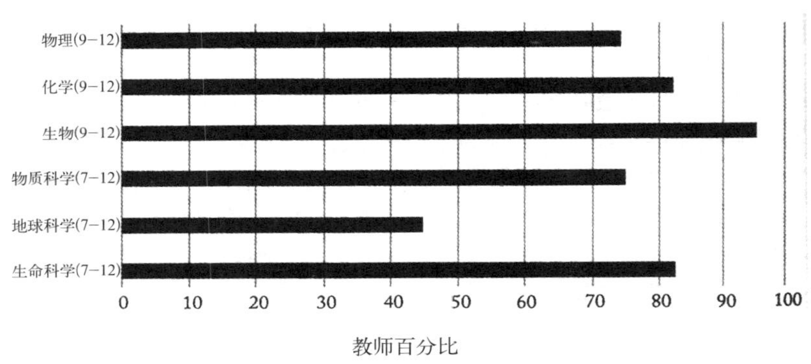

讲授6门课以上的教师

来源：National Science Foundation.(1996).*Indicators of science and mathematics, 1995*. Arlington, VA：Author.

注：9−12，相当于中国初中三年级到高中三年级；7−12，相当于中国初中一年级到高中三年级。

招收新教师

由于美国各级教育系统并未实行集中化管理，所以，几乎没有可能找出科学课新教师供求趋势的可靠证据。但是，某些一般性趋势还是比较显而易见的。一般来说，物理教师是求大于供，而生命科学教师则是供大于求。小学教师虽然供应量很大，但是他们之中很少具备扎实的科学和数学基础。由于学校的预算资金存在着不确定因素，学校的工作环境不算好，以及教师工资一般过低，使得学生不大愿意选择科学作为主修课和自己的终身职业。

为了加强和开拓科学课教师的供应来源，各大学需要积极招收能干的和成绩好的少数民族学生来担任科学、数学和技术课教师。各大学也可聘用科学专家和有扎实科学基础的人来校授课，并及时调整大学的教学计划，以发挥这些人的专长（如果这些人的专长适合学校的课程）。

为了在课堂内外开拓学习科学的机会，可以聘请科学团体的成员，作为学校的观察员、客座教师、辅导教师或顾问，来参加K-12年级的教育。科学家应当认识到教师和学生的需求问题，但是从长远的观点来看，科学家参与教学，将使高等院校的课堂教学呈现丰富多彩的局面，而且可以使科学家和K-12年级的教师更好地相互了解。

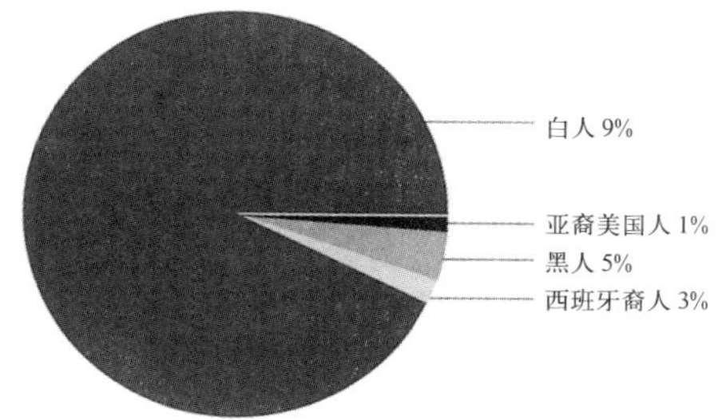

8年级科学课教师的情况调查

来源：Nelson，B.H.，Weiss，I.R.，and Conaway，L.E.(1992). *Science and mathematics briefing book. Vol. Ⅲ*. Chapel Hill，NC：Horizon Research.

高等院校所需的教学变革

即使是高等院校的科学主修课，有时也会在科学的基本概念上出现缺点。正因为如此，难怪有许多中小学科学课教师讲课时，不能达到《国家科学教育标准》和《科学素养的基准》所要求的教学标准(Gallagher & Treagust，1994；McDermott，1990)。大学本科的科学课程的教学，应当有系统地进行改革，强调课程的中心思想和根本原理，帮助大学学生（其中有些会成为教师）将科学原理用于解决实际问题。高等院校的课程，应当描绘出科学、数学、技术和社会之间的联系。并不是每一门课程都需要综合描述这些联系，但是就总体而言，课程应该注重讲授这些联系，而决不能只留给学生自己去发掘这种联系。

教师大多依靠他们做学生时的经验来进行教学，而不是依靠他们在教师培训计划中所学到的理论或实际知识（Grossman，1991）。高等院校通常采用讲座方式来讲授科学和数学，所以，培训教育也应当注意采用这种方式。未来的中学教师在高等院校学习时，接受了这种教学方式，他就以为这种讲座方式也能有效地适用于所有学生。其实，担任培训任务的教育工作者，应当在他们的教学中体现改革精神，让未来的教师在学习科学时就接受体现改革精神的教学方式。

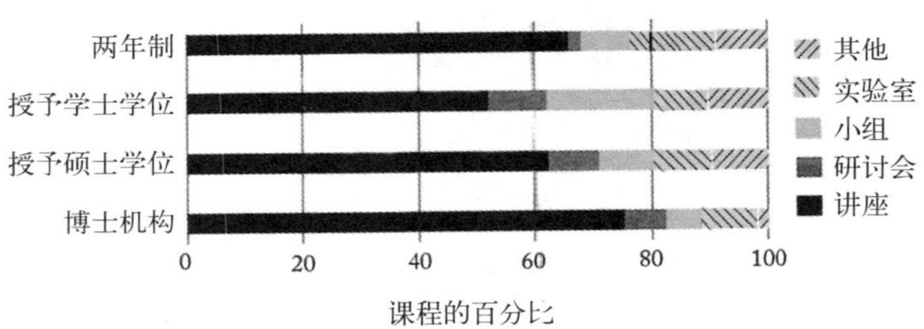

自然科学课程的教学类型

来源: National Science Foundation. (1996). *Indicators of science and mathematics, 1995*. Arlington, VA: Author.

教科学和学科学，是需要时间、愿望和能力的。在序论性的科学课中，往往要求在有限的时间内讲完所有的教材内容，这无论对于学校的教职员，还是对于学生，都有些左右为难。未来的小学教师在学习序论性课程时，由于其时间非常有限，他们很少有机会能与学校的教职员进行交流，也没有时间讨论科学概念或从事实习活动，因此限制了他们对科学知识进行深入的理解。其结果是，他们在开始真正从事教学时，对科学持一种消极的态度，也没有能力去实现《国家科学教育标准》和《科学素养的基准》所要求的教学目标。

由于K-12年级的科学课教师并不进行研究工作，所以应当引导他们阅读科学杂志或新的科学知识，并应让他们学会解释和鉴定一些科学数据。高等院校应当采用交互式教学方式（如集体工作和提问），特别是为未来的中小学教师讲授序论性课程时，尤其应当采用这种方式。最后，高等院校应当将学科学和学教学方法很好地结合起来，使未来的教师从教学中真正学到广博的知识。

一些有前途的方法

高等院校的科学和数学的教学工作，既有优秀的教学实例，也存在严重的缺点。大学的环境有利于教职员进行研究工作，但是对他们如何将有限的本领用于开拓教学方法和评估方法，却很少加以鼓励。对于改进大学本科生的教学和评估工作，可以注意以下几点：各部门可以举办研讨会和讨论会；将教员的教学质量，作为授予终身职位和提升职位的重要考虑因素；提高毕业生的教学能力（在很多大型的大学里，毕业生都给本科生上课）；对大学教学中富有成效的创新，给予奖励。

各大学需要寻找出一些办法，能够将从事科学和数学课的教学和评估研究的广大群体，引导至更高一级教育讨论的第一线。此外，应当让学生成为主动学习者，使他们主动将自己的思想和所学到的知识联系起来，并参加教职员所组织的示范性的主动式学习课。甚至可以举办大型讲座，以推动主动式学习（Bonwell & Eison，1991）。当大学增加科学课的数量，并设法使学生成为主动学习者，就有可能使这些未来的教师和科学家，亲身体验到自己提出问题并收集分析数据来探索这些问题的那种兴奋和满足感。

专业培训所需的变革

科学、数学和技术教师应当继续受到专业教育，其中最重要的理由，可能是因为这种教育可以让他们发展技术专长。有了专业知识，他们就可以在制定政策和编写教材方面具有发言权。第二个理由是，这些受训教师在工作前经过培训，就可以掌握他们今后进行教学所必需的技能，其培训的时间并不很长，学习的强度也不是很大。第三个理由是，科学和数学领域的知识在不断地拓宽，社会对教育的要求也在不断地改变，所以，教师本身也应当不断地学习和成长。最后一个理由是，这些教师在一定的时间内接受专业培训，可以与更广泛的同事建立各种联系，这将有助于他们提高今后的教学质量。

当前专业培训奖励制度中的一个主要问题是，奖励时只看受训教师是否完成学分，或是否获得学位，而不是看他是否真正掌握这门学问，也不是看他是否真正有能力搞好教学。硕士学位教育只能提供深入学习专业的机会，但是缺少科学内容，也缺少与课堂实际相结合。讲习班一般只有一两天的时间，这很难迅速提高受训教师对某一门学问的理解水平。在各个学期中，应当教会受训教师如何进行某一套活动或课程，或者教会他们如何按照某个学校或地区所采用的成套教材进行教学。

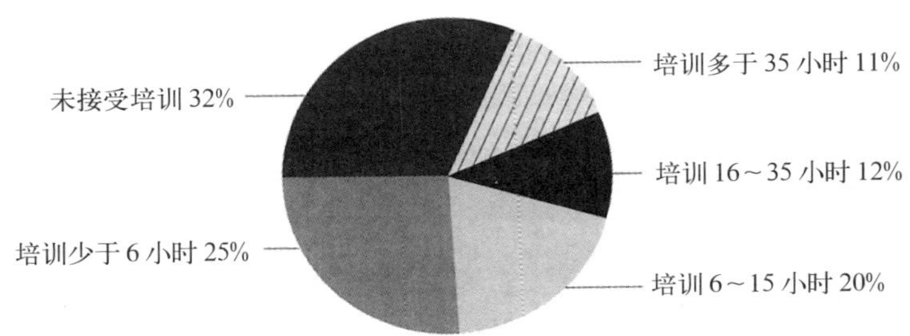

8 年级科学课教师每年培训情况

来源: Nelson, B.H., Weiss, I.R., and Conaway, L.E.(1992). *Science and mathematics briefing book, Vol.Ⅲ*. Chapel Hill, NC: Horizon Research.

以上所述的各种方法中，并没有一种能令人完全满意。各个学校应当改变观点，把教师看成知识分子，而不是看成技术人员 (Giroux, 1988)。为了实现符合《国家科学教育标准》和《科学素养的基准》所要求的科学课教学与活动，职业培训工作应当更直接地按照这两个文件对课程各项议题所要求的顺序和联系来进行。强调按照这两个文件进行职业培训，就可以使受训教师掌握实际课程和教学改革所要求的科学和教学知识。

目前，在许多州、城区和农村的有系统的教育改革工作中，以及科学和数学教师培训计划中，已经开始出现一些长期的、并有科学和数学教师参加的职业培训活动典型。持续地强调职业培训，将能保证更广泛地推广这些典型。在制定职业培训计划时，教育改革工作者应当将日益增长的科学知识，与教师当前所关心的问题或教学实践结合起来。

教师职业培训的改革原则

根据我们对教师是如何学习的理解，以及对培训机会的理解，我们建议将下列原则用来指导重新修订教师的继续教育：

1.高等教育和专业学会，应当加强它们与职业培训之间的联系，以保证相互间的协调一致。

2.强调学科学要结合当地学校的具体条件，而不是只注重一般性的教学技巧。

3.教师应当将《国家科学教育标准》和《科学素养的基准》中的要求与课程内容和教学实际结合到一起，进行各种教学活动。

4.教师中的骨干，应当起到带头教学的作用。

5.各种活动应当能够推动学校所有专业教师（包括行政人员）的学习风气。

这些原则，意味着需要重新考虑教师学习时间的分配方法，重新考虑当前人员培训资金的分配方法，以及重新考虑为实现持续的教育改革所需的人员培训的水平。

依靠加强高等教育和专业学会之间的联系，教师可以把目前分散的各个职业培训系统连接起来。与此同时，这些培训机构应当具有一定的灵活性，以免出现一个过分集中化的培训系统，不能适应各个地区的不同要求。教师们如果能够持续地与研究人员保持联系，那么，他们就能够扩大所使用的知识范围（Huberman，1983）。研究人员也能通过这种联系使研究工作适合各地区的需要。与此相似，各个专业协会和各个教师联合会，可以帮助教师共享这些组织所拥有的各种知识，但是，目前尚不清楚这些组织的成员对教师培训工作已经起到了什么样的作用。

学习这件事，应当成为整个学校的风气，不仅学生应当学习，就是教师和行政人员也应当学习。教师的职业培训应当被视为一种标准的运作过程。教育改革的目标之一是提高教师的教学能力，使他们在面对当地的学生群体时，能够知道怎样做才能达到最好。所以，在职业培训中，应当注意帮助教师对自己的实际工作提出问题，而且能将各种学习联系起来。新教师需要有机会去培养各种技巧（如管理课堂）。教师有了经验和自信之后，就能更多地关注学生的学习，将职业培训中所学到的知识，转化为能够针对学生学习的教学策略和评估方法。

新教师需要有机会去培养各种技巧（如管理课堂）

教师在联系科学课程与技术时，需要专业帮助。科学课教学，虽然需要适应每个课堂的特殊需要，甚至还需要适应个别学生的特殊需要，但是，如果要求教师对每一个主题都设计出各种新的活动，这显然是不现实的。应当给教师一些机会，让他们学会如何将某门课程的学习与其他课程的联系结合起来。

为了强调科学课教育改革的各种目标，可以将教师们组成各种小组进行学习，以便紧跟科学课教学的各种最新发展，提供教学的各种典型示范，并组成一个教师网络进行交流，以便继续不断地发展他们的专长。最后还应注意的是，学校和学区的行政人员及专业人员，能够对科学课教育发挥很大的影响，他们也能推动教师的继续学习，所以，他们也是教育改革中的一个重要因素。

对学校组织机构的影响

本书所列举的科学课教学和教师培训情况，会对学校的组织和管理产生很大的影响。各个学校应当组织起来，加强日益增长的互相依存关系，加强各专业的协调关系，加强支持革新和试验的气氛。雇用大量专业人员的机构以及高科技公司，都在进行许多研究工作，它们已经开始建立起这种类型的组织机构。各个列文速成学校（Levin’s Accelerated School，1987，参见本书《资料来源》），已经建立起这种类型的组织机构。

学校是学习场所，它应当鼓励营造不断学习和不断成长的气氛。新教师被吸收到各个中小学校，并与各个大学保持密切的关系，以及共同承担教学责任。各个学校可以创造一种环境气氛，使教师敢于提出问题和表示自己的意见，共同对教学实践进行分析。各个学校应当主动支持教师进行学习，鼓励他们参与计划且与各学科进行协商，促进全校各课程向前发展，并应当为教师提供一定的机会，使他们能与同事相互观摩和共同讨论教学问题。

建　议

以下各项建议，提出了一个教育改革的面貌，以及实现这种面貌的几个步骤。全体教职员、专业机构、政府机构等，都需要寻找适合于他们位置的战略。利用以下各种思想作为指导原则，可能有助于这个过程。

1. 既要达到一定的科学水平，又要做到思路开阔　教师培训计划所培养出来的教师，应当能够不断地了解科学、数学和技术之间的联系，以及科学知识的社会、历史和哲学背景。所有教师都应当能够在教学中阐明课程的基本思想，并能做到思路清晰和交流有效，但要尽量少用技术词汇。

2. 强调教学工作　按教师培训计划所培养出来的未来教师，应当具有正确的教学态度、广博的知识和对教学工作的深入理解，能够将所学到的理论和原则运用于课堂教学活动，并能适合于不同要求和不同背景的各种学生群体。这样的教学，可以称为有理性的、有原则的和能够反映实际的教学。这样的教师，可以称为有特色的职业教师。各种新标准和新课程，要求教师对其专业有着深入的了解，并要求他们绝不能做“传声筒”，只是把专家所编写的教材原封不动地灌输给学生。由此可以说，教师培训是教师职业的终身需要。教师培训计划应当与各学区合作，将重要问题的讨论定为学校日常教学工作的一部分。

3. 使教师能够教全体美国人学科学　教师们应当懂得，科学不仅仅作为一种知识，而是作为一种途径，人们应该藉此去了解这个世界。未来的教师和实习教师，应当与有经验的教师、研究专家和担任培训课的教师共同工作和共同研究，因为这些人善于针对不同背景的学生进行教学。新教师应当敏锐地觉察到学生中的千差万别，懂得学生的特点和特殊要求会影响他们的学习及成绩。

4．改进高等院校的教学 高等院校的教职工，应当注意对教学工作和评估工作的研究，因为这些研究有助于提高对大学本科生的教学效果。各高等院校应当鼓励和支持教职工改进课程，并应举办研讨会，以寻找改进教学的各种方法。此外，各高等院校还应努力制定更加明确的指导原则，以提高教学效果，并将这些原则用于制定有关职务晋升和授予终身职位的政策。大型的大学应当注意培养毕业生的教学能力，并应研究能代替各种大型讲座的其他形式，这对大学生的科学教育有着重要作用。

5．加强教师学习 教师培训计划应当为未来的教师提供观察、感受和参加各种教学实践活动的机会，这些活动都强调以学生为中心的教学和实习教学。教师培训计划应当加强与各中小学的联系，使得未来的教师的心里始终想到广大的中小学校，并始终想到如何能使教学更有成效。未来的教师应当能够将他们在培训过程中所学到的知识应用于教学实践，并寻找一些新的教学方法，学校还应给他们一些讨论交流课堂经验的机会。

6．改进教师聘用工作 应当聘用一些能胜任科学、数学和技术课的人当教师，在这方面还应多做一些努力。应当积极聘用妇女、非白人和残疾人担任科学课教师。青年教师应当及早发现有志于科学教学的学生，并及时予以指导。在中学与高等院校之间存在各种“桥梁”计划，这使得许多少数民族学生和非传统学生有机会成为未来的教师，也使得一些社区学院的学生对教学事业感到兴趣。奖学金信息和教师职业信息是很重要的，尤其是对于那些家庭中首次有成员到学院就读的学生来说，就更为重要了。

7．进行长期教育改革 接受高等教育，对于造就未来的教师有着重要的作用，科学和教育方面的一些专业机构，可以带头支持出版物和研讨会，以及支持其他各种形式的行政人员职业培训。高等学府和负责K-12年级教育的行政人员，是成功地实施教育改革的关键群体，他们也应当参与职业培训计划。

高等学府的行政人员和教职工也应当认识到，他们如果能广泛支持深入的科学研究，就将会导致全社会更加理解科学。所以，高等教育将从与中小学共同实施教育改革中受益。

认真进行教育改革，是一个长期的任务。有着丰富阅历的教育工作者，曾经历过以前的各种教育改革运动，有的是先成功后失败，不能持久，并没有实现重大的改革。教师们如果参与教育改革，应当说服他们，让他们认识到，教育改革不是数年内就能成功的，这是需要几十年的事。想要取得成功的教育改革者，应当认识到改革过程中的困难，应当在各个层次推动教育改革，培育一批同盟军，培养一批教育改革的骨干人物，他们将会把教育改革进行到底。

参考书目

1 Abell, S.K.(1990). A case for the elementary school science specialist. *School Science and Matbematics*, *90*(4), 291-301.

2 American Association for the Advancement of Science. (1993). *Bench-marks for science literacy*. New York：Oxford University Press.

3 Bonwell, C.C.& Eison, J.A.(1991). Active learning：Creating excite-ment in the classroom. *ASHE-ERIC Higher Education Report*. Washington, D.C.：School of Education and Human Development, George Washington University.

4 Gallagher,J.J.,& Treagust, T.(1994). *Attempts at sense-making：Pre-service secondary science teachers' comprehension of selected science concepts*. East Lansing, MI：Michigan State University.

5 Giroux, H.A. (1988). *Teachers as intellectuals：Toward a critical pedagogy of learning*. Granby, MA：Bergin & Harvey.

6 Gr[ossman, J.H.(1991,March). Improving the quality of college teaching. *Performance and Instruction*, *30*(3),24-27.

7 Holmes Group. (1990).*Tomorrow's schools：Principles for the design of professional development schools*. East Lansing, MI：Author.

8 Huberman, M.(1983). Recipes for busy kitchens. *Knowledge：Creation,*

Diffusion, Utilization, *4*,478-510.
9 Kozol, J.(1991). *Savage inequalities*. New York: Crown.
10 Levin, H.M.(1987,March). Accelerated schools for disadvantaged students. *Educational Leadership*, *44*(6), 19-21.
11 McDermott, L.C.(1990). A perspective on teacher preparation in physics and other sciences: The need for special science courses for teachers. *The American Journal of Physics*, *58*, 734-742.
12 National Council of Teachers of Mathematics. (1991). *Professional standards for teaching mathematics*. Reston, VA: Author.
13 National Research Council. (1996). *National science education standards*. Washington, D.C.:National Academy Press.
14 National Science Foundation. (1995). *Teacher preparation and NSF collaboratives for excellence in teacher preparation, FY 95 awards*. Washington, D.C.: Author.
15 Wilson, K.G., & Daviss, B.(1994).*Redesigning education*. New York: Henry Holt.

文献目录

1 Abell, S.K.(1990). A case for the elementary science specialist.*School Science and Mathematics*, *90*(4), 291-301.
2 American Association for the Advancement of Science. (1993). *Benchmarks for science literacy*. New York: Oxford University Press.
3 American Association for the Advancement of Science. (1990). *The liberal art of science: Agenda for action*. Washington, D.C.: Author.
4 American Association for the Advancement of Science. (1989). *Science for all Americans*. New York: Oxford University Press.
5 Anderson, L.M.(1989).Implementing instructional programs to promote meaningful, self regulated leaning. In J. Brophy (Ed.), *Advances in research on teaching*. Vol. 1(pp.311-343). Greenwich, CT:JAI Press, Inc.
6 Ben-Peretz (1990).*The teacher curriculum encounter: Freeing teachers from the tyranny of texts*. Albany, NY: State University of New York Press.
7 Billings Ladson, G.(1994). *The dreamkeepers: Successful teachers of*

African American children. San Francisco, CA: Jossey-Bass.

8 Bishop, B.A. & Anderson, C.W.(1990). Student conceptions of natural selection and its role in evolution. *Journal of Research in Science Teaching, 27*,(5),415-427.

9 Comenius, J.A.(1657/1967). *The great didactic of John Amos Comenius*. New York: Russell and Russell.

10 Comenius, J.A. (1910). *The great didactic*, 2nd ed., (M.Keating trans.) London: A. & C.Black.

11 Darling-Hammond, L.(1994). *Professional development schools: Schools for developing a profession*. New York: Teachers College Press.

12 Feirman-Nemser, S. & Buchmann, M.(1985). Pitfalls of experience in teacher preparation. *Teachers College Record, 87*(1),53-65.

13 Fullan, M.G.(1993) *Change forces*. London: The Palmer Press.

14 Fullan, M.G., with Stiegelbauer, S.(1991). *The new meaning of educational change* (2nd ed.).New York: Teachers College Press.

15 Fuller, F. P.(1969). Concerns of teachers: A developmental characterization. *American Educational Research Journal, 6*,207-226.

16 Gallagher, J.J(1991). Prospective and practicing secondary school science teachers' knowledge and beliefs about the philosophy of science. *Science Education, 10* (1),121-133.

17 Giroux, H.A.(1988). *Teachers as intellectuals: Toward a critical pedagogy of leaning*. Granby, MA: Bergin & Garvey.

18 Glaser, R. & Silver, E.(1994). Assessment, testing, and instruction: Retrospect and prospect. In L.Darling-Hammond (Ed.), *Review of research in education*, Volume 20 (pp.393-419). Washington, D.C.: American Educational Research Association.

19 Halloran, I., & Hestenes, D. (1985). Common sense concepts about motion. *American Journal of Physics, 11*, 1056-1065.

20 Hamburg, D.(1944). *Today's children*. New York: Times Books.

21 Holmes Group(1990). *Tomorrow's schools: Principles for the design of professional development schools*. East Lansing, MI: Author.

22 Huberman, M.(1990).Linkage between researchers and practitioners: A qualitative study. *American Educational Research Journal, 10*, 363-391.

23 Huberman, M. (1983).Recipes for busy kitchens. *Knowledge: Creation,*

Diffusion, Utilization, *4*, 478–510.

24 Huberman, M. & Miles, M.B.(1984). *Innovation up close*. New York: Plenum.

25 Joyce, B. & Showers, B.(1988). *Student achievement through staff development*. New York: Longman.

26 Lanier, J.E., with Little, J. W.(1986). Research on teacher education. In M. Wittrock (Ed.), *Handbook of Research on Teaching* (3rd ed., pp. 527–569). New York: Macmillan.

27 Little, J.W.(1990). Conditions of professional development in secondary schools. In M.W.McLaughlin, and J.E Talbert. (Eds.) *The contexts of teaching in secondary schools: Teachers' realities*, (pp.187–223). New York: Teachers College Press,

28 Little, J. W., Gerritz, W.H., Stern, D. S., Guthrie, J.W., Kirst, M. W., & Marsh, D.D. (1987). *Staff development in California: Public and personal investment, program patterns, and policy choices*. San Francisco, CA: Far West Laboratory for Educational Research and Development.

29 Lortie, D.C.(1975). *Schoolteacher: A sociological study*. Chicago, IL: University of Chicago Press.

30 Marsh, D.& Odden, A.R.(1991). Implementation of the California mathematics and science curriculum frameworks. In A. R. Odden (Ed.), *Education policy implementation*. Albany, NY: State University of New York Press.

31 McDermott, G. W. (1994). *Realizing new learning for all students. A framework for the professional development of Kentucky teachers*. East Lansing, MI: National Center for Research on Teacher Leaning, Michigan State University.

32 McDermott, L.C.(1990). A perspective on teacher preparation in physics and other sciences: The need for special science courses for teachers. *American Journal of Physics*, *73*.

33 McDiarmid, G.W.(1993). Teacher education a vital part of equity issue. *State Education Leader*, *12*(1), 11.

34 McDiarmid, G.W.(1992). What to do about differences? A study of multicultural education for teacher trainees in the Los Angeles Unified School District. *Journal of Teacher Education*, *43*(2), 83–93.

35 McDiarmid, G.W. (1991). What do prospective teachers need to know about culturally different children? In M.M.Kennedy (Ed.), *Teaching academic subjects to diverse learners*. New York: Teachers College Press.

36 McDiarmid,G.W.& Price, L.(1993). Preparing teachers for diversity: A study of student-teachers in a multicultural program. In S. O' Dell and M.O' Hair (Eds.), *Diversity and teaching: Teacher education yearbook I* (pp.31-59).Fort Worth, TX: Harcourt Brace Jovanovich.

37 McLaughlin, M. W. & Miller, B.(Eds.),(1992). *Staff development for education in the 90' s*, (pp.61-82). New York: Teachers College Press.

38 Miller, B., Lord, B., & Dorney, J.(1994). *Staff development for teachers: A study of configurations and costs in four districts*. Newton, MA: Education Development Center.

39 National Research Council, Committee on High School Biology Education. (1990).*Fulfilling the promise: Biology education in the nation's schools.* Washington, D.C.: National Academy Press.

40 Odden, A.(1994).*The financial implications of Project* 2061 *for teachers' professional development and compensation*. Madison, WI: Wisconsin Center for Education Research, University of Wisconsin.

41 Raizen, S.A.& Michelsohn, A.M.(Eds.) (1994). *The future of science in elementary schools: Educating prospective teachers*. San Francisco, CA: Jossey-Bass.

42 Resnick, L.B.(1987).*Education and learning to think*. Washington, D.C.: National Academy Press.

43 Rowe, M.B.(1983). Getting chemistry off the killer course list. *Journal of Chemical Education*,*6*, 54-56

44 Sarason, S.B.(1993). *The case for change*. San Francisco, CA:Jossey-Bass.

45 Sarason, S.B.(1990). *The predictable failure of education before it is too late?* San Francisco, CA:Jossey-Bass.

46 Sarason, S.B.(1971,1982).*The culture of the school*. (1st and 2nd eds). Boston, MA: Allyn and Bacon.

47 Sato, M.(1992). Japan. In H.B. Leavitt(Ed.), *Issues and teacher education: An international handbook*. New York: Greenwood Press.

48 Schifter, D. & Fosnt, C.T. (1993). *Reconstructing mathematics education: Stories of teachers meeting the challenge of reform*. New York: Teachers College Press.

49 Shavelson, R.J., Baxter, G. P., & Pine, J. Performance assessments in science. *Applied Measurement in Education, 494*, 347–362

50 Treagust, D.F.(Ed.).(1996). *Improving teaching and learning in science and mathematics*. New York: Teachers College Press.

51 Tyson, H.(1994). *Who will teach the children: Progress and resistance in teacher education*. San Francisco, CA: Jossey–Bass.

52 Tyler, R.W.(1949). *Basic principles of curriculum and instruction*. Chicago, IL: University of Chicago Press.

53 Wilson, K.G. (1994). Wisdom–centered learning: Striking a new paradigm for education. *The School Administrator*, *51*(5), 26–33.

54 Wilson, K.G., & Daviss, B.(1994). *Redesigning education*. New York: Henry Holt.

55 Wilson, S., & Shulman, L. (1987). 150 different ways of knowing: Representations of knowledge in teaching. In J. Calderhead (Ed.) *Exploring teachers' thinking* (pp. 104–124). New York: Holt, Rinehart & Winston.

56 Veenman, S.(1984). Perceived problems of beginning teachers. *Review of Educational Research*, *5*(2), 143–178.

57 Zeichner, K.(1993, February). *Educating teachers for cultural diversity*. (Special Report). East Lansing, MI: Michigan State University, National Center for Research on Teacher Learning.

第十章

高等教育

K－12科学和数学教育的改革，自《一个处于危机中的国家》(国家最佳教育委员会，1983年)一书出版以来，一直发展稳定，有时进展迅速。为保持这种进展，未来的科学课和数学课教师应具备这些课程和与教授这些课程相关的文化及社会问题的深刻知识。最近，高等教育界也认识到需进行重大改革(Boyer，1994年)，专科学院和大学已采取实质性的努力来改变组织教学和学习的方法。在科学、数学及技术方面这些努力的结果尤为明显，预示着K－12科学教育改革得到支持并制度化。然而，这些改革也仅仅是开始。显而易见，如果中学、专科学院和大学的改革进程要取得成功的话，高等教育必需成为其中显著而积极的一个组成部分。

高等教育在K－12教育改革方面起着重要作用。例如，如改革者所设想的那样，如果对整个K－12科学课课程进行重组，则高等教育必需重新考虑其对学生录取、审议和分班的方式，重新考虑对本科生的科学课、数学课和技术课的课程设置和教学方式，以及培养下一代的中学、专科学院和大学的教师的方式。高等教育可通过继续探索对本科生和研究生改进科学课和数学课的教学途径来支持K－12改革。

本章将先讨论高等教育的现状，然后探讨：①在学生录取和分班方面所需的变革；②在本科生课程方面所需的变革；③教师教学方面所需的变革。接下去介绍高等教育与K－12改革设计者如何合作以及依靠他们工作的方法。最后，本章对改革高等教育提出某些具体的建议。

现 状

《面向全体美国人的科学》一书断言，为了实现全体美国人的科学素养，如何教授科目与应教授哪些科目同样重要。戈罗夫(Goroff，1995)将此论点进一步发展，他说，尤其对于教师的培训而言，大学教师如何教他们，这些教师就怎样教他们的学生。然而，在大多数的专科学院和大学内，“只要明白”就是教学的标准。因而下面这种态度占据着主导地位，即包括大学教授在内的每位教师，他们主要应考虑的是教学材料而不是教学过程，即教什么而不是如何教。许多教授可能没有意识到，诸如他们个人对学生的期望这样一些因素能强烈地影响学生的观念和行为。许多大学教师可能会不安地发现，他们所教的未来的教师将会模仿他们的教学方式。然而，学生能记住的常常与科目内容很少有关，而却较多地记住如何去处理一个新问题，或遇到困难和挫折时应怎么去做。“只要明白”的观点忽略了教学方式的影响，而集中在向学生灌输压缩的事实。

对大学教师的培训根本就没有进行

大多数科学课和数学课教师都听到过他们应该教得更好的批评，甚至使他们感到受训斥和折磨的地步。K－12 改革者必需认识到，大多数的专科学院和大学的教师既不懒惰，也不对教学反感，但他们可能不懂得怎样去做。对大学教师的培训根本就没有进行。虽然在许多大学里正在采取措施解决这个问题，但还需做更多的工作，在科学和数学方面更是如此。

在科学课和数学课方面的大量的教学工作被用于非科学专修生。在高等教育中，专修生与非专修生的科学教育具有不同的目的。因而下述现象就不足为奇，即各类教师如何适应具有自己的观点的学生，这是一批经过 K－12 改革而比今天的学生准备得更好的学生。尽管这样，本章认为绝大多数的专科学院和大学教师把改革看成是重新振兴对专修生和非专修生的科学教育机会，它所采取的方式将会扩展和丰富我们的学生对 21 世纪生活的准备。

变革的障碍

各类学科解释科学本质的不同方法也会使大学难以实施由“2061计划”所主张的综合跨学科的科学课教学。欲使科学家成为公共的普通科学课程的合作伙伴，要做相当的说服工作，使他们相信他们的学科已在课程中恰当而合适地予以反映。在未来的年月里，随着大学教师的教学和研究的作用达到一个新的平衡时，这种学科的局限性将会逐渐放松。

专科学院或大学的文化提出了另一类变革的障碍。在许多大的科学系内，可观察到一种教学的“啄食次序”现象：资深的研究人员教研究生；年轻的活跃的研究教师和岁数较大的以前活跃的研究人员教本科专修生，而那些以前的研究历史不怎么稳定的教师则为非专修生教大量的入门课程。在一些以研究为主的大学里，非专修生的各系课程被学生和教师认为不具备吸引力和活力。这种情形会使教授投入较少精力去教这些班级和学生以避免出现较差的效果。此外，在高等教育的许多方面，认可和奖励制度也把研究工作置于创新的教学之前。这在科学和工程方面尤为突出，此时外部经费的附加奖励因素会把奖励的天平进一步向研究倾斜。

在一些以研究为主的大学里，非专修生的各系课程被学生和教师认为不具备吸引力和活力

美国在传统上从物理和智力方面把对教师的科学教育与对科学专业工作者的教育分离开的做法，严重地限制了教师，尤其是低年级教师学习科学课的内容和实践的机会。这种分离的做法使科学家很少接触K－12课程，并影响了他们对专科学院新学生带入他们班级的科学知识的熟悉程度。在K－12中学里教科学课和在专科学院和大学里教同类课程的教师间也缺乏接触，这使得改革高等教育使其与改革过的K－12科学课计划相联系并起促进作用的任务变得更为困难。

学生录取和分班方面所需的变革

未来的学生在进入高等院校时将具有更广泛的和一致的科学知识，这种前景也提出了以下几方面有关学生录取和分班的重要问题。

录取

要使高等教育参与K-12教育改革运动，必需认真解决以下问题：

1.什么是科学?哪些人需要学习它?目前，“真正的”科学，即在实验室和大学里进行的科学，仅为少数人所理解和实施，所有这些人都是在通过繁琐的协商手续后才从事科学工作的。另一方面，许多科学家和教育工作者认为，每个人都有能力并应有机会去理解科学的过程，甚至做一些真正的科学工作。

2.谁设定录取标准?高级中学在设置其课程时，部分是为了满足标准化考试的需要，部分也是为了能为高等教育所接受。如果一所高级中学科学课程的毕业生不能为他们所选择的专科学院所录取，则其课程设置就有危险。各个年级的科学课教育工作者必需努力确保，对K-12课程的改革不应该使得从高级中学向专科学院的过渡更为困难。

3.改革会扩展科学专修生的队伍吗?因为K-12改革的主要目的是造就具有基本科学知识的大众，而不是产生更多更好的科学家，因此这可能会使一些其名誉依赖于科学家的大学，视改革与其学生和教师无关而加以忽略。

4.社区专科学院的作用是什么?它们是否比四年制的专科学院和大学更依赖于K-12改革?科学课教育改革应特别注意从高级中学向社区专科学院并向大学的过渡。

5.传统的评估会有助于或妨碍改革?《面向全体美国人的科学》一书强调指出，学生应领悟各类学科间的关系，有时应集体工作，通过科学的询问得到回答。传统评估制度，如教育成绩测试(SAT)和美国大学测试大纲(ACT)，并不对以上技能进行测量。大学录取的一种更有效的方法可能是采用能力测量法，如威斯康星州按能力录取模式(University of Wisconsin Board of Regents，1996年)，它要求学生经常集体工作，学习由教师、接受的大学、学生和社区企业界共同认为重要的内容。

如果高等教育的教师确实希望有大量的本科生进入国家的专科学院和大学里一些最好的实验室和系科，则他们的工作目标必需是录取打算具有扎实科学基础的学生。即使在这些学生与传统的高级中学荣誉学生很不相同时也是如此。更重要的是，那些过去一直只关心传统的“好的科学课学生”的教师，应与科学专修生一起工作，这些专修生越来越具有包括教学在内的广泛的理想，教师还应帮助学生实现其目标。

分班

未来具有更广泛和更一致的科学知识的学生进入高等院校这一前景也提出了几个分班方面的重要问题。随着K－12改革的顺利进行，一组在科学课方面的通用教育课程将能满足所有入校学生的需要。〔(IAP，高级班)课程则应适应这些跨学科的通用教育课程，因为这些课程已成为高等教育的入门标准〕。当大多数学生接受类似的通用教育而不是以内容为主的课程时，则学生从“选向”到固定于一门专业的转折点也将推迟。如果这能导致更多的有能力的学生选择它们系的专业的话，大多数科学系应欢迎这种变化。

同时，四年制的专科学院和大学也变得对以下数量越来越多的学生更具竞争性，他们是岁数较大的学生、有更大经济需求的学生、各种文化和民族背景的学生，以及更多的第一代在社区专科学院开始其高等教育并进入大学的学生。四年制院校应检查其转校的政策和做法，

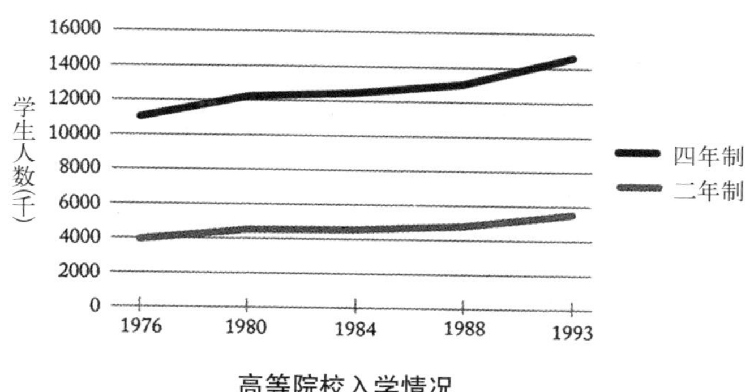

高等院校入学情况

来源：National Science Foundation. (1996). *Indicators of science and mathematics education 1995*. Arlington，VA：Author.

以便容纳这些非传统的学生。高等教育的领导人应设计出有关方法，以便促进和保持在二年制和四年制专科学院之间以及专科学院和K－12中学之间的经常性交流。

本科生课程所需的变革

高等院校内传统的系的学科组织很可能保持不变，每个学科的核心的科学原则和方法将保持其完整性和特色。然而，如果高等教育要实现其科学教育改革的话，内容的重点必然会有变化。为改革高等教育科学课内容，一项新计划的某些关键要素如下：

1.集中于每门学科的中心思想上(即使以缩小内容范围为代价)，使所有学生了解人类知识的互相联系，包括科学领域间的联系；

2.积累科学知识和培养大脑的科学习惯，从而使作好这种准备的学生进入高等院校；

3.提供一种更加以学生为中心的学习环境，支持各种广泛的学习方法，采用更多不同的组织方法和学习材料；

4.通过消除在专业内容方面专修生和非专修生入门性科学课课程间的差距，增加学生成为学科专修生的机会；

5.向专修生提供其学科的历史和方法论方面更详细的教育，使他们能更好地体会和确定对所有科学共同的特性和对每门学科特定的特性。

下面的讨论将对上述一些因素进行分析，并指出应在大学和专科学院内进行的一些必要的改变，以适应科学课教育改革的目标。

科学课方面的中心思想和联系

10年前给研究生课程所用的教材已为今天的本科生课程所用，这更说明了专修生科学课计划的专业特性。因而不可避免的是，培养大脑的科学习惯，集中于科学的基本原则，以及探索科学间的联系，对这些方面的承诺使得任何本科生本已填满内容的课程计划剩下极少的时间和空间。

如果在前两年内，科学和工程专业的本科生学习物理和生命科学的共同核心，以及与社会科学和人文科学的互相联系，则学生将会更好地准备选择科学学科并取得成功。同样，他们还会在未来的工作中作为专业人员工作，而未来的工作并不能清楚地以学科来划分。对于那些坚持在它们目前高年级的课程中采用以题目来划分的系来说，则可采用“搭桥”课程来填补由于在改革的科学课程中忽略特定的题目所产生的空缺。

新的多学科计划还会继续出现，这如同生物化学在最近一代人期间，以及环境和能源学科在最近十年所进行的一样。科学教育工作者应将这些领域的实践者看成是跨学科的科学实践和教学的榜样。如果大学支持以创新的教学方法进行的试验，即多学科计划，教研组教学，集体学习、模拟，多媒体和计算机支持的教学，探索科学、技术和人的价值的相互作用，则它们必然会激发学科间更多的对话，并在教学和学习成绩方面引发出更多的跨学科的合作。

如果大学支持以创新的教学方法进行的试验，则它们必然会激发学科间更多的对话

教学方法

为了扩展未来成功地招收科学技术专业学员的队伍，专科学院的课程和教学需反映出目前存在于学生中的各种学习方法。虽然在《面向全体美国人的科学》一书中提出的关于教学和学习的建议是用于K–12教育的，但其中某些建议对高等教育也有价值。例如，专科学院教师会同意，所有的学生都需要有抓住科学问题、收集数据、建造模型、推测、估计、犯错误、承认不可能回答的问题以及从事通过计算解决常规问题以外的其他活动方面的真实经验。因此，从总的来说，本科生尤其是未来的老师，应具有广泛的学习经验，并应尊重每个教师如何选择和采用其教学方法。

专修生和非专修生的科学课

为了改变专修生和非专修生的科学课教育，专科学院一级的科学课课程应强调科学课重要的核心概念、它们的观察基础以及它们的发展历史。这会需要增加题目，这类题目超出传统的单个的科学学科的范围。

在20世纪80年代，大多数大学校园都展开了关于普通教育或文科教育的激烈争论。把科学、教育和文化艺术专科学院聚在一起来探索普通教育的“30工程”(参见本书《资料来源》部分)，以及美国科学促进协会的一份报告(1990年)(该报告涉及了在对未来教师的教育中的文化艺术课程的问题)，都是对这次讨论的重要贡献。《面向全体美国人的科学》一书提出了在文科教育方面科学和技术部分应起什么作用的新一代争论的框架。专科学院和大学内的现有资源则提供了向学生灌输历史和社会前景的广阔机会，从而为他们在以后一生中追求科学知识作好准备。一个具有说服力的例子是，恰当地选择用于文科教育的科学课课程能够满足科学专修生和非专修生的需要。以这种方式来顾及未来的科学课教师、科学专修生和其他人员的需要出于以下几个原因。首先，如果专科学院教师很好地完成其工作，则原打算成为教师的人可能会决定成为科学家，反之亦然。其次，那些既不是专职教

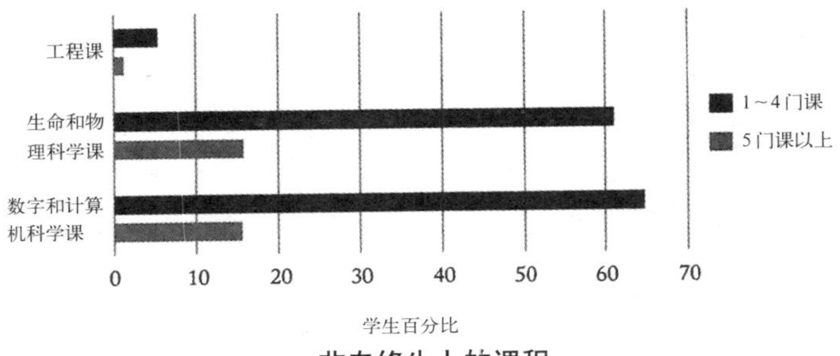

非专修生上的课程

来源：National Science Foundation. (1996). *Indicators of science and mathematics education 1995*. Arlington, VA: Author.

育工作者又不是科学家的人将有机会具有一定的科学基础。我们应该坚持，我们认为对全体美国人民是好的科学课的，对未来教师也应该是好的，反之亦然。

专科学院教师培训方面所需的变革

改革在普通的专科学院课堂的教授方法以促进“2061计划”所要求的那种学习，需要重视高等院校的教师培训。在《面向全体美国人

的科学》和《科学素养的基准》中所阐述的许多概念也能用于高等院校教师。

为了帮助专科学院教师学习教学，专科学院和大学应对以下三个关键原则予以特别的注意：①重要的是创造一种思想风气，它应鼓励创造性，避免教条，在学生现有知识基础上教学，支持妇女和少数民族的作用和期待成功；②教学应有学生积极参与并得到反馈；③教学是学习的一种有效方法。这些概念将在以下各节进一步介绍。

为所有人创造成功的培训

在全国K－12学生中有色人种和女性占多数(此比例在今后几十年内将会增长到至少三分之二)的情况下，成功的改革取决于我们解决公平的问题以及消除对妇女、少数民族和来自低收入家庭的学生的科学障碍的能力。除提高科学水平外，高等教育的改革还必需吸收下列人员参加到科学传播队伍中去，而这部分人的工作在以前的科学事业中没有得到应有的承认。

那些进行改革而资源有限的大学可能会落后于资金雄厚的大学的工作。对资源较少的中学而言，改革可能会在实际上加剧资源分配的不公平，改进少数学生的机会而不是所有学生。州立大学的各个校园、

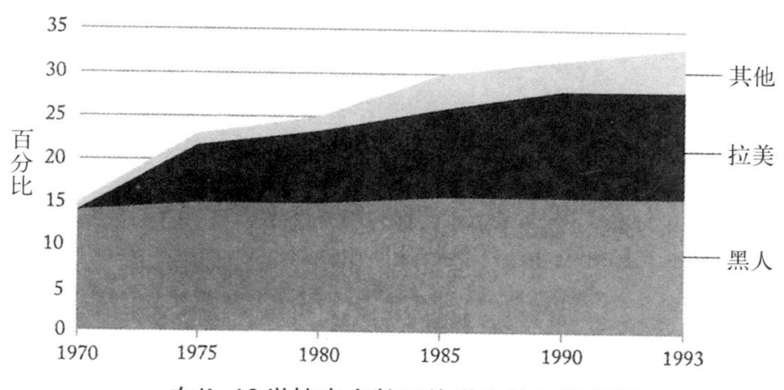

在K－12学校内少数民族学生的入学情况

来源：National Science Foundation：(1996). *Indicators of science and mathematics education 1995*. Arlington，VA：Author.

社区、技术专科学院和历史传统上的黑人为主的专科学院和大学都已做出努力使学生组成多样化，鼓励非传统的学生从事科学工作。在制订专门的计划方面，他们一直走在前面，在培养少数民族科学家方面有着良好的记录。他们对在科学领域方面会有发展机会的学生，一直在录取和学费方面予以支持。遗憾的是，由于资源有限，这些项目只为少数学生提供了服务。重要的是，如果我们想提供一个平等的竞争机会，我们应对少数民族和来自低收入家庭的学生集中的学校的需求予以高度的重视。

把大部分工程学士学位授予少数民族学生的专科学院和大学

黑　人	拉 美 人
1. 北卡罗来纳州 A&T 州立大学	1. 波多黎各马亚圭斯大学
2. 图斯克吉大学	2. 波多黎各理工大学
3. 草原景色 A&M 大学	3. 佛罗里达国际大学
4. 乔治亚理工学院	4. 得克萨斯 A&M 大学
5. 哈佛大学	5. 得克萨斯大学(位于埃尔帕索市)
6. 巴吞鲁日南方大学和 A&M 学院	6. 加利福尼亚州立理工大学
7. 北卡罗莱纳州立大学(位于罗利市)	7. 得克萨斯大学(位于奥斯汀市)
8. CUNY 城市大学	8. 麻省理工学院
9. 普拉特学院	9. 新墨西哥州立大学
10. 麻省理工学院	10. 迈阿密大学

来源：National Science Foundation. (1996). *Indicatiors of science and mathematics education 1995*. Arlington, VA: Author.

使学生积极参与和使用反馈的培训

如果要使科学素养成为现实，学生必须每年都明显地提高他们的科学知识。当教授确定期望，设定思想风气，选择适当的活动和对学生提供建设性的反馈时，极为重要的是，他们必须非常注意使学生在发展中促进其知识和技能的准备，如何实现这一点呢？

学习过程应该与活动、反思和实践相配合。如果科学课教授能经常反思其工作和学习的方式，则他们就能更好地为学生服务。在日常工作中，科学家自己先提出问题，设计解释，完成实验，并从与他人的交往中吸收信息。当学生在发展其知识时，他们也需要采用这些方法。

在另一方面，通过多年的培训，科学家和科学课教师已把许多积极的学习方法内在化。例如，工作的科学家极少自己去记忆一个公式。但学生有时却需要记住，因为他们可能还不会用自己的知识去推导出该公式。尽管许多本科生充其量正在开始获得这种复杂的水平，许多教师却不能设想，如果没有这种技能如何去工作。

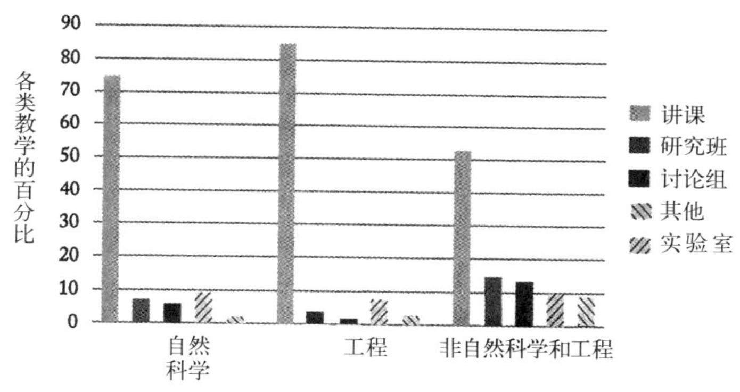

在研究性大学里教学的类型

来源：National Science Foundation. (1996). *Indicators of science and mathematics education 1995*. Arlington, VA: Author.

教师不应只是使学生保持在其初始的理解水平上，或期望学生突然跳跃至更高的水平，而应该考虑"使学生向上攀登"。这可以通过积累学生的科学知识，帮助他们学习更复杂的概念，明确地告诉学生，随着课程的进展，他们应更多地靠自己向上攀登。

教师不应只是使学生保持在其初始的理解水平上，或期望学生突然跳跃至更高的水平，而应该考虑"使学生向上攀登"

未来的科学课教师应向上攀登多高呢?答案部分地取决于需要怎样的理解水平，使他们作为老师能继续地扩展他们的科学知识。未来的科学课教师应了解科学课的范围，并且对科学重要概念具有一定的可信的、深入的、积极的经验。

教学的培训

为了鼓励所有学生参与教学活动，教授有时候设定同事学习小组，指定和培训本科生助教或辅导教师，或安排学生讲解课程材料。有些专科学院还开发了与通常的科学课课程并行的“边缘课程”，此时学生与教授会晤，商讨课程应如何教法。在一些大学里，有关教学和学习的研究生课程已发展为一种新的对科学课教育有兴趣的人开设的学位计划。

专科学院的教师虽然对鼓励学生参与教学感兴趣，但有时也忽略了反思其自己的教学方法。教授应更多地参与培训研究生和刚开始教学的初级教师。让教师帮助别人不但令人高兴，还会使他们对教育的思路更清晰和进行反思。它使临时代课教师能接触年轻的同事所带来的新颖的教育学概念，包括如同“2061 计划”那样的计划。教研究生和初级教师如何教学而不是如何学习，将会鼓励教授把自己看成是教师，并更多地了解他们自己的教学技巧。

改革的合作与持久

由于改革使 K−12 科学课教学更具广泛的吸引力和有效，从而使将在专科学院内学习科学课的学生队伍扩大。对于在大学范围内科学课教学采用类似的广泛的方法，将会扩大未来科学家和科学课教师的队伍。在高等院校内的科学家和工程师，作为职业的自身利益的行为，应支持 K−12 科学课教育改革，据此重新检查他们自己的科学课教学方法。

通过与 K−12 中学合作，协调高等院校中的科学课教育与以标准为基础的目标之间的关系，专科学院和大学可重新获得公众的信任。中学和专科学院的联合体，如K−16(幼儿园到大学毕业)委员会一类机构，是对我们的中学和专科学院的改革作协调的一种途径(Atkin & Atkin，1989 年)。这类委员会可以探讨诸如下述问题：农村和城市中学如何接触技术、科学课和数学课辅导，及如何接触有关科学课的教学资源。如果这类联合体和合作能进一步扩展、重复和获得支持，则就能使更多的专科学院和大学在 K−12 教育改革方面起积极的作用。

目前还有争论的是，K－12改革将会有助于产生这样的学生，他们具有更多的科学知识并渴望在科学方面取得成就。如何吸引这部分学生，将是高等院校进行改革的强烈愿望，这对招生不足的科学系来说尤其如此。重新考虑录取过程可能是专科学院方面“引进”改革的第一步，并可能会鼓励在K－12和高等教育界之间进行课程讨论。

依赖K－12改革

如果专科学院和大学最终对K－12改革做出响应，则有若干个机构和计划，能确保培养出具有科学知识的高中毕业生的有效的教学和学习方法能在专科学院里继续贯彻下去。对改革取得成功起关键支持作用的机构有：①职业性和专业性协会，它们在其各自领域设定学科内容的标准；②企业界，它们需要一个经过广泛培训和具有科学知识的劳动力队伍；③研究机构，它们对取得新的科学技能并进入下一个教育水平的本科生的成绩做出验证。

为了克服“按我们过去被教过的方式去教”的倾向和开发新的教学榜样，高等院校应留意教学和学习中心的工作，如哈佛大学的中心(Graduate School of Arts and Sciences，1993年)和威斯康星大学的合作计划(Wisconsin Center for Educational Research，1996年)。这两项计划介绍的是，研究性大学如何使其教师重新检查其教学方法和利用新技术进行实验。

专科学院和大学可以通过开发榜样和倡议地区性的中学和大学教师讨论会的方式，促进创新的基于研究的教学技术和材料。由于专科学院和大学教师几乎完全可自由地选择教学内容和技术，他们可以成为在创新的教学方面的先导者。K－12和专科学院科学课教师间的合作应成为这方面工作的核心。专科学院教师在与K－12和高等院校的同事配合工作时，可对一整套的教育学研究和教学方法进行实验，并可为其K－12同事示范作为研究人员的教师的作用。

职业团体及其领导机构可对它们的成员进行科学教育改革的教育，争取他们的支持，从而在全国范围或局部地区在各个层次上改革科学教育。由于许多高等院校教师主要献身于学科而不是其工作机构，科学教育工作者必须争取专业学科团体的支持，使来自高等院校的教师、工业界和政府研究实验室中的科学家和工程师参与改革工作。

建　议

变革不会轻易到来，对高等教育尤其如此。如果要使科学教育改革在高等教育方面取得成功，则不仅大学教师必须经常地与其K-12同事互通信息，而且大量的有关教师和管理人员也必须参与进来。

1.校长领导是关键。校长的承诺不仅仅是华丽的词句，对大学里一些最显眼和繁忙的人员，应从资源、资金和时间上加以保证。校长和教务长可以把系主任与科学课、数学课和工程课教授们集中在一起，以便：①培养引导科学课、数学课和技术课的多学科课程系列的榜样；②对于科学课和数学课最佳教学提供奖励；③鼓励教师参与K-12科学和数学教育。他们可以将《面向全体美国人的科学》作为在专科学院校园内和其他高等教育讲坛上进行科学教育讨论的基础。

2.公平问题是改革成功的关键。虽然K-12科学教育改革者对公平的行动计划明确地做出承诺(Kreinberg，1995年)，仍有许多学生，尤其是少数民族和来自低收入家庭的学生，未能由高中过渡到高等院校。迄今为止，旨在增加少数民族参与科学的政策，其效果一直是令人失望的。

值得考虑的是，是否应对那些对公平行动计划做出过贡献的高等院校给予更多的支持。由于改革需要大量的资源，重要的是将少数民族和低收入家庭学生高度集中的学校(尤其是农村或城市地区的学校)的需要置于首位。

3.必须确定在高等院校内改革的执行者。因为高等教育经常把K-12领域的需要看成为它的外围，因此，大学科学课教师与专业学科协会密切配合就很重要。通过这些交往能使他们接触改革的材料和概念，这就为专科学院教师在制定课程和教学方法时提供支持。

4.家长和申请到专科学院就读的学生必须明白在高等院校内教学和学习的文化的具体信息。重要的是，未来的学生应考虑他们未来的专科学院的科学课和数学课的教学和学习方法会如何影响其成功。对于那些不具备以传统的方式接触有关专科学院信息的学生，提供这种信息尤其重要。

5.录取过程是关键。在全国范围内，高等教育已开始使录取过程符合于标准化的趋势、档案的增加及行为评估计划。应进一步探讨录取的灵活性，增强K—12中学和高等院校的联系。

6.对K—12教师和管理人员进行高质量的专业性培养，对科学教育改革非常重要。高等院校可以在这方面予以协助。为了向科学课和数学课教师及学校的管理人员提供合适的内容，在科学和教育系的大学教师必须更多地了解在K—12学校中学生的日常学习。

为了使高等院校充分参与科学课改革，大学教师必须改变其对教学的看法。教师对于那些有志于教师职业的学生应表示尊敬，鼓励其中最优秀者考虑在K—12教学中任教，认真地发挥他们在培养科学课和数学课教师方面的作用，并参与能有助于科学教师的新的重要的研究工作。这样，他们才是教育改革行动计划的真正参与者。

参考书目

1 American Association for the Advancement of Science.(1993).*Benchmarks for science literacy*. New York：Oxford University Press.

2 American Association for the Advancement of Science. (1990). *Liberal education in the sciences*. Washington, D.C.：Author.

3 American Association for the Advancement of Science. (1989). *Science for all Americans*. New York：Oxford University Press.

4 Atkin, J.M., & Atkin, A.(1989). *Improving science education through local alliances*. New York：Carnegie Corporation of New York.

5 Boyer, E.L.(1994,March 9). Creating the new American college. *The Chronicle of Higher Education*, A48.

6 Commission on Faculty Recognition and Rewards. (1994).*Report to the Joint Policy Board for Mathematics*. Washington, D.C.:Author.

7 Goroff, D.(1995). *College teaching and the education of teachers*. Commissioned paper. Washington, D.C.：American Association for the Advancement of Science.

8 Graduate School of Arts and Sciences. (1993). *Teaching fellows handbook*. Cambridge, MA:Harvard University, Derek Bok Center for Teaching

and Learning.
9 Kreinberg, N.(1995) .*Equity and systemic reform*. Washington, D.C.: American Association for the Advancement of Science.
10 National Commission on Excellence in Education. (1983). *A nation at risk: The imperative for educational reform*. Washington, D.C.:U.S. Government Printing Office.
11 University of Wisconsin Board of Regents. (1996). *Study of the UW system in the 21st century*. Madison, WI: Author.
12 Wingspread Group.(1993). *An American imperative: Higher expectations for higher education*. Report of the Wingspread Group on Higher Education. Racine, WI:Johnson Foundation, Inc.
13 Wisconsin Center for Educational Research. (1996). Faculty collaboration improves undergraduate teaching. *WCER Highlights*.*8*(2),1-2.

文献目录

1 American Association for the Advancement of Science.(1990). *The liberal art of science: Agenda for action*. Washington, D.C.: Author.
2 American Association of Higher Education.(1990/1991).*Improving student achievement through partnerships*. First and Second National Conferences on School/College Collaboration. Washington, D.C.:Author.
3 American Federation of Teachers and National Center for Improving Science Education.(1994).*What college-bound students abroad are expected to know about biology: Exams from England and Wales, France, Germany and Japan*. Washington,D.C.:Author.
4 American Mathematical Society.(1994).*Recognition and rewards in the mathematical sciences*. Report of the Joint Policy Board for Mathematics, Committee on Professional Recognition and Rewards. Washington, D.C.:Author.
5 Bernstein, A. & Cock,J.(1994,June15). A troubling picture of gender equity. *The Chronicle of Higher Education*, Pull-Out Section 2.
6 Boyer, E.L.(1994,March 9).Creating the new American college. *The Chronicle of Higher Education*, p.A48.
7 Brubacher, J.S. & Rudy, W.(1997).*Higher education in transition*. New York: Harper & Row.

8 Committee on Education and Human Resources of the Federal Coordinating Council for Science, Engineering and Technology. (1993). *Pathways to excellence: A federal Strategy for science, mathematics, engineering, and technology education.*/Washington, D.C.: Office of Human Resources and Education.

9 Derek Bok Center. (1992, May). On teaching and learning. *Journal of the Derek Bok Center.* Cambridge, MA: Harvard University.

10 Edgerton, R. (1993, July/August). The re-e xamination of faculty priorities. *Change,* 10-25.

11 Frazier, C.M. (1993). *A shared vision: Policy recommendations for linking teacher education to school reform.* Denver, CO: Education Commission of the States.

12 Graduate School of Arts and Sciences and the Derek Bok Center for Teaching and Learning. (1993). *Teaching fellows handbook.* Cambridge, MA: Harvard University.

13 Johnston, J.S., Jr. (1989). *Those who can: Undergraduate programs to prepare arts and sciences majors for teaching.* Washington, D.C.: Association of American Colleges,.

14 Laws, p. (1991, July/August). Workshop physics: Learning introductory physics by doing it. *Change.*

15 Lederman, L.M. (1994, November 16). A science project to change our schools. *The Washington Post,* p.A25.

16 Lortie, D.C. (1975). *School-teacher: A sociological study.* Chicago, IL: The University of Chicago Press.

17 *Mathematicians and Education Reform Forum Newsletter.* (1993, Fall). University of Illinois at Chicago, Department of Mathematics, Statistics, and Computer Science. Volume 7, Number 1.

18 Narum, J.L. (ed.). (1993). *What works: Building natural science communities.* Washington, D.C.: Project Kaleidoscope, The Independent Colleges Office.

19 National Education Commission on Time and Learning. (1994). *Prisoners of Time: Schools and programs making time work for students and teachers.* Washington, D.C.. Author.

20 National Science Foundation. (1993, February). *Beyond national standards and goals: Excellence in mathematics and science education K-16.*

Washington, D.C.: Author.

21 Recruiting New Teachers, Inc. (1993). *State policies to improve the teacher workforce:Shaping the profession that shapes America's future. Belmont*, MA: Author.

22 Sato, N. & McLaughlin, M.W.(1992, January).Context matters: Teaching in Jepan and in the United States. *Phi Delta Kappan*, 359–66.

23 Sockett, H.(1994, October 19)."School–based" master's degrees. *Education Week*, p.35.

24 Steen, L.A.(1991, July/August). Reaching for science literacy.*Change*.

25 Stigler, J.W.& Stevenson, H.W.(1991,Spring). How Asian teachers polish each lesson to perfection. *American Educator*, 12–20,43–47.

26 Stoel, C., Togneri, W. & Brown, P.(1992). *What works: School/college partnerships to improve poor and minority student achievement.* Washington,D.C.: American Association of Higher Education.

27 Sussman, A.(Ed.). (1993). *Science education partnerships: Manual for scientists and K–12 teachers*. San Francisco, CA: University of California.

28 Tobias, S. (1990).*They're not dumb, they're different: Stalking the second tier*. Tucson, AZ: Research Corporation.

29 U.S. Department of Education. (1993). *America's teachers: Profile of a profession*.Washington, D.C.:National Center for Educational Statistics. NCES 93–025.

30 U.S.Department of Education. (1993). *New teachers in the job market, 1991 update*.Washington, D.C.:National Center for Education Statistics. NCES 93–392.

31 Wagener, U.E. (1991, July/August). Changing the culture of teaching: Mathematics at Indiana, Chicago, and Harvard. *Change*.

32 Wurtz, E. & Malcolm, S.(1993). *Promises to keep: Creating high standards for American students*. Report on the Review of Education Standards to the National Education Goals Panel. Washington, D.C.: National Education Goals Panel.

第十一章

家庭和社区

家庭[①]和社区对儿童的学习有很大的影响。在教育改革中，家庭是宝贵的资源。当学校认识到这一点并鼓励家长在教育改革中发挥作用时，儿童就能从中受益。研究表明，一个由家长、社区成员、学习同伴和教育工作者组成的可靠的高度相互作用网络，能刺激儿童的学习和发展(Bronfenbrenner，1989年)。

建立一个支持儿童的科学课学习和发展的任务正在变得越来越困难。社会结构的变化和越来越大的经济压力使有些家庭(如单亲的家长常常做一项以上的工作，许多双亲的家长也是两人都工作)能参与学校教育工作的时间和精力减少。同时，许多家庭的结构正在发生变化，如日渐突出的家庭子女教育问题等。

中学总是面临这样的困难，即如何对毫无准备的学生(不管是由于

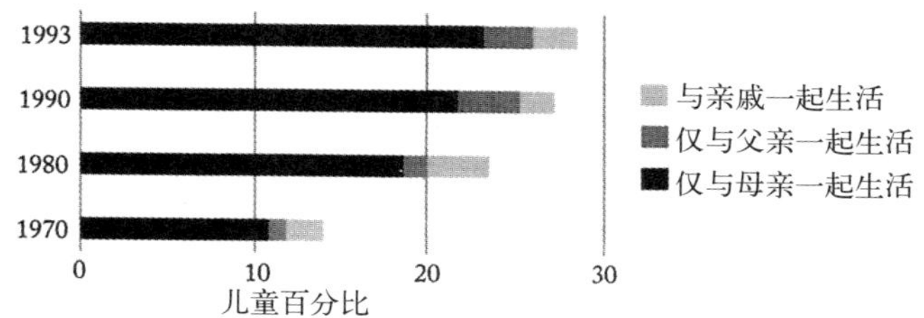

18岁以下儿童的生活安排

来源 Published on the U.S. Bureau of Census World Wob site at http:/www.census.gow

注：① 越来越多的(外)祖父母、姑姨、叔舅、继父母和监护人可能会承担儿童教育、成长和福利的主要责任，在本章中，凡提到“家长”和“家长参与”处，指所有在儿童的家庭生活中起主导作用的成年人。

经济或其他原因)进行教学。当整个国家向更高的教育标准发展时，这种挑战尤其突出。本章讨论家庭参与在科学教育和科学教育改革方面的作用，并提出解决这些问题的一些方法，还提出一些必要的变革和实施这些变革的具体建议，以便帮助家长参与其子女的科学教育。通过参与儿童在家里的教育活动，有意识地参与学校活动，或支持改进的科学教育，每个家庭都可发挥其作用。在本章中，我们将指出一些计划、工程和资源的特定例子，它们阐明使家庭和社区参与科学教育的成功的途径。在本书的《资料来源》中提供了一个带简要说明的经选择的计划列表,这些计划可用于家长参与改进全民科学素养的目标。

本章中的有些信息是通过广泛调查有关家长参与教育的文献获得的，其来源是对纽约市、亚特兰大、芝加哥和洛杉矶附近的农村、郊区和市区的12个重点小组(每组由5～8个家长和社区成员组成)的调查情况。当地的学生家长和教师联席会主席和学校校长选出重点小组的成员。由于这些家长与学生家长和教师联席会有关，他们可能会对学校教育改革问题特别积极，对教育过程也很了解。其他的家长则可能持有不同的观点。

目前存在的问题

重点小组提出以下有关科学、数学和技术教育的主要问题：

1.教师的素质和教学备课对学生学习的影响；

2.学校中教学的类型；

3.学校和家庭的联系，包括家长拒绝参与学校活动和学生学习；学校人员与家长的关系；家长对学校问题的了解，尤其是他们对科学课课程和教学的了解；

4.外部因素，如考虑到社会的和经济的因素，家长也会不参与学校活动和学生的学习。

在本章以下各部分中，将对上述由重点小组提出的这些问题进行讨论。

教师的质量和教师培训

重点小组的家长最普遍的担心之一是教师的素质，包括教师在讲课以前和讲课期间在科学课和数学课方面接受培训的质量。这些家长认为，他们孩子对科学课和数学课的主动性和兴趣常因教师而定。当学生认为他们的教师能胜任并对科学课或数学课有信心时，则他们也趋向于对这些科目感兴趣。小学生的家长尤其关心教师的备课，因为这一级别的教师看来对他们感兴趣的科目(如读写)花更多的时间，而花较少的时间于科学课和数学课。

当学生认为他们的教师能胜任并对科学课或数学课有信心时，则他们也趋向于对这些科目感兴趣

重点小组的家长提出了改进教学的想法，包括对教师进行更好的培训、低年级的科学课专家对教师进行经常的有关的培训。尽管这些家长对他们孩子获得更高水平有高度认识和愿望，但他们承认对孩子的上学通常也取一种被动的态度，希望他们的孩子能分属于一个好教师，而不是要求教学会有改进或变革。

课堂教学

重点小组对课堂教学的讨论确定了下述四方面的需要：

1.更多的动手操作活动和实际生活应用；

2.基础要扎实；

3.与学生们一起工作和学习；

4.更多地应用技术。

效区和农村的家长则强调关键性思维技巧。城市的家长要求课程设置与他们的孩子的实际生活经历相联系，并采用有助于学生应用其学到的知识的学习方法。

家长对基础的定义超出了读、写和算术的范围。例如，他们提到读钟表、读出变化和做基本测量的能力。家长认为，科学课学习应该远远超出课本和课堂的范围。

所有的重点小组都指出，与实际生活经历和未来可能的工作有关的动手操作活动对改进科学教育极为重要。但是，他们亦强调关键性思维和应用技巧的机会的必要，以便提供环境和开启学生的思维。

家长对于他们对学校的改革问题知之甚少很为恼火。他们指出，他们经常对促进非传统的科学课学习方法的主动倡议的支持表示犹豫，因为他们对此不熟悉并不清楚在课堂里会是怎么样。例如，大多数家长认为，一项综合的课程安排就像一个好的想法，但对它准确的含意并不清楚。某些郊区的家长认为，集体学习会使一些先进的学生学业上受损，并对孩子对于科学课的态度和主动精神产生不良影响。

家长还提到需将技术课纳入学生学习范围。讨论集中在用计算机装备教室，但也认识到费用的限制及培训和技术支持的需要。城区的家长还认为，当教室还缺乏书本和基本供应品时，难以考虑采购计算机。在一些城市和农村的学校内，技术使用上的公平要求尤为关键。

学校和家庭间的联系

家长对改革所表示出来的深深的关切明显地表明，他们懂得需要积极地参与教育过程。但是，包括懂得需要参与的许多家长在内，并没有实际参与进去。家长通报说，学校和家庭间这种极差的联系，在他们了解学校问题方面产生很大的隔阂，导致对改革的怀疑，因而只接受现状而拒绝变革。

随着学校继续将技术综合进教学中去，与家长的联系尤其重要，因为家长承认他们对技术在教室里的潜在应用了解甚少。学校经常不安排家长一起讨论技术产品的采购，也不通知家长可选择的技术产品或他们最终做出决定的说明。

这种联系还影响家庭参与学生的学习。那些参与其孩子的学校活动的家长报告说，他们主要参与的是学习过程外围的活动，如郊游的护送或特殊活动的计划。不论好坏，社区信任学校“做事正确”。极少

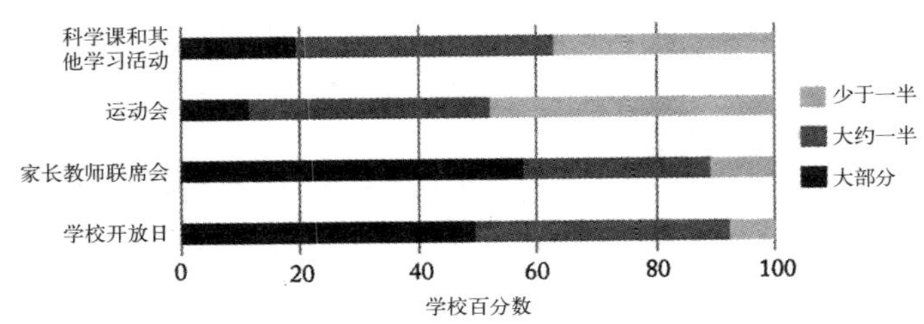

家长出席学校的活动

来源：National Center for Education Statistics.(1996,October).*Statistics in brief*.Washington,D.C.:Author.(NCES 96–913).

参与的原因有：对课程和改革倡议了解甚少或半信半疑，有时是一种学校和家庭间、社会因素和经济因素间较疏远的关系。对有些家长来说，语言上的不同也是一个因素。毫无疑问，这些因素又是互相联系的。说到底，虽然家长可能会担心，但他们对和学校教职员讨论这些担心又心存疑虑，从而置身于改进科学课教学过程之外。

虽然许多家长认为学校没有为学生做好充分准备，但他们可能认为家长不应对改变这种状况负责。那些报告说，尽管众人认为重点小组的家长应对学校培养学生达到标准负责，但这些家长感到自己无力改变目前的体制。他们认为他们影响教育过程的能力取决于教师和学校管理人员对他们意见的采纳程度。例如，虽然重点小组内的家长对于诸如选择课本这类的决定有一定的发言权，但他们报告说极少有机会对这类决定有重大影响。

家长尤其对科学课的变革感到不安，大多数家长承认对这门课很不熟悉。研究指出，即使是受到良好教育的家长也会对科学课心存惧怕，所具备的科学水平较低(Kober，1993年)。这种公认的对科学知识的缺乏导致许多家长仅从掌握个别的技能角度来看待科学课，而没有认识到理解概念和其过程对智力的开发和未来学习的必要性。

这些发现有两层含义。首先，为促使家长参加其孩子的教育，学校应强调所建议的变革和家长希望的结果之间的联系。其次，学校应制订出使家长参与有关达到这些结果的策略。由于对农村、低收入、非英语的和少数民族家长来说，接触和影响学校的制度有一定的限制，这些社区的学校应努力协调以改进其外联工作。

社会和经济因素

毫不奇怪，在重点小组内，城市、郊区和农村的家长间最突出的差异是其社会和经济的因素如何影响他们参与学校工作。这些因素可以从多个方面影响他们的参与。教育程度、文化背景和语言、可用的时间、金钱和其他资源方面的不同，都会影响家庭参与其孩子教育的能力和愿望。当学校人员以低估较贫困、受教育较少的家庭的贡献这样一种社会文化假设办事时，当他们使用教育界的行话而使相互联系间的隔阂加深时，当他们忽略或轻视重要的经济的、文化的和语言的

当学校人员以低估较贫困、受教育较少的家庭的贡献这样一种社会文化假设办事时，当他们使用教育界的行话而使相互联系间的隔阂加深时，当他们忽略或轻视重要的经济的、文化的和语言的差异时，他们会在实际上妨碍家庭的参与

差异时，他们会在实际上妨碍家庭的参与。

家长总的来说对他们孩子的在校成绩没有太高的期望，尤其是对科学课和数学课，因为他们自己在这些领域里的成绩就低。有些家长则把科学课和数学课的成功归结于先天的能力，而不是努力和毅力。

在文化教育水平较低的社区，那些希望参与其孩子教育的家庭成员可能会缺少信心和技巧去与学校人员接触，或表达其兴趣和意见。那些只上过很少学或具有反面的学校经历的家长可能会拒绝与教育工作者合作。

对移民和少数民族家庭来说，他们的参与还存在额外的语言和文化障碍。在移民家庭集中的地区，语言的差异可能会构成家庭参与的主要障碍。这些障碍促使学校在与学生和家庭联系时，以及在其外联工作中，应更灵活，更了解情况，更具创造性。

低收入社区的家庭常会发现，生存问题耗尽了他们的个人资源。许多低收入的家长同时干2～3份工作来养活家庭。拥挤的居住条件、低标准的住房、不良的营养和低下的医疗保健，不仅对儿童的教育，也会对其家长用于教育改革问题的时间和精力，产生不良影响。年幼儿童的看护需要，个人安全的担心和缺少交通工具都可能是制约因素，学校应在其外联工作中予以考虑。

尽管如此，社会各个阶层的家长都敏锐地了解教育对他们孩子未来生活的重要性。因此当学校试着以家长能理解的方式交流其对学生的看法和适应各种背景下日常家庭生活的现实时，学校就能在社区建立起强有力的联系。

虽然这些障碍看起来很吓人，但它们可以通过精心设计在研究的基础上制定的计划来克服。这类计划有：科默学校发展计划，ASPIRA数学和科学学院，美国科学促进协会的“忠诚”社区计划，及本书《资料来源》中介绍的“教师使家长参与学校工作计划”，这些计划的目的

是促进有责任心的家长和家庭参与科学课学习。这些计划及其他以社区为基础的类似计划在使家长参与方面已取得成功，而与家长的收入水平、教育或种族无关。

变革的策略

通过成为在家里的教育工作者，通过积极参与学校活动，通过提倡改进科学教育，家庭和社区能实现科学教育的变革。

家庭策略

家长参与其孩子教育的第一个场所就是在家里。研究表明，当家长参与对某一科目(如数学)在家里的学习活动时，他们的孩子在这个科目上的成绩就提高(Epstein，1988年)。为帮助孩子学习科学课和数学课，家长并不需要微生物学或工程学的学位。他们可以从关掉电视和确保家庭作业完成做起。当家长监督孩子做家庭作业时，学生就能完成更多的作业，提高考试分数和提高级别(kober，1993年)。在学生的数学成绩和有限制的看电视之间存在高度相关关系(Mullis，Dossey，Owen，& Phillips ，1991年)。许多学校和社区倡议设立家庭作业热线、辅导、家长研讨会和有关的计划，以帮助家长对孩子的科学课和数学课家庭作业进行辅导。某些这类计划，如“家庭科学课”、“家庭数学课”、“教师使家长参与学校工作计划”和“EXCEL-MAS计划”，已在本书的《资料来源》部分作介绍。

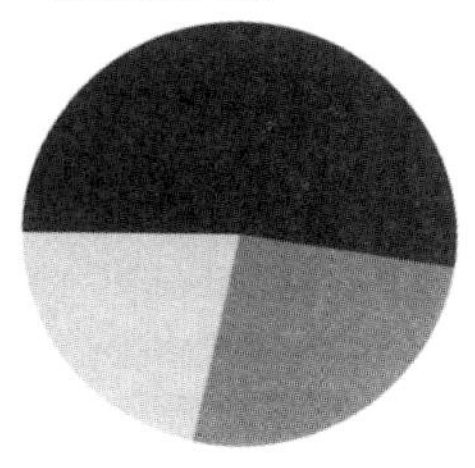

8年级学生中的“风险因素”

来源：Nelson，B. H.，Weiss，I.R.，and Conaway，L.E.(1992). *Science and mathe－matics briefing book*, *vol Ⅲ*. Chapel Hill, NC：Horizon Research.

其次，家庭只需要鼓励儿童天生的好奇心，观察并与他们一起学习。家庭可通过读书、提问题、讨论与科学有关的文章、参观博物馆和科技馆，为孩子做出终生好学、询问和好奇心的榜样。科默(1986年)报告说，许多参加家长参与计划的低收入的家长，仅通过继续他们自己的教育，就成为他们孩子的学习榜样。令人兴奋的数学课和科学课教材，如《宏技能》(MegaSkills)修订版(Rich，1992年)，《帮助你的孩子学科学》(Paulu，1991年)，都强调在积累思维技巧和解决问题技巧的同时学习的价值。

17岁学生的家庭作业和数学技能间的关系(1992)

做家庭作业的频度	学生的百分比	平均数学技能
经　常	76	310
有时候	19	295
从　不	5	285

来源：National Science Foundation.(1996). *Indicators of science and mathematics, 1995*. Arlington, VA：Author.

家长可利用收音机、电视、家庭活动、书籍和国际互联网来参与他们孩子的家庭科学课计划。美国科学促进协会的“动态城市超级居民广播节目”使儿童亦参与科学活动。另一项全国地理学会的计划“儿童网络”使家长、学生、教师和科学家通过网络共同探索重要的现实生活中的科学问题。书本材料有：教师手册《教师使家长参与学校工作计划》，《中年级学生用的语言艺术和科学／卫生交互式家庭作业》(Epstein，Jackson，& Salinas，1992年)，《在你的社区内学习科学课和数学课》(National Urban League，Inc，1994年)和系列丛书《家庭联系》(Appalachia Educational Laboratory)，它们都为家庭科学活动提出很好的建议。

最后，不管家庭居住何处及收入如何，家长可通过让孩子知道自己对他抱有很高的希望，尤其在数学课和科学课方面，从而促使他们取得好成绩。家长可通过确定短期的目标，当孩子达到此目标时给以奖励的办法，说明好成绩的重要性，提高孩子的自尊心。

学校策略

家庭和社区的参与以及同他们的联系活动自然会超出学校的范围。通过使家长、科学家和其他社区成员的参与而扩大其影响范围的方法，学校就能为改进科学教育建立起获得广泛支持的对话方式。

家庭和学校必须相互同意为儿童所制定的目标，双方必须承认每一方都在儿童教育的成功方面发挥着作用。沃尔伯格、博尔和韦克斯曼(1980年)检查了一项学校范围的K−6(幼儿园到小学六年级)计划。按此计划，家长签订了合同，保证确定高的目标，提供合适的学习环境，通过每天讨论工作来鼓励学习，在与学科有关的问题上与教师合作。

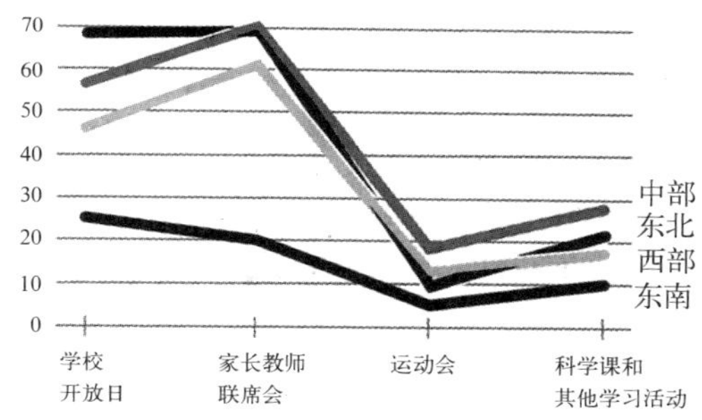

大部分或全部家长参与活动的学校的百分比

来源：National Center for Education Statistics. (1996, October). *Statistics in brief*. Washington, D.C.：Author.(NCES 96−913).

沃尔伯格观察到学生的表现有明显的进步。这些结果与列文(1987年)的发现极为相似，后者在他的“速成学校”计划里，通过合同形式明确规定对教育工作者、学生和家长的目标，取得了很好的效果。

学校可以通过建立家长咨询委员会和邀请家长参与制定学生的学习标准和目标的方式，加强家庭的参与。在发展这种伙伴关系时，重要的是教育工作者尽量使少数民族、非英语语种和低收入的家庭参加进来。

学校也可使家庭直接作为学习者和教师的身份参与。所有家长(不仅仅是少数专职科学家)都可通过读一本有关科学的书，为一项活动收集材料，为科学课和数学课活动对儿童做辅导，或帮助某个项目的方式进行教学。教师还可制定需要家庭成员参与并使学生共享科学知识和应用的家庭作业。

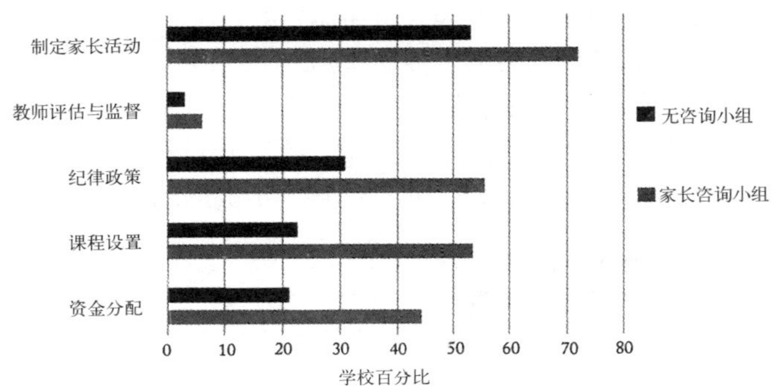

公立小学家长参与的类型

来源：National Center for Education Statistics. (1996, October). *Statistics in brief*. Washington, D.C.: Author.(NCES 96-913).

社区策略

社区资源可对教室内的科学课学习起补充作用，从各个方面满足对提高所有儿童的科学教育的要求。教堂、鼓动小组和青年服务机构[如卫生诊所、男女青年俱乐部、男青年基督教联合会(YMCA)、女青年基督教联合会(YWCA)]，都是改革工作的有用组成部分，尤其在科学教育工作者努力与数量越来越多的低收入家庭和少数民族学生接近时更为重要。

全国城市联合会、美国科学促进协会的“忠诚”社区计划及各项独立的工作(如路易斯·摩尔在纽约市墨西哥裔－美国人社区的工作)都成功地使少数民族学生和他们的家长参加有意义的科学课学习。在本书的《资料来源》部分对某些这类计划做了介绍。

学校可利用如博物馆、自然中心、企业和医院这样一些社区资源，作为学生和家庭校外学习的场所。这些非正式的场所能为学生提供对他们在教室里学到的科学知识，作为第一手学习和理解的另一种环境。像动物园和植物园、国家级或州级公园、国家宇航局教师资源中心和能源部实验室也可以是家庭和教师的信息源和教材。当地的管道工、电工和机工在他们的日常工作中所应用的科学原理，也可向学生展示。

像电话交换站和水处理设施这样的应用设备，也提供一种提科学问题的机会。企业亦可作为一种有用的科学教育资源，它们可提供科学专家与教师共同工作，制定教学计划，提供科学咨询的实用环境及支持在其雇员和学生间建立起辅导关系。企业界的高姿态的支持还会导致对教育改革计划产生更广泛的政治上和社区方面的支持。

尽管专科学院和大学不是每个区域都有，它们也是科学知识、技能和工具的丰富资源。一些最鼓舞人心的科学局面，是当科学家与学生和教师一起参与科学项目时形成的。这种合作为儿童起到了示范作用，也支持了教师工作，并且在K–12学校和高等院校间建立起相互了解和尊重。在鼓励和参与这些合作方面，社区组织可发挥多种可能的作用。例如，一项“大学—中学”数学和科学之夜的倡议可能会触发长期活动的计划。

一些最鼓舞人心的科学局面，是当科学家与学生和教师一起参与科学项目时形成的

建　议

家庭、社区领导人和教育工作者可以共同制定出有效的策略和计划，它们远超出集资和偶而参加学校活动的范围，激发出公众对科学课学习的热情，还能充分使用社区资源来丰富科学教育。以下是一些具体的建议，科学教育改革的所有参加者都可利用来培养这种关系。

1.促成在教育工作者、家庭和社区成员间制定在科学教育和联合解决问题方面的共同目标。应制定出有关政策，鼓励家长、社区成员和学校间清晰地相互交流儿童科学素养的目标。已经决定要改革的学校能帮助社区和家长把他们的期望与改革工作中的具体的科学课学习目标联系起来。

2.使教育工作者相信，所有家长都有愿望和能力支持他们孩子的教育。通过把所有的家长和其他的社区成员，不管其种族和社会经济背景如何，都看成是改革的热心和能干的参加者，学校就能消除经常存在于家长和学校教职员间的隔阂。虽然如更多地强调实际动手操作的学习方法这类变革会得到大多数家长的接受，科学教育工作者应认识到家长的顾虑，在处理诸如更多地采用教研组教学这类有争议的问题时，在做出承诺时应坦率陈词，家长则应理解，更高水平的科学知识对他们孩子的未来成功是至关重要的。

3.传播信息，使家长和社区更多地参与科学教育。像国家科学基金会(通过它在各州、农村和城市系统性计划)、专业学会、企业和媒体这样的组织，应大力传播成功的范例，使家长和社区更多地参与到科学教育中来。

4.向家庭和社区通报科学教育的情况，使他们参与有关教育改革的重要决策。学校可以向家长传送现有的指导原则，如由美国科学促进协会和大学校董会出版的《科学课堂的目的》和《数学课堂的目的》。专业学会也可制订其他的指导原则和检查单，以便向家长通报科学教育的问题并帮助他们参与决策过程。

5.使家长和社区作为学习者和教师参与。学校应使所有的家庭和社区的成年成员参与思考和学习，尤其是科学课的关键部分。教育系统的各级科学教育工作者应实施示范学校的做法，这些示范学校是所有社区成员的科学教育的资源。家长应把学校看成为扩展其科学、数学和技术的场所。学校则可将家长和社区成员看成丰富其学校科学课学习的资源。

这些建议要求学校、家庭和其他组织间的合作。独立于国家教育系统的其他变革来实施这些建议会是有益的。但是，用于促进所有学生科学水平的那种对科学课教育的重大改革，则只有在教育系统各个方面的参加者一起为共同的科学素养目标工作时才会实现。家庭、社区成员和社区组织的充分的积极参与，对实现系统性改革和确保对全体学生科学素养方面，起着关键作用。

参考书目

1 Bronfenbrenner, U.(1979). *The ecology of human development: Experiments by nature and design*. Cambridge, MA: Harvard University Press.

2 Comer, J.(1980). *School power: Implications of an intervention project*. New York: Free Press.

3 Comer, J.(1986, February). Parent participation in schools. *phi Delta kappan*,

226–442.

4 Epstein, J.(1988). How do we improve programs for parent involvement? *Educational Horizons, 66*, 58–59.

5 Epstein, J., Jackson, V., & Salinas, K.C. (1992). *Manual for teachers: Teachers involve parents in schoolwork (TIPS): Language arts and science/health interactive homework in the middle grades.* Boston, MA: Johns Hopkins University Center on Families, Communities, Schools, and Children's Learning.

6 Kober, N.(1993). *EDTALK: What we know about science teaching and learning.* Washington, D.C.: Council for Educational Development & Research.

7 Levin, H.M.(1987, March). Accelerated schools for disadvantaged students. *Educational Leadership & 44* (6), 19–21.

8 Mullis, I.V., Dossey, J.A., Owen, E.H., & Phillips, G.W.(1991, June). *The state of mathematics achievement: NAEP's assessment of the nation and the trial assessment of the states.* Washington, D.C.: U.S. Department of Education, National Center for Educational Statistics.

9 National Urban League, Inc. (1994). *Learning science and math in your community.* New York: Author.

10 Paulu, N.(1991). *Helping your child learn science.* Washington, D.C.: Office of Educational Research and Improvement, U.S. Department of Education.

11 Rich, D.(1992). *MegaSkills, revised and updated. Boston,* MA: Houghton, Mifflin Company.

12 Walberg, H., Bole, R., & Waxman, H.(1980). School-based family socialization and reading achievement in the inner city. *In Psychology in the Schools.* Santa Monica, CA: Rand Corporation.

文献目录

1 American Association for the Advancement of Science. (1993). *Benchmarks for science literacy.* New York: Oxford University Press.

2 American Association for the Advancement of Science. (1989). *Science for all Americans.* New York: Oxford University Press.

3 Armor, D.(1976). *Analysis of the school preferred reading program in selected Los Angeles minority schools.* Santa Monica, CA: RAND.

4 Ascher, C.(1987). *Improving the school-home connection for poor and minority urban students*. (Trends and Issues Series, No.8). New York: Institute for Urban and Minority Education, Techers College, Columbia University.p.5,8,10.
(ERIC/CUE Document Reproduction Service No. ED300-484)

5 Baker, D.,& Entwisle, D.(1987). The influence of mothers on the academic expectations of young children: A longitudinal study of how gender differences arise. *Social Forces*,*65*,670-694.

6 Baker, D., & Stevenson, D.(1986).Mothers' strategies for children's school achievement: Managing the transition to high school. *Sociology of Education*,*59*,156-166.

7 Becker, H., & Epstein, J.(1982). Parent involvement: A survey of teacher practices. *The Elementary School Journal*, *83*,85-102.

8 Bee, H., Barnard, K., Eyres, S., Gray, C., Hammond, M., Spietz, A., Snyder, C., & Clark, B.(1982). Prediction of IQ and language skills from prenatal status, child performance, family characteristics, and mother-infant interaction. *Child Development*,*53*,44-75.

9 Bempechat, J.(1990). *The role of parent involvement in children's academic achievement: A review of the literature*. (Trends and Issues No.14).New York: ERIC Clearinghouse on Urban Education. p.2,4-11. (ERIC/CUE Document Reproduction Service No. ED 322 285)

10 Bempechat,J. Mordkowitz, E.,Wu,J.,Morison, M., & Ginsburg, H.(1989, April). *Achievement motivation in Cambodian refugee children: A comparative study*. Paper presented at the Biennial conference of the Society for Research in Child Development, Kansas City, MO.

11 Berliner, D., & Casanova, U.(1985, October 20). Is parent involvement worth the effort? *Instructor*, 20-21.

12 Bloom, B.S.(1986). *The home environment and school learning*. One of 46 papers commissioned by the Study Group on the National Assessment of Student Achievement and cited in Appendix B to their final report, "The Nation's Report Card"(TM 870 044).

13 Boardman, S., Harrington, C., & Horowitz, S.(1987). Successful women: A psychological investigation of family, class and education. In B. Gutek & L.Larwood (Eds.), *Women's career development*. Beverly Hills, CA:Sage.

14 Bronfenbrenner, U.(1979). *The ecology of human development: Experiments by nature and design.* Cambridge, MA: Harvard University Press.

15 Brown, L.(1980). *Problems in implementing statutory requirements for Title I ESEA parent advisory councils.* Boston, MA: Institute for Responsive Education.(ERIC Document Reproduction Service No. ED 204 434).

16 Burns–Crawford, R.(1993). *Parents and schools: From visitors to partners.* Washington, D.C.: National Education Association.

17 Bush, C.S.(1981). *Language, remediation, and expansion: Workshops for parents and teachers.* Tucson, AZ:Communication Skill Builders.

18 Center on Organization and Restructuring of Schools. (1993,Fall). Social capital and the rebuilding of communities. In *Issues in restructuring schools.* Madison, WI: University of Wisconsin–Madison.

19 Chavkin, N.F., & Williams, D.L. (1984). *Executive summary: Guidelines and strategies for training teachers about parent involvement.* Austin, TX: Southwest Educational Development Laboratory.

20 Chavkin, N., & Williams, D.(1988). Critical issues in teacher training for parent involvement. *Educational Horizons, 66*,87–89.

21 Child Development Project (1994). *At home in our schools: A guide to school wide activities that build community.* Oakland, CA: Development Studies Center.

22 Clark, R.(1983). Family life and school achievement: *Why poor black children succeed and fail.* Chicago, IL: The University of Chicago Press.

23 Clark, R.M.(1988). Parents as providers of linguistic and social capital. *Educational Horizons, 66.*

24 Clark–Stewart, A.(1983). Exploring the assumptions of parent education. In R.Haskins & D. Adams (Eds.), *Parent education and public policy.* Norwood, NJ:Ablex.

25 Cochran, M., & Henderson, C.R.(1986). *Family matters: Evaluation of the Parental Empowerment Program.* Ithaca, NY: Cornell University.

26 Coleman, J., Campbell, E. Hobson, C., McPartland, J., Mood, A., Weinfeld, F., & York,R. (1966). *Equality of educational opportunity.* Washington, D.C.: U.S. Government Printing Office.

27 Coleman, J.(1988). Social capital in the creation of human capital. *The American Journal of Sociology*, 94 (Supplement), S95–S120.

28 Coleman, J.(1991). *Policy perspectives: Parental involvement in education.* (065-000-00459-3). Washington, D.C.:U.S.Government Printing Office.

29 Comer, J.(1980). *School power: Implications of an intervention project.* New York: The Free Press.

30 Comer, J.(1986,February). Parent participation in the schools. *Phi Delta Kappan, 67*(6), 226-442.

31 Comer, J.(1988, November). Educating poor minority children. *Scientific American,259*(5), 42-48.

32 Comer, J.,& Haynes, N.M.(1991). Parent involvement in schools: An ecological approach. *The Elementary School Journal, 91*(3), 271-277.

33 Csikszentmihalyi, M., & McCormack, J. (1986, February). The influence of teachers. *Phi Delta Kappan,67*(6), 415-419.

34 Devaney, K. (1987).Family math: Making the home an environment for problem solving. In M. Druger (Ed.), *Science for the fun of it: A guide to informal science education*, Washington, D.C.: National Science Teachers Association.

35 Dokecki, P., Hargrove, E., & Sandler, M.(1983). An overview of the parent child development center social experiment. In R.Haskins & D. Adams (Eds.),*Parent education and public policy*. Norwood, NJ: Ablex.

36 Duncan, L.W.(1969).*Parent-counselor conferences make a difference.* St. Petersburg,FL:St.Petersburg Junior College. (ERIC Document Reproduction Service No .ED 031 743).

37 Dunton, K., McDevitt, T.,& Hess, R. (1988). Origins of mothers' attributions about their daughters' and sons' performance in mathematics in sixth grade.*Merrill-Palmer Quarterly*, 34, 47-70.

38 Eccles, J.(1983). Expectancies, values, and academic behaviors. In J. Spence (Ed.), *Achievement and achievement motives: Psychological and social approaches*. New York : Freeman.

39 Epstein, J.L.(1984). School policy and parent involvement-Research results.*Educational Horizons*, 62.

40 Epstein,J.L (1987,February). Parent involvement: What research says to administrators. *Education and Urban Society,19*(2).

41 Epstein, J.(1987).Toward a theory of family-school connections: Teacher practices and parent involvement. In K. Kurrelmann, F.Kaufmann, & F. Lasel (Eds.), *Social intervention: Potential and constraints.* New York:

De Gruyter.

42 Epstein, J.(1988). How do we improve programs for parent involvement? *Educational Horizons, 66*, 58–59.

43 Epstein, J.(1989). Family structures and student motivation: A developmental perspective. In C. Ames & R.Ames (Eds.), *Research on motivation in education, v.3: Goals and cognitions*. New York: Academic Press.

44 Epstein, J.(1992). School and family partnerships. In M.Atkin(Ed.), *Encyclopedia of educational research*, (6th edition). New York: MacMillan.

45 Epstein, J.& Becker, H.(1982).Teachers' reported practices of parent involvement: Problems and possibilities. *The Elementary School Journal, 83*, 103–113.

46 Epstein, J., Jackson, V., & Salinas, K.C.(1992). *Manual for teachers: Teachers involve parents in schoolwork (TIPS) language arts and science/health interactive homework in the middle grades*. Baltimore, MD: Johns Hopkins University, Center on Families, Communities, Schools and Children's Learning.

47 Farkas, S.(1993). *Divided within, besieged without: The politics of education in four typical American school districts.* New York: The Public Agenda Foundation.

48 Flaxman, E., & Inger, M.(1991, September). Parents and schooling in the 1990s. *ERIC Review, 1*(3), p.4.

49 Flood, J.(1993, March). *The relationship between parent involvement and student achievement: A review of the literature.* Springfield, IL: Illinois State Board of Education, Department of Planning, Research, and Evaluation.

50 General Accounting Office(GAO).(1994, January). *Rural children: Increasing poverty rates pose educational challenges* (Report No. GAO/HEHS–94–75BR).
Washington, D.C.: U.S Government Printing Office.

51 Goodman, J.(1992, September). The school community mathematics Project. *Thrust for Educational Leadership.*

52 Gotts, E.E, & Purnell, R. F. (1985). *Improving home–school communications.* (PDK Fastback Series No.230). Bloomington, IN: Phi Delta Kappa Educational Foundation.

53 Harris James, B.(1993). *Organizing communities for educational*

improvement: The Brownsville site interim report. Charlestown, WV: Appalachia Educational Laboratory.

54 Henderson, A.(1987). *The evidence continues to grow: Parent involvement improves student achievement.* Columbia, MD: National Committee for Citizens in Education.

55 Henderson, A,(1981). Home environment and intellectual performance. In R.Henderson (Ed.), *Parent-child interaction: Theory, research and prospects.* New York: Academic Press.

56 Henderson, A.(1981). *parent participation and student achievement: The evidence grows.* National Committee for Citizens in Education Occasional Paper. Columbia, MD: National Committee for Citizens in Education.

57 Henderson, A., Marburger, C., & Ooms, T.(1985). *Beyond the bake sale: An educator's guide to working with parents.* Columbia, MD: National Committee for Citizens in Education.

58 Hispanic Research Center. (1990). *A prospectus on project PRIME: A project to improve minority education.* Tempe, AZ: Arizona State University-Tempe.

59 Hobbs, D.(1992).The rural context for education: Adjusting the images. In M. W. Gallbraith(Ed.), *Education in the rural American community: A lifelong process.* Melbourne, FL: Krieger Publishers.

60 Hofmeister, A.M.(1977). *The parent is a teacher.* Paper presented at the 56th Annual Faculty Honor Lecture in the Humanities, Logan, UT. (ERIC Document Reproduction Service No. ED 161 541).

61 Holloway, S., & Hess, R.(1985). Mothers' and teachers' attributions about children's mathematics performance. In I. Sigel(Ed.), *Parent belief systems.* Hillsdale, JN: Erlbaum.

62 Howard, J., & Hammond, R.(1985,September 9). Rumors of inferiority. *The New Republic.*

63 Iverson, B.K., & Walberg, H.J.(1982).Home environment and school learning: A quantitative synthesis. J*ournal of Experimental Education,50* (3), 144-151.

64 Jones, B.F., & Fennimore, T.F.(1990). The new definition of learning: The first step to school reform. A guidebook for the teleseries *Restructuring to promote learning in America's schools.* Oak Brook, IL: North Central Regional Educational Laboratory.

65 Kepler, L.(1986, September): We Love Science Day. *Science and Children*, *24*(1), 30,43.

66 Kober, N.(1993). *EDTALK: What we know about science teaching and learning*. Washington, D.C.: Council for Education Development & Research.

67 Kunesh, L.G., & Farley, J.(1993).Integrating community services for young children and their families (Report 3) . *Policy Briefs*. Oak Brook, IL North Central Regional Educational Laboratory.

68 Lareau, A.(1987).Social class differences in family–school relationships: The importance of cultural capital. *Sociology of Education*, *60*, 73–85.

69 Ledell, M.& Arnsparger, A.(1993). *How to deal with community criticism of school change*. Denver, CO:Education Commission of the States.

70 Leler, H.(1983).Parent education and involvement in relation to the schools and to parents of school–aged children. In R. Haskins & D. Adamson (Eds.),*Parent education and public policy* (p.173). Norwood, NJ: Ablex.

71 Levin, H.M.(1987,March).Accelerated schools for disadvantaged students. *Educational Leadership*,*44*(6),19–21.

72 McKinney,J.A:(1975). *The development and implementation of a tutorial program for parents to improve the reading and mathematics achievement of their children*. Fort Lauderdale, FL: Nova University. (ERIC Document Reproduction Service No. ED 113 703).

73 Melaragno, R.J., Keesling, J.W., Lyons, M.F., Robbins, A.E., & Smith, A.G.(1981). *Parents and federal education programs. Volume I: The nature, causes, and consequences of parental involvement*. Santa Monica, CA: System Development Corporation. (ERIC Document Reproduction Service No.ED 218 783).

74 Mize, G.K.(1977). *The influence of increased parental involvement in the educational process of their children*. Technical Report No.418. Madison, WI:University of Wisconsin Research and Development Center for Cognitive Learning. (ERIC Document Reproduction Service No.ED 151 661).p.76.

75 Moles, O.Wallat, C., Carroll,T.,& Collins, C.(1980).1980–1984 *research area plans for families as educators*. Washington, D.C.: National Institute of Education.

76 Moles, O.(1982,November).Synthesis of recent research on parent paticipation

in childrens' education. *Educational Leadership*, 44–47.

77 Moses, R., Kamii, M., Swap, S., & Howard, J.(1989). The Algebra Project: Organizing in the spirit of Ella. *Harvard Educational Review, 59* (4), 423–443.

78 Mullis, I. V. S., Dossey, J. A., Owen, E. H., & Phillips, G. W.(1991, June). *The state of mathematics achievement: NAEP's 1990 assessment of the nation and the trial assessment of the states.* Washington, D.C.: National Center for Education Statistics, U.S. Department of Education.

79 The National PTA.(1992). *A leader's guide to parent and family involvement.* Chicago, IL: Author.

80 National Urban League, Inc.(1994). *Learning science and math in your community.* New York: Author.

81 Newmann, F. M.(1991). Linking restructuring to authentic student achievement. *Phi Delta Kappan, 72*(6), 458–463.

82 O'Connell, S. R.(1992, September). Math pairs: Parents as partners. *Arithmetic Teacher 40*(1), 10–12.

83 Ogbu, J. (1989). *Academic socialization of black children: An inoculation against future failure.* Paper presented at the Biennial Conference of the Society for research in Child Development, Kansas City, MO.

84 Olmstead, P., & Rubin, R.(1983). Parent involvement: Perspectives from the follow-through experience. In R. Haskins & D. Adams(Eds.), *Parent education and public policy,* Norwood, NJ: Ablex.

85 Parsons, J. Adler, T., & Kaczala, C. (1982). Socialization of achievement attitudes and beliefs: Parental influences. *Child Development, 53,* 310–321.

86 Rogoff, B., & Gardner, W.(1984). Adult guidance of everyday cognition. In B. Rogoff & J. Lave(Eds.), *Everyday cognition: Its development in social context.* Cambridge, MA: Harvard University Press.

87 Rosen, B., & D'Andrade, R.(1959). The psychosocial origins of achievement motivation. *Sociometry, 22,* 185–218.

88 Sattes, Beth D.(1985). *Parent involvement: A review of the literature.* (AEL Occasional Paper 021). Charleston, WV: Appalachia Educational Laboratory.

89 Schorr, L.B., with Schorr, D.(1988). *Within our reach: Breaking the cycle of disadvantage.* New York: Anchor Press/Doubleday.

90 Schwartz, W.(1987). Teaching science and mathematics to at risk students. *ERIC Digest*. New York:ERIC Clearinghouse on Urban Education. (ERIC Document Reproduction Service No. ED289 948)

91 Scott-Jones, D.(1988). Families as educators: The transition from informal to formal school learning. *Educational Horizons, 66*.

92 Seeley, D.(1982, November). Education through partnership. *Educational Leadership*, *39*, 42-43.

93 Sevener, D.(1990, March). Parents and teachers: Co-navigators for successful schooling. *Synthesis, 1* (2), 1-3.

94 Shuck, A., Ulsh, F., and Platt, J.S.(1983). Parents encourage pupils (PEP): An inner city parent involvement reading project. *Reading Teacher*, *36*, 524-528.

95 Sigel, I.(1982). The relationship between parental distancing strategies and the child's cognitive behavior. In L. Laose & I. Sigel (Eds.), *Families as learning environments for children*. New York: Plenum Press.

96 Smith, M.B ., & Brahce, C.I.(1963). When school and home focus on achievement. *Educational Leadership, 20*, 314-318.

97 Steller, A., & Knox, D.(1981). How to develop positive teacher-parent relationships. *Journal of Educational Communication*, *5* (2), 28-31.

98 Stevenson, H.(1987, October). America's math problems. *Educational Leadership*, *45* (2), 4-10.

99 Swap, S.M.(1990). *Parent involvement and success for all children: What we know now*. Boston, MA: Institute for Responsive Education.

100 Tinzmann, M.B., Friedman, L., Jewell-Kelly, S., Mootry, P., Nachtigal, P., & Fine, C.(1990). Schools as learning communities. *A guidebook for the teleseries* [*Restructuring to promote learning in Americas' schools*]. Oak Brook, IL: North Central Regional Ed. Lab.

101 Tinzmann, M.B., Jones, B.F., Fennimore, T.F., Bakker, J., Fine, C., & Pierce, J.(1990). The collaborative classroom: Reconnecting teachers and learners. *A guidebook for the teleseries* [*Restructuring to promote learning in Americas' schools*]. Oak Brook, IL: North Central Regional Educational Laboratory.

102 Toby, J.(1957). Orientation to education as factor in the school maladjustment of lower class children. *Social Forces, 35*, 259-266.

103 Walberg, H., Bole, R., & Waxman, H.(1980). School-based family

socialization and reading achievement in the inner city. *In Psychology in the schools*. Santa Monica, CA: RAND Corporation.

104 Wilson, W.J.(1990). *The truly disadvantaged: The inner city, the underclass, and public policy*. Chicago, IL: University of Chicago Press.

105 Wolf, J.S.(1982). Parents as Partners in exceptional education. *Theory Into Practice 21* (2),77–81.

第十二章

■ 工商界

本章确定企业界帮助实施科学、数学和技术教育改革的途径。它讨论企业界对K−12改革的目前参与情况，探讨企业界可能参与改革的途径和帮助形成一种改革得以成功的环境。它指出企业界在总体上成功参与教育，尤其是科学课改革的障碍，然后为科学教育改革者如何消除这些障碍，发展和保持与企业界的有用关系提出解决方法。

在美国，企业界参与专科学院以前的教育可追溯到19世纪中叶，当时许多辉格党(Whig Party)的成员把经济成功和所希望的社会化技能(如守时和良好的工作习惯)看成是教育的关键目标。企业界参与教育改革始于20世纪初，当时全国制造商联合会领导了一次院外活动运动，从而导致了于1917年通过的“史密斯－休斯法案”，该项立法要求在全国的中学内实行标准化的考试、指导审议和跟踪。较近的例子是，对前苏联发射人造卫星和冷战做出的反应，企业界要求有更多的工程师和科学家。在20世纪80年代，像《一个处于危机中的国家》这样的报告，为许多企业界人士证明了下述观点，即教育是许多经济和社会问题的根源，又是解决这些问题的希望所在。

企业界在历史上参与教育的效果虽然有争论，但许多迹象表明，当前的参与会导致更明显的效果。企业界已表现出对低收入家庭的青年和儿童早期教育的兴趣，并制定出“选择一所学校”的工作和建立合作伙伴关系到系统性改革倡议各种计划。企业界参与教育能加强科学教育改革对协调工作(许多现代化工作都强调这一点)和专业发展(大多数企业长期来一直为雇员提供的机会)的重视。

参与教育达10年或以上的公司能认识到科学教育改革是多么的困难，以及企业界应怎样长期地予以支持。这种认识是企业界—学校合作伙伴关系成功的关键，而在过去几十年中，许多这种合作伙伴关系有成功也有失败(Shakeshaft & Trachtman，1986年)。如果企业界对教育改革的速度不满，并开始支持更激进的做法，或在教育系统外寻找解决问题的方法，则可能会与其他的改革者不能很好地配合工作。科学教育改革者应继续鼓励企业界领导人在参与教育改革时应具有长远的观点，教育工作者和企业界人士应共同参与教育改革工作。

现 状

虽然对企业界参与K-12教育的程度研究甚少，但传闻表明大企业通常要比小企业更多地参与。尽管不是每个社区都有“施乐”生产设施或“美国电话电报公司”的实验室可资利用，但每个社区还是会有企业，它们能对科学教育做出贡献。电力公司、电话公司、工程公司、环保企业和兽医站都有可资帮助的潜力。例如，执行佛蒙特州的州体制计划的大卫·科恩与一家倒铲挖土机运营公司形成合作伙伴关系，该公司访问小学教室，向学生解释，为什么不具备扎实的数学知识就不可能操作倒铲挖土机(Coen，1993年)。

教育改革者对企业界参与K-12教育的认识的关键是，最可能参与改革的企业是那些受目前竞争环境影响最大的企业。

企业界参与的实质

近来，企业界参与教育改革的优先次序发生重大变化。例如，企业界目前正在促成一项范围宽广的计划，这为1990年企业界圆桌会议有关教育改革的原则所证实，它认为“每个学生可以在比目前高得多的水准上学习”。人口统计学的规划指出，传统上社会地位较低的那部分人(妇女、少数民族和移民)在明天的劳动力方面将发挥越来越重要的作用，企业界也已在国会作证，要求增加“抢先”(Head Start)计划拨款，以确保今天的学校能更好地为这部分居民服务。

其次，企业界已改变其将大部分教育投资用于高等教育的做法。认识到在学生生活的早期改进学习的需要后，企业界于20世纪80年代后期和90年代初期，明显地增加了对小学和学龄前教育计划的投入，最近又增加了对学龄前教育的支持。在这段时期，对K-12教育的经费支持也作为整个教育经费的一定百分比得到增长，在1992年达到最高(Sommerfield，1993；Tillman，1994)。

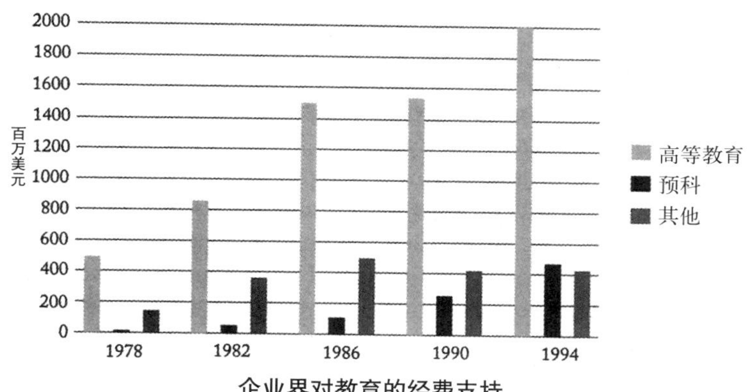

企业界对教育的经费支持

来源：AAFRC Trust for Philanthropy. (1996). *Giving USA, 1996*. New York：Author.

第三，企业界以伙伴关系、联合体和其他合作性教育工作的形式的参与正在增长。在美国，约有50%的学区与企业界达成某种形式的伙伴关系(全国教育伙伴协会，1991年)。这种更广泛和更系统的伙伴关系的倾向提供一种希望，即企业界—学校的关系正在成为科学教育改革的一个关键部分。虽然有关打算参与教育的企业类型的信息同它们的参与程度的资料一样不完整，若干项研究和调查表明，银行、公益事业、保险公司、财务服务公司和电子及高技术公司最可能在教育改革方面进行合作(Shakeshaft & Trachtman，1986年)。其他经常性的合作者还有造纸公司、制造公司、航空航天公司和汽车公司。

由于州和国家一级的教育政策制定者继续执行系统性的改革，企业界参与改革日增。大部分的州都有改革组织，企业界在其中发挥主要的作用。在20世纪90年代，企业的首席执行官访问白宫或教育部讨论学校改革已是经常的事。由200位以上的在美国居领先地位的公司的首席执行官组成的“企业界圆桌会议”已

大部分的州都有改革组织，企业界在其中发挥主要的作用

对一项为期10年包括50个州的改革计划做出承诺。这项计划集中在公开的政策问题上，如标准、表现和评估、学校的责任、学校的自主权、职业培训、家长参与、学习准备、技术、安全和纪律。作为企业界和政界的一个重要的执行者，“圆桌会议”计划已经在对教育产生影响。

企业界还正在鼓励更多地在州一级应用意义明确的内容标准(如“2061计划”中的《科学素养的基准》)和学习内容的框架。1996年举行的州长教育高级会议有许多知名企业的首席执行官参加，会议对这方面工作起了促进作用。各类协会和合作团体正在扩展其在教育改革方面的作用。全国企业联合会(NAB)也极关心教育改革，因为这关系到劳动力素质问题。有11个企业界组织从属于企业界教育改革联合体，后者是一个由NAB领导、专门处理有关教育改革立法问题的领导组织。还有一个“援助教育委员会”，目的是刺激个人，尤其是企业界，对教育的支持。像爱迪生电气协会、化工制造商联合会和美国石油协会这样一些贸易联合会，都有明确的教育计划，鼓励其会员与教育工作者、社区和其他的企业在改革K-12教育方面共同合作。美国商会的“劳动力准备和质量教育中心”和当地的商会联合提供了大量的资源。

毫不奇怪，参与K-12教育的许多大公司主要关注的是科学课、数学课和技术课，因为这些科目很自然地有助于对未来劳动力的要求和促进美国的竞争能力。在支持科学课和数学课方面，企业界强调课程、主动性、成绩、学校-企业的联系和以技术为主的教学(Lund & Wild, 1993年)。科学教育工作者越来越认识到企业界可以(或许应该)在实施改革方面起积极的作用。数学和科学教育公司委员会、全国科学资源中心、科学和技术教育的“三角”联盟、全国科学课教师协会和美国科学促进协会与企业界密切配合，征求有关科学教育改革问题的意见，并邀请科学和企业界的代表出席咨询会议。

最后，对于从学校向工作的过渡(STW)的兴趣也在增长，它通过利用一方协助另一方的方式消除在学校学习和工作需要之间的差距。许多企业界领导人把STW看成是改进教育的一种常用方法，而许多教育工作者亦正在开始探索把STW用于传统的学校职业教育计划以外领域的可能性。STW的目的是，从教育学和课程的角度看，应该认识到虽然大多数学生把他们未来的经济生活作为他们受教育目的而优先考虑，但对一些人来说，职业教育仍是一种必然的结果(Timpane & McNeill，1991年)。

企业界参与的动力

对高度熟练技术工人的需求是企业界参与科学和数学教育改革一个主要的推动因素。许多企业坚持认为，今天的学校不能提供为今天的工作所需的高度熟练的工人。这种思想反映出人们普遍的想法，但持批评意见者则提问，是否真的存在着缺乏技巧的情况，并对课程内容和工作需要的联系提出质疑。还有人认为，美国在20世纪70年代和80年代缺乏竞争力，是由于管理不善，而不是公立学校对劳动力培训不好。而目前的现实正是高技术工作赶上华而不实的空话的时候。随着工作变得更为复杂，制造厂商越来越要求有高度熟练技术工人的服务。在美国三大主要汽车制造厂就出现这样的情况，这些工厂在雇佣生产线工人时，据报道要检查申请人的“阅读能力和数学能力、动手能力和对空间关系的理解能力”。这些检查以3小时小组作业形式进行，对申请人的评估是按其对任务的贡献(如改进生产线的流程)而定(Meredith，1996年)。

许多化学、医药、生化和其他依赖有良好培训的员工的公司也把具有科学水平的群体看成是他们未来成功的关键。一位化学公司的首席执行官这样说:“重要的是教育所有的儿童成为有文化和科学知识的公民和消费者。购买我们产品的公民和消费者会去投票站并对会影响我们工业成功的问题进行投票”。公众的关系、社区的关系、雇员的关系、经济发展以及公司的社会责任都继续推动企业界的参与。

企业界参与教育常会引发有关学校存在的目的是教育学生如何生活还是如何工作的争论。回答应该是两者兼有:学校的顾客应该是学生、家长和社会。虽然关于企业界与学校的关系的很多对话是围绕着培养学生成为未来的劳动力的，但调查却一致地表明，企业界并不希望学校为未来的工作提供职业培训。企业界需要的是掌握基本技巧、具有良好工作习惯和态度的工人(Mann, 1987年),“你们教育他们，我们培训他们”，这仍然是今日企业界的一个恰当的口号。

当公司在公立学校中提倡其产品、观念和价值时，就引出一个困难的问题。许多人严厉地批评企业界利用学校来提倡自由企业的观念和散发反映有关如环保、劳动和能源一类问题的公司的观点的材料。一些企业认识到这个事实并调整了它们的参与，使之针对如开发关键性思维技巧这样的更广泛的目标。

所需要的变革

企业界和科学教育改革者之间理想的有益的关系应该是一种真诚合作的关系，一方应理解另一方的期望并乐于接受建设性的批评。企业界应在公众政策性辩论和经费要求方面支持改革，使这个议题处于社会议事日程的重要位置。企业界应参与科学教育改革和帮助当地的学校，即在长期规划和财务方面提供专长，鼓励雇员和家长参加学校改进工作，在使教育与学生的生活联系更紧密的计划方面与学校进行合作。学校和企业应配合工作，以便使学校充分利用来自企业的志愿者、资金和各种捐赠。

影响教育政策

企业界还应向学生说明，具有科学水平对未来的成功至关重要，并应积极地参与学校向工作过渡计划。企业界应协助制定有效的科学课课程教材，提供实习期和暑期雇用的机会，以协助少数民族、妇女和低收入家庭的学生寻求在科学方面的成功职业。

作为国家最有力的政治因素之一，企业界可以协助创立一种安全的使科学教育改革发展的(尤其在财政和实施领域)政策空间。既然许多企业界领导人已参与10年以上，他们已是科学教育改革的特别强有力的声音。在有了一位或几位受尊敬的企业领导人的支持后，科学课基本要求和标准在通过支持由科学教育工作者提倡的那种教学和学习的立法方面会有很大的影响。但是企业界不会总是想直接代表有争议的改革来活动。在这

> 许多人认为，在教育改革方面企业界最主要的作用是作为改革的鼓吹者

种情况下，这类活动可通过贸易联合会或上面介绍过的许多企业界联合会实现。

在南卡罗来纳州改进教育质量的长期工作表明，企业界可以怎样去领导一项长期的宣传工作。那里的企业界在发展改革和促使决策者提供1983～1984年度必需的拨款方面发挥了积极的作用。他们还帮助实施改革，并保持经常会慢慢消失的改革势头。有好几次他们击退了试图抽取原来立法的主要内容的企图。许多人认为，在教育改革方面企业界最主要的作用是作为改革的鼓吹者，说服家长、公众和决策者致力于有意义的变革，就如同南卡罗来纳州所做的那样。

除了作为鼓吹者以外，企业界还可对体制的许多层次施加经常性的压力使之进行变革。作为大学的主要捐赠者，企业界可以鼓励像教育学院或化学系一类的单位，改革他们教学的方法。企业界经常是惟一的具有足够能力和资历的机构，它能把关键的参与者，即教育工作者、决策者、家长和企业界代表，集合在一起来支持教育改革。

对教育的“改进”提出要求是容易的，但对“改进”下定义是困难的，而且，如果企业界希望学校提供21世纪的高质量劳动力，它又是至关重要的。为追求更高的标准和期望，企业界在考虑雇用时可把等级和出勤率看作重要的因素。企业界可以清晰地确定对劳动力的要求，把将来工作需要的技能(符合科学课标准)通知学校。

最后，企业界可在提高教育方面发挥关键的作用，办法是在关键时刻允许家长与他们的孩子在一起,并可参与对他们孩子的教育的实际工作。例如，家长请假访问老师不扣工资，或制定一种正式的教育政策，从法律上把雇员／家长自愿参与学校工作认为是正当的，都是使家长到教室中去的极有用的促进方法。

对改革的直接贡献

虽然公司对公立学校的补贴不能与社会公众的支持相比，企业界的资金仍然是有用的，对那些专业集中的活动或开创性项目则尤其有用。在领导、质量和管理的改革方面，有经验的企业，能对科学教育改革所要求的日益提高的人员素质做出重要贡献。目前，许多公司把其贡献集中在达到更大的项目影响和结果方面。为了支持在课程、职业培训、材料或评估方面的具体改革，企业界常把奖学金或对学生和教师的奖金这样的财政支持与雇员的参与和技能联系起来。

拆除学校和社区之间的墙会直接影响企业界，当家长、企业界人士和其他人士参与学校工作不再是新闻时，这一天就将到来。随着学生学习更多有意义的科学课，学校一定会需要更多更好的设施和设备，而这些正是企业界所能提供的。企业界可以通过对辅助书刊、电影和其他所需材料提供资金消除所需资源上的差距而做出其贡献。

除向学校提供设施和材料外，企业界还为学校提供如何使用的技术和技巧。许多当地的电缆和电话公司正在为一些学校接入国际互联网。位于弗吉尼亚州托马斯·杰弗逊中学和韦斯汀豪斯公司间的关系(在本书第六章《课程联系》中有详细介绍)，为企业如何向学校提供最新技术并帮助学生理解和使用这类技术的一个范例。

在旧金山地区的一项“科学和数学教育的工业界计划(IISME)”是企业界向科学课和数学课提供支持的一个成功例子。一个由公司和政府实验室组成的集团，与劳伦斯科学会堂合作，为K-12教师提供暑假实习机会。

虽然我们通常设想企业界的志愿者或计划发生在课堂内，但志愿者常常在其他地方做出其最大的贡献。全国各地的工业界科学家和工程师设计学校向工作过渡计划，在学校举办的职业日予以展示。他们还参与科学课教师的职业培训计划，使教师熟悉当前的新技术及其应用，在制定以询问为主的课程材料方面提供技术输入，为学生尤其是少数民族学生或女性学生起榜样和辅导员的作用。如果公司能安排参观设施，为学生和教师提供工作场所和为学生提供课堂外的实习，则教师会感到把课堂教学和现实世界联系起来要容易得多。

科学和数学教育的工业界计划(IISME)

当学校开始放暑假时，旧金山地区的科学课和数学课教师接受一项作为暑假特别成员的工作。在8周时间内，教师实施此特别成员计划，他们将在企业和工厂内开始带工资的辅导工作。

教师得到带挑战性的工作安排，以便重新提高他们的兴趣和主动性。公司则获得热心的工人，并有机会向教师展示为使学生成为有创造性的劳动者所需要的技能。教师将此暑期特别成员活动时间的10%用于制定一项把他们的暑期经验转换成浓缩的教学行动计划，从而使学生受益。

当学校重新开学时，IISME的活动并不结束。85%以上的辅导员将在此学年内或访问课堂教学，或邀请学生访问他们的工作场所。自1985年此计划实施以来，倡导者已投入30000多志愿小时来改进数学和科学教育。

IISME计划的范围远超出旧金山海湾地区。作为这类计划中最早的计划之一，IISME已协助在美国和国外开展类似的计划。目前在美国已有90多个供教师使用的科学工作场所。

来源：Industry Initiatives, for Science and Math Education.(1996). *A decade of discovery*. Santa Clara, CA：Author.

位于田纳西州金斯波特市的“东方人”化学公司，在一项促进学校/企业界伙伴关系的计划中，交替地与两家当地学校系统签署合同，安排中学科学课教师作为“出借的教育工作者”在该公司工作两年。在此期间，教师作为合作中学的联系人，帮助公司评估学校要求帮助的请求。以前，该公司仅仅派专职人员和经理去学校，而现在任何雇员都会志愿花时间去学校教室。学校和公司间有一项书面协议，它明确规定指导原则和期望。公司积极地保持与当地教育系统的领导、学区督导员、校长、教师和学校董事会的联系并信任他们。

杰弗逊·戴维斯中学教育合作计划

由于坦尼科公司和它在杰弗逊·戴维斯中学教育合作计划中的同伴的努力，使休斯敦市的这所位于内城区的中学的大学录取率从1989年的10%增加到1994年的60%。

坦尼科公司与休斯敦大学、一个教堂联合会、学校社区联合会(一个由国家和私人资助的机构)和休斯敦学区共同制定此项合作计划，其目的是减少退学率和增加大学升学率。五年后，退学率降低至15%，学生通过德克萨斯州学习技能评估考试的比例从37%上升至86%。

坦尼科公司的主要作用是支持校长奖学金计划，它向等级分数平均在2.5以上的毕业生提供四年学费资助。此外，公司还为该校的低年级学生和高年级学生提供业余工作，倡议防止退学计划，支持学业成绩和出勤率鼓励计划。

坦尼科公司参与杰弗逊·戴维斯中学的工作始于1981年，当时公司雇员开始志愿参加辅导员工作。两年后，公司为学生资助一项领导培训计划；1988年，开始一项学习搭桥计划，帮助学生由中学向高级中学的过渡。

来源：Council for Aid to Education.(1994). *Leaders for Change*. New York: Author.

在全国各地的各种科学联合组织帮助协调该地区的科学家，提供内容丰富的计划，对有兴趣进行合作以改进当地教育的学校和企业则作为资源材料的交换场所。在德克萨斯州休斯敦市，在坦尼科公司协助下所制定的一项杰弗逊·戴维斯高级中学合作计划，使学生通过州考试的百分比从37%提高到86%。

作为家长和纳税人的各个雇员，将完成“企业”对实施科学教育改革承担的大部分工作

这种有第三方参加的结构常为企业界人士提供他们参与所需的鼓励，把合作的负担(寻找合适的企业界代表，向他们讲清有效的教室活动和确保他们会出席)从各个教师身上卸去。说到底企业界也是由许多个别部分构成的，作为家长和纳税人的各个雇员将会完成“企业”对实施科学教育改革承担的大部分工作。企业作为一个整体，不可能要求它与所有的改革目标同步前进或付出巨大的财政支持(在它已支付的税收之外)来支持公立学校。最后，企业界可通过使教育工作者了解明天的工人需要什么样的技能而做出重要贡献，而同时认识到教育的决策最终必需由教育工作者、家长和学生共同做出，而不是仅由企业界人士。

成功参与的障碍

上述的企业界与教育的合作面临若干障碍。企业界经常瞧不起它称之为教育的“低效率”，而教育工作者则长期以来都怀疑以盈利为目的的企业界理解学校系统特殊性的能力。这种互不信任是难以克服的。有希望的是，本书所阐述的以及在会议报告《企业和教育改革：第四次浪潮》(Waddock，1994年)中所介绍的合作将会减少这种历史上的怀疑，使参与者从强调需要和问题的表面现象和陈规陋习中走出来。这种合作能导致真诚的双向参与，使企业界和教育界互相帮助满足需要。

不管所有关于今天美国教育方面存在问题的书面文件如何强调，也不管企业界对于改革的参与如何，绝大多数企业界人士仍然没有参与公立学校的工作。不参与教育的大公司指出，他们的雇员缺乏作为志愿者参与的时间，或认为企业和学校应保持分开的实体(Shakeshaft & Trachtman，1986年)。但是，最近一些大公司已做出承诺，向他们的雇员提供时间从事学校的志愿者工作或出席学校的活动。

企业参与教育：四次浪潮

第一次浪潮	企业支持的学校计划
第二次浪潮	采用可靠的管理原则
第三次浪潮	公众的政策计划
第四次浪潮	进行系统性改革的合作

来源：Waddock，S.(1994). *Business and education reform：The fourth wave*. New York：The Conference Board.

学校改革一直是并将继续是政治上有代价的问题。大量的企业在辩论时是否愿意就国家标准一类问题发表意见仍未见分晓。虽然如企业界圆桌会议这样的组织近来把支持学校改革的企业活动聚合一起，在总体上美国缺乏能就科学教育改革的当前的问题代表企业发言的机构。

因为企业界参与改革经常是首席执行官决定的结果，领导层的变动可能会对企业／学校伙伴关系产生不利的影响。如果企业能制定长期的计划来指导其对学校的补助和参与计划，则这种变动的影响会大大降低。

许多公司的科学家对科学教育改革了解很少，而他们的不从事科

只要企业界认为改革工作是分离的，则企业界和改革者间的关系将受到损害

学的同事又对学校改革不了解。参与教育工作的企业界领导人经常不懂学校改革的本质(如课程框架和嵌入式评估等)。现代的学习理论和学说(如问题可能没有“正确的”答案)，对那些认为事物应该有正确的答案的人，或对较传统的办学方法感觉满意的人，可能会引起麻烦。企业界最一致的和有力的呼吁是在科学课改革机构和工作方面应有更多的凝聚力。只要企业界认为改革与实际需要是分离的，则企业界和改革者间的关系将受到损害。

建 议

建立企业界和科学教育改革者之间关系的工作应从当地选择一个以前在公立学校科学教育方面有经验的企业界人士组成的组织开始。这个高效率的组织不仅能作为顾问，还能协助建立与其他组织间的联系。现已清楚，使企业界人士参与制定课程和其他的“动手操作”，能极大地提高企业界对学校改革工作的兴趣和支持。

企业界对于支持多个组织努力做它认为结果相同的工作不感兴趣。科学教育改革者应该努力明确其特定的途径或与其他方面(如“2061计划”及全国研究委员会这样一些寻求对全国范围实施教育改革的支持机构)共同合作。为了引发由“2061计划”和其他改革机构所设想的那种改革，企业界和学校应采取下列步骤：

1.关键性的企业界领导人和科学教育工作者应该认同他们的作用，通过成功的事例向社区沟通这些作用，从而增加在企业界露面的机会和占反对改革的意见之先机。

2.为发展重要的州和当地的联合，科学教育领导人应该与表示对学校改革有兴趣的关键的企业协会建立联系。

3.科学教育工作者应该充分利用已有材料，这些材料为当地的教育工作者与企业界如何有效地配合工作提供指导原则。例如，美国国家教育委员会出版的《全州范围教育重组：企业界手册》，该书提出了从评估至教师的培训各类问题的不同前景。

4.企业界可以为科学课教师和学生倡议专业培训和暑期实习，与教育学院配合工作，从而支持对科学课教师培训的改革。

5.通过为雇员参加学校活动或作为志愿者参加教室活动提供方便，企业界可鼓励雇员／家长更多地参与学校改革。

6.企业界为美国的学校教室准备大量的材料，应鼓励使这些材料与《科学素养的基准》和《国家科学教育标准》相一致。

7.通过增加对受过良好教育的学生和美国的经济成就间关系的了解，企业界可以成为改革的特别有效的鼓吹者。

8.通过在企业界的实习和学校向工作过渡计划，可以增强科学教育和实际工作间的联系。

当企业界和学校共同强调系统性长期的科学教育改革时，就能获得最明显的效果。那种为企业界和学校提供可见的利益，建立包括教师、科学家、家长和当地工商界的政治支持基础的联合，将有最好的机会做出持久的改革和改进。

参考书目

1 American Association for the Advancement of Science.(1993). *Benchmarks for science literacy*.New York:Oxford University Press.

2 American Association for the Advancement of Science. (1989).*Science for all Americans*.New York:Oxford University Press.

3 Coen,D.(1993,July).Personal interview by Christopher Perry.

4 Lund, L., & Wild,C. (1993).*Ten years after "A nation at risk."*New York: The Conference Board.

5 Mann,D.(1987,October/November).Business involvement and public school improvement,Parts 1 and 2. *Phi Delta Kappan*,*69*,123–128;228–232.

6 Meredith, R.(1996,April 21).New blood for the Big Three's plants. *The New York Times.*

7 National Association of Partners in Education.(1991).*National school district partnership survey*.Alexandria, VA: Author.

8 National Commission on Excellence in Education.(1983).*A nation at risk: The imperative for educational reform*.Washington,D.C.:U.S. Government Printing Office. (1996).

9 National Research Council. *National Science education standards*. Washington,D.C.: National Academy Press.

10 Shakeshaft, C.,& Trachtman, R.(1986,April).*Business as usual: Exploring private sector participation in American public schools*.Paper presented at the Annual Meeting of the American Educational Research Association, ED268361.

11 Siegel,P.,& Byrne, S.(1994). *Using quality to redesign school systems: The cutting edge of common sense*. Washington, D.C.:National Alliance of Business.

12 Sommerfield, M.(1993,September 29).Corporate gifts to K−12 education up 13% in 1992. *Education Week*.

13 Tillman, A.(1994).*Corporate contribution,1994*. New York: The Conference Board.

14 Timpane, M.,& McNeill,L.M.(1991). *Business impact on education and child development reform: A study prepared for the Committee for Economic Development*. New York: Columbia University Teachers Collefe.

15 Waddock, S.(1994).*Business and education reform: The fourth wave*. New York:The Conference Board.

文献目录

1 Aldridge, B.G., Crow,L.W., & Aiuto, R.(1993).*Energy sources and natural fuels*. Washington, D.C.:National Science Teachers Association and American Petroleum Institute.

2 Aring,M.K.(1993,January).What the "V" word is costing America's economy.*Phi Delta Kappan*, *74*,393−404.

3 ASCD Task Force on Business Involvement in the Schools.(1989−1990, December/January).Guidelines for business involvement in the schools. *Educational Leadership*,*47*,84−86.

4 Baas, A.(1990).*The role of business in education Eugene*, OR: ERIC Clearinghouse on Educational Management.

5 Blair ,H.B., Brounstein,P.J., Hatry, H.P., & Morley,E. (1990).*Guidelines for school−business partnerships in science and mathematics*. Lanham, MD:University Press of America.

6 Bowsher, J.E.(1989). *Educating America: Lessons learned in the nation's*

corporations. New York:John Wiley & Sons,Inc.

7 Business/Public Education Council (Delaware).(1992). *School & work: Closing the gap in Delaware*. Dover,DE: Author.

8 The Business Roundtable.(1992). *The essential components of a successful education system:Putting policy into practice*. Washington ,D.C.: Author.

9 Celis, W., 3d.(1991,May 22)Despite touted gifts, business tax breaks cost schools money. *The New York Times, Education*.

10 Center for Workforce Preparation and Quality Education.(1992). *Bridging the literacy gap: An employer's guide*. Washington, D.C.: Author.

11 Center for Workforce Preparation and Quality Education.(1992). *Education blueprints :A 1990's guide for rebuilding education and workforce quality*. Washington,D.C.: Author.

12 Center for Workforce Preparation & Quality Education.(1991). *Public education: Meeting the needs of small business*. Survey by the Roper Organization. Washington, D.C.: Author.

13 Church, R.L.,& Sedlak,M. W.(1976). *Education in the United States*. New York: The Free Press.

14 Council of Chief State School Officers. (1993). *State indicators of science and mathematics education—1993*. Washington,D.C.: Author.

15 Council for Aid to Education (CFAE).(1989). *Business and the schools: A guide to effective programs*. New York: Author.

16 Daggett, W.R.(1990,November/December). Future workplace is shocking. *North Carolina Education*, pp.2–9.

17 Digilio, A.(1985,April 21). Bringing out the best: Helping students excel—high schools on the academic fast track. *The Washington Post Education Review*.

18 Doherty,D.C. (1989—1990,December/January). Using corporate—sponsored materials to teach history and social science skills. *Educational Leadership, 47*,81—83.

19 Edison Electric Institute(EEI).(1993).1993—1994 *Directory of Educational Services*. New York: Author.

20 Elisha, W.Y.(1991,April). *Executive comment on education reform*. Washington, D.C.: The Business Roundtable.(p.11).

21 Fabrikant,G.(1993, August 1).Whittle to substantially scale back for-profit schools plan. *The New York Times News Service*.

22 Farrell, A.M.(1992,March).What teachers can learn from industry internships. *Educational Leadership*, *49*,38–39.

23 Flanigan,J.(1983,September 18).Business is learning it pays to help educate our youth . *Los Angeles Times*.

24 Fosler,R.S. (1990).*The business role in state education reform*. Washington, D.C.:The Business Roundtable.

25 Francis,E.(1993,July 4).Middle school girls learn technology at Randolph camp.*Rutland Herald and Times–Argus*.

26 Gold ,G.G.(1987,January). A reform strategy for education: Employer–sponsored teacher internships. *Phi Delta Kappan*, *68* (5),384–387.

27 Gordon ,J.(1990,August 20). Can business save the schools? *Training*,pp. 19–27.

28 Harty,S.(1979).*Hucksters in the classroom: a review of industry propaganda in schools*. Washington, D.C.:Center for Study of Responsive Law.

29 Hewlett–Packard Company.(1992).*Changing America's future today: A new perspective for K–12 education*. Palo Alto,CA: Author.

30 Hoyt, K. B.(1991).Education reform and relationships between the private sector and education: A call for integration. *Phi Delta Kappan*, *72*, 450–453.

31 Illinois Mathematics and Science Alliance.(1990).1990:*The challenges are clear; The choices are before us; It is time to act*.Illinois Mathematics and Science Alliance leadership conference. Aurora,IL: Author.

32 Institute for Educational Leadership, Inc.(1988).*Next steps in the relationship between business and pubilc schools*.Occasional Paper #1. Washington, D.C.:Author.

33 Jibrell,S.B.(1990).Business/education partnerships:Pathways to success for Black students in science and mathematics.*Journal of Negro Education*, *59*(3),491–506.

34 Justiz, M.J.& Kameen, M.C.(1987,January).Business offers a hand to education.*Phi Delta Kappan*,*68*(5),378–383.

35 Kober,N. (1993). *EDTALK: What we know about science teaching and learning*.Washington, D.C.: Council for Educational Development and Research and Triangle Coalition for Science and Technology Education.

36 Kupfer,A.(1990).Turning students on to science. *Fortune/Education*.

37　Lepkowski ,A.(1987).Precollege science, math education enhanced by volunteers. *Chemical & Engineering News, 65*(38).

38　Levine,M. & Trachtman, R.(1988.) *American business & the public school: Case studies of corporate involvement in public education.* Washington, D.C.: Committee on Education Development.

39　Lewis, A.C.(1991,February).Business as a real partner.*Phi Delta Kappan, 72*,420–421.

40　Link, H.C.(1923).*Education & Industry.* New York: Macmilan.

41　Lund,L.& Wild ,C.(1993).*Ten years after "A Nation At Risk".* New York: The Conference Board.

42　Mann, D.(1987,October/November).Business involvement and public school improvement, Parts 1 and 2.*Phi Delta Kappan, 68*,123–128 and 228–232.

43　Marquand ,R.(1986,August 5).A "good deal" lures top math and science major into teaching. *Christian Science Monitor*,pp .B4–5.

44　Mathematical Sciences Education Board.(1991). *Strategic plan.* Washinton, D.C.: National Academy Press.

45　McClelland, A.(1992,March/April).Lessons from the Constitution and the stage. *Drexel University TIES.*

46　McNett, I.(1982).*Let's not reinvent the wheel: Profiles of school/business collaboration.* Washington, D.C.: Institute for Educational Leadership.

47　Miller,J.A.(1993).From classroom to workplace: What do Delaware students need in science? Speech, May 11,1993.

48　Molnar, A.(1990,February 9).No business: Beware of corporations bearing gifts for schools. *Wall Street Journal.*

49　National Academy of Sciences .(1984). *High schools and the changing workplace:The employer's view.* Washington,D.C.:National Academy Press.

50　National Alliance of Business (1992). *Workplace readiness:a survey of small business.*Washington,D.C.:Author.

51　National Alliance of Business.(1989).*A blueprint for business on restructuring education.* Washington, D.C.: Author.

52　National Association of Manufacturers.(1993).*Tap your worker's potential: the NAM is here to help.* Washington, D.C.: Author.

53　National Association of Manufacturers.(1992,June).*Workforce readiness:A manufacturing perspective*. Washington, D.C.: Author.

54 National Association of Manufacturers.(1992, December) *Workforce readiness: How to meet our greatest competitive challenges*. Washington, D.C.: Author.

55 National Association of Partners in Education.(1991). *National school district partnership survey*. Washington, D.C.: Author.

56 National Association of Manufacturers.(1991). *High performance work force: Corporate human resource success stories*. Washington, D.C.: Author .

57 National Association of Manufacturers.(1991/November). *Today's dilemma: Tomorrow's competitive edge–learning from the NAM/Towers Perrin skills gap survey*. Washington D.C.: Author.

58 National Center for Education Statistics.(1993). 120 years of *American education: A statistical portrait*. Washington, D.C.: Author.

59 National Science Foundation. (1993). *Beyond national standards and goals: Excellence in mathematics and science education K–16*. (conference report) Washington, D, C.: Author.

60 National Science Resources Center.(1992). 1992 *Annual Report*. Washington, D.C.: Author.

61 National Science Teachers Association.(1992). *Scope, sequence, and coordination of secondary science: Volume I: The Content Core–A Guide for Curriculum Reformers*. Washington, D.C.: Author

62 Partnerships strive to improve precollege science education.(1989). *Chemical & Engineering News*, *67*, 49–50.

63 Perry, N.(1991, October 21). Where we go from here. *Fortune: Education/* Special Report, pp. 114–125.

64 Ramsey, N.(1992, November 16). How business can help the schools. *Fortune: Education* /Special Report, pp. 147–174.

65 Richardson, J.(1993, August 4). Reform partnership makes bridging gaps its business. *Education Week*.

66 Seltzer, R. (1990, June 25). Science education: Group aims to coordinate reforms. *Chemical & Engineering News*, *68*(26), 4–5

67 Sharp, A.G.& Sharp, E.O.(1992). *The business–education partnership*. Morrisville, PA: International Information Association, Inc.

68 Szabo, J.C.(1991, October). Schools that work *Nation's Business*, pp. 20–28.

69 Teltsch, K. (1991, Oct. 2). Science and math get most support. *The New York Times*.

70 Triangle Coalition for Science and Technology Education. (1991). *A guide for building an alliance for science, mathematics and technology education*. College Park, MD: Author.

71 Triangle Coalition for Science and Technology Education. (1990). *Providing for the future: The state of science education reform in the nation*. College Park, MD: Author.

72 Unseem, E.L. (1986). *Low tech education in a high tech world: Corporations and classrooms in the new information society*. New York: The Free Press.

73 U.S. Department of Labor. (1992). *Learning a living: A blueprint for high performance*. SCANS Report for American 2000. Washington, D.C.: Author.

74 Walsh, M. (1993, August). And now, a word from our sponsor. *Teachers Magazine*.

75 Walsh, M. (1993, May 12). Some educators casting a wary eye on corporate curriculum materials. *Education Week*.

76 Waltner, J.C. (1992, March). *Educational Leadership*, *49*, 48–52.

77 Weisman, J. (1993, January). Skills in the schools: Now it's business' turn. *Phi Delta Kappan*, *74*, 367–369.

78 Wentworth, E. (1993). *Agents of change: Exemplary corporate policies and practices to improve education*. Washington, D.C.: The Business Roundtable.

资料来源和联系机构

本书所提建议的原则之一是，好的主意应该重复。系统的改革不是要在数以千计的各地一再制定各种计划，它依赖的是高质量的工作，在整个教育系统中引入高效率。当“2061计划”的工作人员在准备本书的各章节时，他们会发现许多与改革有关的典型的计划和项目都已在实施中。

为了协助本书读者改进数学、科学和技术教育的工作，我们在《资料来源》部分有选择地列出了在各章中提到的计划和项目，以及其他关系密切或值得提出的内容。大部分这类计划的范围是全国性的，因而使各个学校和学区能将其应用于他们自己的教材或计划中去。

本书各章涉及与改革有关的各种各样的学科和机构。由于在过去10年里，在科学、数学和技术教育方面的改革已取得相当的进展，许多团体和机构已变得相当出名。在《联系机构》部分，我们有选择地给出了在科学、数学和技术教育或教育改革方面起关键作用的全国性机构、办事处和计划。

虽然确定有关改革的所有项目和组织已超出本书的范围，但《资料来源》和《联系机构》部分可作为进一步寻找这方面信息的一个起点。与本书各章内容一样，这些工作尚在继续进行之中。“2061计划”热忱欢迎您的补充和改进意见。

资料来源

速成学校项目(Accelerated Schools Project)

速成学校项目的目的是改善对处于危险情况下的儿童的学校教育。每所学校采用以下三项原则，即目标一致、权利和责任相结合和依靠学校全体人员的力量，来制定和努力达到各自的具体目标。在速成学校，不是把处于危险情况下的学生分到补习班，而是由包括学校工作人员、家长、管理人员、学生和当地社区成员在内的全体人员向他们提供通常为天资聪明学生准备的那类具有挑战性的活动。学校共同体成员鼓励学生和教师创造性地思考，探索他们的兴趣，达到更高的水准。速成学校寻求、承认和依赖每个儿童天生的好奇心，鼓励学生通过探索和发现及学校和家庭活动的联系，以积累知识和培养复杂的推理和解决问题的技能。在美国的38个州的700多所学校参加了此项速成学校项目。

接近科学(Access Science)

接近科学是全国复活节印记协会(National Easter Seal Society, NESS)的一个项目。此项目由国家科学基金会提供经费，与美国科学促进协会合作制定的。残疾儿童及其家庭聚集在每月一次的实习班上，进行实际操作的科学活动，建议和试验为每次活动所改装的设备，使每个儿童都能参加。此项目向残疾儿童介绍在科学、数学和技术领域身为专业人员并能介绍残疾人所能拥有的就业机会的残疾人模范。

接近技术联合会(Alliance for Technology Access)

接近技术联合会的目标是使技术成为残疾人日常生活的一部分。联合会的工作是增加对能为残疾人提供帮助的技术的了解、理解和实施。此联合会由40多家社区技术资源中心和70名技术设计师和开发者组成。联合会的精神是合作与伙伴关系，由残疾儿童和成人、他们的家庭和朋友、教师、服务人员和雇主共同管理。联合会还与工业界如IBM和玛特尔(Mattel)基金会合作，以便扩大使残疾学生与他们能利用计算机和其他技术进行学习的教育环境相融合的可能性。

ASPIRA数学和科学学院(ASPIRA Mathe metics and Science Academy)

该院主要工作对象是波多黎各和其他拉丁美洲的中学生。ASPIRA数学和科学学院(MAS)的宗旨是提高来自低收入家庭的学生对数学课和科学课的兴趣和技能。在西班牙语里，数学意味着正或更多。ASPIRA 认为，所有的学生都应有更多的机会接触适当的学习环境和得到他们应该享受的社会支持，尤其是在科学课和数学课方面。MAS可向学生提供计算机学习实验室、课余辅导和家庭作业监督、有关家长参与数学课和科学课的重要性的讨论会、参观有数学家和科学家现场工作的各种设施、组织学生的暑期活动和讨论会。ASPIRA 已在伊利诺斯州的芝加哥和康涅狄格州的波里奇波德市建立MAS学院。

蓝带学校计划(Blue Ribbon Schools Program)

蓝带学校计划确定和在全国范围认可一个宽范围的由公立和私立中小学组成的组织，该组织内的学校在达到当地、州和全国的教育目标及教育所有的学生方面有极其卓越的表现。此计划的目的是通过要求参与的学校进行自我评估及通过提供国家认可的方式鼓励追求最佳教育来改进学校的质量。一个由学校教育工作者、专科学院和大学教师、州和当地的政府官员、校董会成员和社区成员组成的评审小组共同选择蓝带学校。其标准包括申请学校的领导、教学环境、课程和教学、学生环境、家长和社区的支持、组织的活力、在测试学生成绩方面的表现、学生和教师日常出勤率、学生毕业后的追求，以及学生、教职员和学校的获奖情况。

企业界圆桌会议教育计划(The Business Rond Table Education Initiative)

1989年，企业界圆桌会议(BRT)开始一项为期10年的计划，目的是在全国范围内促进对公立学校的系统性的改革。BRT 和其成员公司，与州长、州首席学校官员、企业和教育组织配合工作，以便在全国50个州里制定详尽的改革计划。它的“成功的教育体系的要点”是一项用于教育改革的9点计划，其制定的基础是所有的学生能够在也必须在更高的水平上学习这样一种认识。

消除差距(Closing the Gap)

《消除差距》是一个观点鲜明的业务通讯刊物，一年出版六期，宗旨是探讨残疾人尤其是K-12的学生将计算机作为个人和教育工具应用的情况。此出版物的内容包括实际的计算机应用、软件评论、重点在特殊教育方面的有关新闻和信息。刊物每年主持召开一次包括有关计算机及其应用的各类实习班和讨论会在内的会议。

重点学校联合体(The Coalition of Essential Schools)

重点学校联合体是一个中学/大学伙伴关系项目，它重新设计美国的高级中学，以改进学生的学习和提高成绩。它并不提供具体的范例和计划供学校采用，但每所学校可应用该项目的九点通用原则来重新设计其体制和实际工作及制定最适合自己的学生、教师和社区的计划。此项目为教师提供职业培训活动和计划，组织用于促进和支持改革的各种实习班和讨论会。此项目包括来自30多个州的230多所中学，另有250所中学正处在计划阶段，530所中学在探索阶段。

科默学校发展计划(Comer School Development Program)

按照非洲的谚语，培养一个儿童需要整个村庄的努力。位于康涅狄格州纽黑文市的耶鲁儿童学习中心小组于1967年制定了一项计划，它将教育工作者、家长和社区成员组成一个以学校为主的小组，协助安排家长有效地参与学校的文化活动。按此项计划，由家长和教师组成的管理小组共同制定有关学校风气、学习和教职员培训的目标和计划。家长确定有家长参加的实习班，积极参与辅导，帮助教师计划和实施学校的社会活动日程安排，并作为课堂上的辅助人员。此计划已在21个州和哥伦比亚特区的600多所学校内实施。

大城市学校委员会(Council of the Great City Schools)

大城市学校委员会是由50多所全国最大的城市公立学校组成的联合机构，其宗旨是通过立法、研究、媒体公关、管理、技术和特殊项目的方式促进城市教育。此委员会反映国家对城市教育工作者的要求，并为城市教育工作者共享关于有前途的实践活动的信息和讨论共同关心的问题提供了舞台。

城市教育服务公司(Urban Education Service Corps)

城市教育服务公司的工作方向是提高城区学生的教育成绩，改进教师就业和职业培训。公司依赖在费城、长滩、奥马哈市、丹佛和托莱多市目前存在于公立学校、教育学院和社区团体间的伙伴关系。每个当地的伙伴关系通过下列途径处理学校问题：扩大学校服务范围以提高城市学校内缺乏基本的学习技能的学生的教育成绩；使城市的教师队伍扩展和多样化；增强伙伴关系中公司成员在社区服务、公民责任感和教学方面的技能。

城市教育技术论坛(Urban Education Technology Forum)

城市教育技术论坛(论坛)是在大城市学校委员会与所选择的企业和机构间的一个伙伴关系。该论坛处理的问题包括外联活动协助、信息交换、合作项目设计和开发、讨论与将技术用于城市教育有关的关键问题。论坛活动的目的是减少重复劳动、降低将技术用于城市学校的有关费用、交换信息、确定联合资金的项目以及提高计划的有效性。

“鼓励残疾学生”[DO-IT]计划(残疾、机会、网络、技术)[DO-IT](Disabilites, Opportunities Internet working, Technology)

“鼓励残疾学生”计划由国家科学基金会出资，设立在华盛顿大学工程学院内，其目的是向有残疾的高级中学学生介绍大学的专业设置和工程与科学方面的职业。学生将在校园内渡过二周，参加各种学科的实验室活动，学习如何通过国际互联网获取信息。在夏天活动结束后，学生相互通信，并使用电子邮件与志愿辅导员组成国际网络联系。另有一个规模较大的讨论组织，其成员可共享帮助性技术以及对于在进入学院前和中学毕业后期间的残疾学生有特殊价值的专门的硬件和软件资源。

德怀特 D.艾森豪威尔数学和科学教育计划(Dwight D. Eisenhower Mathematics and Science Education Program)

艾森豪威尔计划的目的是在全国小学和中学里提高教师在数学课和科学课教学方面的技能和质量。艾森豪威尔州基金计划为教师的职业培训提供经费。艾森豪威尔全国计划则支持改进数学课教学质量和向所有学生提供高质量教学的创新性项目。

公平 2000 年项目(EQUITY 2000)

此项目现正在全国六个主要的学区内进行，其目的是消除在非少数民族和少数民族学生间以及家庭出身优越和家庭出身低下学生间在上大学和成功的比例方面的差距。项目力求消除分轨制，为所有学生设立高标准提供支持，以使所有学生达到这些标准，以及增加学生上大学的抱负。该项目将咨询、课堂教学计划和教师培养结合起来，以证明所有学生都能掌握数学和上大学。

“忠诚”社区项目(Faith Communities Project)

美国科学促进协会的“忠诚”社区项目帮助全国的教堂把实际操作的科学课、数学课和技术课活动纳入其非宗教性教育计划。该项目力求使家长和儿童参与在教堂为中心机构的社区内实际操作的科学课活动。美国科学促进协会协助教堂制定计划和实施，培训教堂志愿人员进行实际操作的科学课和数学课活动，并向教堂提供活动手册和材料。

家庭数学(FAMILY MATH)

加利福尼亚大学劳伦斯科学会堂的人员于1982年制定了家庭数学计划，以帮助家长学习为帮助其子女做好家庭作业所需的数学技能。家庭数学计划的主要目标是防止家长把对于数学的消积态度传给儿童，帮助家长通过日常的家庭活动使儿童熟悉数学的广阔范围，教家长和儿童把数学看作解决问题的手段。通过项目的活动，家长学习在家里刺激其子女的数学和科学思维，就如同对儿童念书以促进儿童的识字能力一样。

在此项目中，教师和家长的联系提高了家长对改进数学课程的兴趣，使所有的学生为高级中学的数学课做好准备。

家庭科学(FAMILY SCIENCE)

这是一项全国性活动计划，它将教师的在职教育与家庭学习计划结合在一起。这项计划提供使家庭拥有有趣的科学经历的机会，将科学学习与将来的学习和工作相关连，并使家长参与他们的儿童的科学教育。此计划采用实际操作的学习活动来提高K-8(相当于中国幼儿园到初中二年级)学生的科学课学习，尤其针对女性和少数民族学生。计划还包括在职培训计划，用于向教育工作者和社区成员提供科学和职业性活动、组织管理信息和计划构思。

全方位科学系统(Full Option Science System)

全方位科学系统(FOSS)是一项小学的科学课计划，目的是为美国的各类课堂上的所有学生提供有效的科学教育，使学生为21世纪的生活做好准备。此计划的模块式设计使它能以各种方式用于许多学校的环境下，并可适用于几乎每一种科学课大纲、指导和计划。计划包括实际操作询问、跨学科项目、集体学习小组和多种感觉的观察。

高级中学／高技术计划(High School/High Tech Programs)

这是一项针对那些对科学、数学、教育和技术有兴趣的残疾学生的浓缩性计划，它提供辅导员计划、职业培训、科学课和数学课实习班和工作机会。此计划正在几个州内实施，它发现和推动有残疾的高中生争取科学和技术方面的职业。

数学家教育改革论坛(Mathematicians Education Reform Forum)

数学家教育改革论坛是国家科学基金会的一个项目，它将全国的专科学院和大学的数学家集合在一起,以促进数学界的教育改革工作。此项目举办全国性的讨论会，主要内容是数学家参与教育改革，出版有关数学和教育改革问题的材料，为数学家提供专业性计划和制定数学界的教育计划。

全国企业联合会(National Alliance of Business)

全国企业联合会是一个由企业领导的非盈利性机构。它通过以下方式提供企业界对教育改革的领导和加强职业培训：协调公众政策，建立企业界、教育界和社区领导间的伙伴关系，加强公众对改进教育和职业培训需求的了解。通过倡议加强由学校向工作过渡的计划和提供包含企业界在当地和全国范围参与教育改革的范例，联合会力求实现最佳教育。

全国教育进展评估计划(National Assessment of Education Progress)

全国教育进展评估计划(NAEP)是按照国会要求、美国教育部全国教育统计中心的指示设立的。它监督全国范围有代表性的4年级(相当于中国的小学四年级)、8年级(相当于中国的初中二年级)和12年级(相当于中国的高中三年级)学生抽样的教育进展和定期报告集体的发展趋势。NAEP每两年评估学生在阅读和数学课方面的成绩，每四年评估在数学课和书写方面的成绩，每六年至少一次评估历史和地理课方面的成绩；详细检查各类学生每科的成绩，强调说明与成绩有关的家庭和学校的因素；报告教师对其背景、教学经验和教学方法的介绍。

NAEP评估的目的是扩展我们对学生解决问题能力的认识，向学生提出挑战性的奋斗任务。

全国公正和公开考试中心 [National Center for Fair & Open Testing (Fair Test)]

该中心的工作目的是确保对学生和工人的评估是公正、公开、准确、可说明、在教育上是站得住脚的。为达到上述目标，中心对教育工作者、家长、政府官员、记者和其他决策者来说是有关考试和其他测试方法的信息源；它还向家长、教育工作者、民权和妇女机构提供信息、培训和规划建议，协调和促进教育工作者、公民组织和家长实现考试的改革。

全国科学基金会系统性计划(National Science Foundation Systemic Initiatives)

全国科学基金会教育系统改革处倡议好几项计划，这些计划鼓励对科学和数学教育以标准为主的改革采用协调的方式，从而确保对课程、政策、职业培训、评估、资源分配和学生的表现产生综合性的影响。这些计划中的几个是："全州范围系统性计划"、"城市系统性计划"和"农村系统性计划"，它们改善在州、城市、农村、学校系统和其他教育机构内的协调工作以实现改革。

全州范围系统性计划(Statewide Systemic Initiatives)

全州范围系统性计划(SSI)通过对各州的教育系统作详尽的系统性改革来提高科学、数学和工程教育。此计划力求加强数学和科学教育的基础设施，其方式是在诸如加强领导、长期规划、教材选择、公平、评估、公众知名度和项目评估等方面支持各个州。SSI鼓励各个层次上的教育工作者、工商业界、家长和社区成员间的合作。

城市系统性计划(Urbam Systemic Initiatives)

城市系统性计划(USI)旨在促进科学、数学和技术教育方面的试验，加快改革步伐，在美国(生活在贫困中学龄儿童的数量最多的)25个城市里实现对K-12年级学生学习的系统性改进。USI的目标是：提高城区所有学生的科学和数学水平；开发能使学生充分参加到技术性社会中去所需的数学和科学基础知识；使更多的城市学生寻求数学、科学和技术方面的职业。此计划力求改变学校对所有学生进行数学、科学和技术教育的方式，其方法是创造一种学习环境。在这种环境里，具有连续评估、挑战性的课程设置、深谙教学之道的教育工作者、适当的教学资源以及针对学生的个人特点来支持其学习的各种机会。课程设置中既具有动手活动，又包含以询问为基础的教学成分。

农村系统性计划(Rural Systemic Initiatives)

农村系统性计划(RSI)的目标是促进美国农村经济不发达地区学生的数学、科学和技术教育的系统性改进。为了能明显地影响低收入家庭的学生的成绩水平，RSI支持各种联合体。成立这些联合体就是为了进行课程改革、教师上岗和在岗培训、政策调整、评估、实施国家标准，以及目标区域的社会和经济福利。RSI通过鼓励使社区发展活动和教学与政策改革相结合，使上述改进工作得以持久。

SMART 行动计划(Operation SMART)

1985年"女生"公司制定了SMART行动计划，目的是向女生提供鼓励她们坚持学校的科学课和数学课学习和继续寻找这方面的良好职业和满意生活的经验。参加此计划的女生自己制定计划和决定她们的活动和项目。此计划提供用于帮助女生成为有信心的询问者和探索者的各类活动。许多这类计划用于向女生提供通常为男生保留的实际操作的与科学有关的经验，即建筑、拆卸、使用工具和计算机，参加有助于几何和空间关系教学的游戏和体育活动。此计划还发送材料，帮助他人制定全国范围女生用的类似的计划。

职业培训学校(Professional Development Schools)

职业培训学校项目是一个在全国范围内大学和中学间的长期伙伴关系，以消除在教学领域研究和实践的差距。职业培训学校的教师和大学教师配合工作，协助教育工作者、管理人员和辅导员建立所有学生都达到最佳教育的示范性学校。项目的宗旨是对实习的和未来的教师改进上岗和在岗的培训计划，使学校教职员参与教学和学习的研究并将这些研究成果用于改进教育工作。

"30工程"(Project 30)

"30工程"是由30所具有代表性的高等教育机构组成的集体性的

全国性项目，目的是重新设计在全国的专科学院和大学里未来教师的培养方式。“30工程”重点在于对主题的理解；通用的和文学的知识；教育学内容的知识；多元文化的、国际的和其他的人类展望；教师的录用。

EXCEL—MAS项目(Project EXCEL—MAS)

EXCEL—MAS项目指“最佳社区教育领导－数学课和科学课”。全国La Rasa委员会(NCLR)计划通过这个项目增强对拉美后裔学生的非正式的数学和科学教育机会，并帮助学生继续学习和取得成功。此项目依赖两个现有的NCLR项目(“Del Pueblo学习环境”和“成功”项目)，这两个项目强调合作性学习，以帮助处于危险情况的学生获得在观察、测量和收集数据方面的技能及其他能在日常生活中使用的数学和科学技能。此项目在10个社区的演示现场与结成伙伴的学校配合工作，为小学、初中、高中学生及其家长提供课后内容丰富的活动计划。

MOSAIC项目(Project MOSAIC)

1992年，美国科学促进协会和科技中心联合会(Association of Science Technology Centers)共同发起一项为期三年的计划，计划称作“全国科学资源公平”计划(连结博物馆和社区团体)，也称作MO-SAIC(博物馆提供社区内科学课协助)。此项目制定了有关计划，使全国不同地区的三所科学博物馆吸引更广泛的观众和使整个社区参与博物馆的日常生活。此项目向所有旨在拓展观众参与的博物馆发放材料。

科学课、技术课和残疾人项目(Project on Science, Technology and Disability)

美国科学促进协会的科学课、技术课和残疾人项目始于1975年，以帮助残疾人的入学和在科学课、数学课和工程课方面的进展。此项目主要是一个信息中心，它将残疾人、他们的家庭、教授、教师和辅导员与残疾科学家、数学家和工程师相互联系，并共享他们在教育和技术领域内的成功经验。美国科学促进协会的《残疾科学家和工程师资源名录》(Resource Directory of Scientists and Engineers With

Disabilities)第三版(1995年)列出了600多位可作为榜样和辅导员的人名。本项目还与全国科学技术协会(NSTA)和其他机构配合工作，对课堂教师给予技术支持，发放有关科学、教育和职业选择的录像带和出版物。

“未来”项目(Project Future)

“未来”项目的目的是在全国范围内为拉美裔学生创造K-8科学课和数学课的最佳教育。此项目力求改变家长和学生对科学课和数学课的态度，创造一种儿童从教师和家长那里得到如何学习科学课并取得成功的积极的影响。此项目建立当地学校委员会、校长、教师和家长的联合会；制定与拉美裔学生文化上相关并促进实际操作式询问和解决问题的教材；为家长提供在数学课和物理课方面鼓励儿童的具体做法；为实施需要科学技能和与文化相关的活动的教学计划提供培训、技术支持和资源。

少数民族的质量教育(QEM)网络教师培训行动计划 [Quality Education for Minorities (QEM) Network Teacher Education Action Plan]

自1992年以来，QEM网络已倡导了4项与教师有关的计划，它们构成教师培训行动计划的基础。此计划探讨少数民族学生如何接触富于挑战性的数学课和科学课课程及合格教师的有关问题。计划的目的是扩展资历好的少数民族教师队伍，尤其是数学课和科学课教师队伍；加强对培养大部分少数民族教师的教师培训机构；为教师提供高质量的职业培训计划；产生一支既能代表他们所服务的社区，而在文化和民族上呈多元化的教师队伍，协调各机构间的工作和共享资源。

“向年轻一代的未来说是”计划(Say Yes to a Youngster’s Future)

这是一项详细的以家庭为中心的教育计划，它促进和培训少数民族和女生、他们的家庭、他们的教师(数学课、科学课和技术课)，使他们做好从事高技术工作的准备。此项目提供学校内的计划，提供家庭学习中心和活动，为学龄前至高中低年级学生和他们的家庭提供榜样，在学校和社区向他们提供辅导。

学校社区数学项目(School Community Mathematics Project)

面临需要实际地接触各种类型的学生，加利福尼亚匹茨堡统一学区正在教学生成为数学课的主动学习者。此项目向该区内小学的教师和家长提供财政资源和教材，以探索非传统的教学方法 。他们已使通常在数学方面失败的学生更易接近数学。学校举办由附近的劳伦斯科学会堂的人员、家长和学生参加的非正式会议。家长可以学习在家里用普通的日用材料就能方便地实现可实际操作的数学活动，还鼓励家长协助课堂内的各种不同的数学活动。在整个学年内，教师接受高质量的各种培训，以及对领导艺术的各种锻炼。

学校向工作过渡计划(Shool to Work)

学校向工作过渡计划起源于1994年的“学校向工作过渡机会法令”，它提供种子资金给各个州、企业的当地伙伴、劳动、政府、教育和社区组织以发展学校向工作过渡系统。虽然各个州的学校向工作过渡计划不尽相同，但每项计划都允许学生探索不同的职业，向学生提供系统的培训和教授学生与工作有关的技能的基于工作的学习经验，制定能确保学生得到适合于每种职业的教育和培训标准。雇主、教师和工人一起说明每种工作所需的技能，共同努力帮助学生掌握这些技能。雇主确定一项系统的学习计划，此计划与学校课程密切相关，以保证学生一边工作一边学习。教师、管理人员和辅导员与企业界配合，以寻找出把工作上的概念和技术纳入课程设置的好方法。

全体学生接近科学(Science Access for All Students)

这是“可接近的技术中心”制定的一个榜样，用于为残疾学生改进在科学课方面的教学方法。此榜样的目的是使加利福尼亚州的科学教育工作者和人材培养工作者满足残疾学生的需要。该中心将准备一个包括录像带/工作手册在内的小文具袋，它示范性地给出如何将科学课纳入计划并充分参与的过程。

视力障碍者的科学课活动/残疾人的科学课活动 [Science Activities for the Visually Impaired/Science Activities for Learners with Physical Handicaps (SAVI/SELPE)]

SAVI/SELPH计划原来是为满足残疾学生的科学课学习需要而制

定的，但近来也成功地用于各种类型的高级小学课堂。此计划的材料包括印刷品、录像带和可选择的学生科学课文具袋。

残疾人科学协会 [Science Association for Persons with Disabilities(SAPD)]

这个机构的目的是推动和促进对各个层次上的针对残疾学生的科学课教学，制定课程和教学材料。SAPD 由各成员单位支持，并从属于全国科学课教师协会。

教师使家长参与学校工作计划[Science Association for Persons with Disabilities (TIPS)]

此计划是使教师帮助设计、实施和考核交互式家庭作业。利用TIPS，任何教师都能帮助学生的家庭了解和参与儿童的学习活动。TIPS计划鼓励学生与家长共享他们正在学习的一项具体的数学技能，并在完成日常的数学家庭作业之前获得家长的反应。此计划还提供一种方式，学生可用来实施和与他们的家长讨论与学生在课堂上学习的科学课题目有关的实际操作的试验活动或数据收集活动。

TIPS计划使所有家庭都参与，而不仅仅是那些早已知道如何讨论数学课、科学课或其他科目的家庭。所有的活动都要求学生与家庭成员讨论他们在课堂上学习的内容，TIPS计划要求家庭对他们孩子的工作做出评论，从而使家庭作业成为包括学生、家庭和教师三方参加的伙伴关系活动。

“充满活力的青年”计划(Youth ALIVE!)

科学技术中心协会于1991年开始这项全国性的青年计划，以便对通常在科学和博物馆计划方面处于不利地位的居民推动科学课学习。年龄在13～17岁的学生在40多个博物馆或科学中心里工作，经常在一年以上，身份是内部实习生或翻译。对青少年来说，80多个基于博物馆和科学中心的充满活力的青年计划，为他们提供了实习班、课堂、俱乐部、研究项目和校园活动形式的实际操作的科学学习机会。通过此项目，学生以亲身经历的形式遇到各种科学现象和概念，从而激发他们对科学的爱好和兴趣。

联系机构

全国科学、数学和技术教育机构

American Association of Physics Teachers

Bernard V.Khoury, Executive Officer
One Physics Ellipse
College Park, MD 20740-3845
301/209-3300
E-mail:bvk@aip.org
http://www.aapt.org

American Chemical Society

Sylvia A. Ware, Division Director, Education
1155 16th Street, NW
Washington, DC 20036-4800
202/872-4388;FAX:202/872-8068
E-mail:saw97@acs.org
http://www.acs.org

American Indian Science and Engineering Society

Norbert Hill,Executive Director
5661 Airport Blvd.
Boulder,CO 80301-2339
303/939-0023,FAX:303/939-8150
http://bioc02.uthscsa.edu/aisesnet.html

International Technology Education Association

Kendall Starkweather,Executive Director
1914 Association Drive
Reston,VA 22091-1502
703/860-2100,FAX:703/860-0353
http://www.iteatwww.org

National Association of Biology Teachers

Kathleen Frame
11250 Roger Bacon Drive,No.19
Reston, VA 22090-5202
703/471-1134,FAX:703/435-5582
http://gene.com/ae/RC/NABT

National Association of Geology Teachers

Robert Christman, Executive Director
Department of Geology
Western Washington University
Bellingham,WA 98225
206/650-3587,FAX:206/650-7295
E-mail: xman @henson.cc.wwu.edu
http://oldsci.eiu.edu/geology/NAGT/NAGT.html

National Association for Research in Science Teaching

Dr.Arthur L.White
Ohio State University
1929 Kenny Road, Suite 200E
Columbus,OH 43210
(614)292-3339, FAX:(614)292-1595
http://science.coe.uwf.edu/narst/narst.html

National Council of Teachers of Mathematics

Linda Rosen, Executive Director
1906 Association Drive
Reston, VA 22091
703/620-9840,FAX:703/476-2970
http://www .nctm.org

National Earth Science Teachers Association

Frank Watt Ireton, Executive Advisor
American Geophysical Union
2000 Florida Avenue, NW
Washington, DC 20009-1277
202/462-6900 ext .243,FAX:202/328-

0566
E-mail:fireton@kosmos.agu.org
http://www.agu.org

National Science Teachers Association

Gerry Wheeler,Executive Director
1840 Wilson Blvd.
Arlington,VA 22201-3000
703/243-7100,FAX:703/243-7177
http://www.nsta.org

政策研究和改革机构

American Education Research Association

William J.Russell, Executive Officer
1230 17th street, NW
Washington,DC 20036
202/223-9485, FAX:202/775-1824
http://tikkun.ed.asu.edu/aera/home.html

Consortium for Policy Research in Education

Peg Goertz, Co-Director
3340 Market Street, Suite 560
Philadelphia, PA 19104-3325
215/573-0700 ext. 228,FAX:215/573-7914
E-mail:pegg@nwfs.gse.upenn.edu
http://www.upenn.edu/gse/cpre

Council of Chief State School Officers

Gordon Ambach, Executive Director
1 Massachusetts Ave.,NW, No.700
Washington, DC 20001-1431
202/408-5505,FAX:202/408-8072
http://www.ccsso.org

Education Commission of the States

Frank Newman,President
707 17th Street, No.2700
Denver,CO 80202-3427
303/299-3600,FAX:303/296-8332
http://www.ecs.org

Mathematical Sciences Education Board

Joan Ferrini-Mundy, Executive Director
2101 Constitution Avenue,NW
Harris 476
Washington,DC 20418-0007
202/334-1273,FAX:202/334-1453
E-mail:mseb@nas.edu
http://www.nas.edu/mseb/mseb.html

National Academy of Sciences

National Research Council Center for Science,Mathematics, and Engineering Education
Rodger Bybee,Executive Director
2101 Constitution Avenue,NW
Washington, DC 20418
202/334-2353,FAX:202/334-2210
http://www.nas.edu

National Board for Professional Teaching Standards

James A. Kelly, President
300 River Place, No.3600
Detroit,MI 48207
810/351-4444,FAX:810/351-4170

National Center for Improving Science Education

Senta Raizen, Associate Director
2000 L Street, NW, Suite 603
Washington, DC 20036
202/467-0652,FAX:202/467-0659

National Center for Research on Evaluation, Standards, and Student Testing(CRESST)

UCLA Graduate School of Education
405 Hilgard Avenue
145 Moore Hall
Los Angeles, CA 90024-1522
310/206-1532, FAX: 310/825-3883
http://www.cse.ucla.edu

Office of Science and Technology Policy, National Science and Technology Council

Angela Phillips Diaz, Executive Secretary
Old Executive Office Building
17th and Pennsylvania Avenue, NW
Washington, DC 20500
202/456-6100, FAX: 202/456-6026
http://www.whitehouse.gov/WH/EOP/OS
TP/html/OSTP-Home.html

National Institutes of Child Health and Human Development

Clarissa Wittenberg, Chief
31 Center Drive, Room 2A32
Bethesda, MD 20892-2425
301/496-5133, FAX: 301/496-7101
http://www.nih.gov/nichd

School Mathematics and Science Achievement Center

Thomas A. Romberg, Director
University of Wisconsin
1025 West Johnson Street
Madison, WI 53706
608/263-4285, FAX: 608-263-3406
http://www.wcer.wisc.edu

全国教育机构

American Association for Higher Education

Louis Albert, Vice President
One Dupont Circle, NW
Suite 360
Washington, DC 20036
202/293-6440, FAX: 202/293-0073
http://www.aahe.org

American Federation of Teachers

Alice Gill, Assistant Director
555 New Jersey Ave., NW
Washington, DC 20001
202/879-4000, FAX: 202-879-4545
http://www.aft.org

Council for Exceptional Children

Nancy Safer, Executive Director
Information Services
1920 Association Drive
Reston, VA 22091-1589
703/620-3660
http://www.cec.sped.org/home.htm

National Council for Measurement in Education

Don Cameron, Executive Director
1230 17th Street, NW
Washington, DC 20036
202/223-9318, FAX: 202/775-1824
http://www.assessment.iupui.edu/ncme/ncme.html/

National Education Association

1201 16th Street, NW
Washington, DC 20036
202/833-4000
http://www.nea.org

National Association of Elementary School Principals
1615 Duke Street
Alexandria,VA 22314–3483
703/684–3345,800/386–2377
800/396–2377
http://www.naesp.org

National Association of Secondary School Principals
1904 Association Drive
Reston, VA 22091
703/860–0200,FAX:703/476–5432
http://www.nassp.org

National PTA
National Headquarters
330 North Wabash Ave., Suite 2100
Chicago, IL 60611–3690
312/670–6782,FAX:312/670–6783
http://www.pta.org

科学课课程教材制定机构

Activities Integrating Math and Science (AIMS) Education Foundation
1595 S.Chestnut Avenue
Fresno,CA 93702
209/255–4049,FAX:209/255–6396
E-mail: aimsed@fresno.edu
http://www.aimsedu.org

Biological Sciences Curriculum Study
Pikes Pesk Research Park
5415 Mark Dabling Blvd.
Colorado Springs,CO 80918
719/531–5550,FAX:719/531–9104

Educational Development Center, Inc.
Judith Opert Sandler,
Managing Project Director
EDC Publishing Center
55 Chapel Street
Newton, MA 02158
617/969–7100
800/225–4276,FAX:617/965–6325
http://www.edc.org

Lawrence Hall of Science
Ian Carmichael, Director
University of California
Centennial Drive
Berkeley,CA 94720
510/642–5132,FAX:510/642–1055
http://ucaccess.uirt.uci.edu/rescenters/ber/la wrence.html

Technical Education Research Centers (TERC)
Barbara Sampson,
Chief Executive Officer
2067 Massachusetts Avenue
Cambridge,MA 02140
617/547–0430
http://www.terc.edu

信息和支持机构

American Association of University Women
Carole Rogin, Interim Executive Director
1111 16th Street, NW
Washington,DC 20036
202/785–7700,FAX:202/872–1425
http://www.aauw.org

Council for Aid to Education
342 Madison Avenue,Suite 1532
New York, NY 10173

212/661-5800, FAX:212/661-9766
http://www.cae.org

Derek Bok Center For Teaching and Learning

Harvard University
Science Center 318
J.Wilkinson, Director
1 Oxford Street
Cambridge, MA 02138
617/495-4869, FAX:617/495-3739

Eisenhower National Clearinghouse for Math and Science Education

Len Simutis, Director
1929 Kenny Road
Columbus,OH 43210-1079
614/292-7784, FAX:614/292-2066
http://www.enc.org/

Junior Engineering Technical Society

Dan Kunz, Executive Director
1420 King Street
Alexandria, VA 22314-2570
703/548-5387,FAX:703/548-0769
E-mail:jets@nas.edu
http://www.asee.org/jets

NASA Central Operations of Resources for Educators(CORE)

Tina Salyer
Lorain County Joint Vocational School
15181 Route 58 South
Oberlin, OH 44074
216/774-1051,FAX:
216/774-2144
E-mail:nasaco@leeca8. leeca.ohio.gov
http://spacelink.msfc.nasa.gov/CORE

NASA Educational Workshops for Math and Science Teachers/NASA Educational Workshops for Elementary School Teachers

Wendell Mohling,Program Director
National Science Teachers Association
1840 Wilson Blvd.
Arlington, VA 22201-3000
703/312-9226,FAX:703/243-7177
E-mail:nem-request@ nsta.org

National Action Council for Minorities in Engineering

Lea K. Williams, Executive Vice President
3 West 35th Street
New York, NY 10001-2281
212/279-2626,FAX:212/629-5178
http://www.nacme.org

National Council for the Accreditation of Teacher Education

Arthur Wise,President
2029 K Street, NW,Suite 500
Washington, DC 20006
202/466-7496,FAX:202/296-6620

National Energy Information Center

Paula Altman, Energy Information Specialist
Energy Information Administration
Room 1F-048
1000 Independence Avenue, SW
Washington, DC 20585
202/586-8800,FAX:202/586-0727
http://www.eia.doe.gov

National Science Resources Center

Douglas M.Lapp, Executive Director
Smithsonian Institution

MRC 50-2
Washington, DC 20560
202/357-2555, FAX: 202/786-2028
http://www.si.edu/nsrc

Triangle Coalition for Science and Technology Education

John M. Fowler, Executive Director
5112 Berwyn Road
College Park, MD 20740
301/220-0870, FAX: 301/474-4381
http://www.triangle-coalition.org

U.S. Department of Education

Luna Levinson, Education Program Specialist
Office of Educational Research and Improvement
555 New Jersey Avenue, NW
Washington, DC 20208-5572
202/219-2164, FAX: 202/219-2109
World Wide Web: http://www.ed.gov/offices/OERI/oeribio.html

U.S. Department of Education

Office of Bilingual Education and Minority Languages Affairs
Delia Pompa, Director
600 Independence Avenue, NW
Washington, DC 20202-6510
202/205-5463
http://www.ed.gov/offices/ OBEMLA

U.S. Department of Education

National Center for Education Statistics
Emcrson J. Elliot, Commissioncr of Education Statistics
555 New Jersey Avenue, NW
Washington, DC 20208
202/219-1828, FAX: 202/219-1736
http://www.ed.gov/NCES

学校方面的计划

UCLA Science Project

Janet Thornber, Director
1041 Moore Hall
Box 951521
Los Angeles, CA 90095
310/825-1109

Thomas Jefferson High School for Science and Technology

Geoffrey A. Jones, Principal
6560 Braddock Road
Alexandria, VA 22312
703/750-8300, FAX: 703/750-5010

Middle College High School

Cecilia Cullen, Principal
3110 Thompson Ave.
Long Island City, NY 11101
718/349-4000

残疾科学家和学生的机构

Committee on Chemists with Disabilities

American Chemical Society
1155 16th Street, NW
Washington, DC 20036
800/227-5558, 202/872-4438(V/TDD)

Foundation for Science and Disability

E.C.Keller, Jr., President
236 Grand Street
Morgantown, WV 26505-67509
304/293-5201

For Information on The Americans with Disabilities Act(ADA):

Americans with Disabilities Act
Equal Employment Opportunity Commission
1801 L Street,NW
Washington,DC 20507
800/669-EEOC(V)
800/800-6860(TDD)

For Information on Assistive Technologies:

Center for Special Education Technology
The Council for Exceptional Children
1920 Association Drive
Reston, VA 22091-1589
703/620-3660

For Information on Specific Disabilities and Advocacy Training:

National Center for Learning Disabilities (NCLD)
381 Park Avenue South
Suite 1420
New York,NY 10016
212/545-7510
202/789-1505(in Washington,DC)

National Federation of the Blind
1800 Johnson Street
Baltimore,MD 21230
410/659-9314

American Foundation for the Blind
11 Penn Plaza, Suite 300
New York, NY 10001
800/232-5463, 212/502/7600

Alexander Graham Bell Association for the Deaf
3417 Volta Place,NW
Washington, DC 20007
202/337-5220(V/TDD)

National Technical Institute for the Deaf
Rochester Institute of Technology
52 Lomb Memorial Drive
P.O.Box 9887
Rochester,NY 14623-0887
716/475-6200(V/TDD)

National Spinal Cord Injury Hotline
c/o Montebello Rehabilitation Hospital
2201 Argonne Drive
Baltimore,MD 21218
800/526-3456

United Cerebral Palsy Associations
1660 L Street ,NW
Suite 700
Washington,DC 20036-5602
202/776-0406

信息和资料来源的国际互联网站点

American Association for the Advancement of Science Home Page
http://www.aaas.org/

Educational Resources Information Center (ERIC)Home Page
http://www.aspensys.com/eric/

Eisenhower National Clearinghouse for Mathematics and Science Education Home Page
http://www.enc.org/

NASA Education Home Page
http://www.hq.nasa.gov/office/codef/education

North Central Regional Educational Laboratory

Pathways to School Improvement - Assessment
http://www.ncrel.org/ncrel/sdrs/areas/as0cont.htm

Technology Education Resources

http://ed1.eng.ohio-state.edu/TechRes/proforgs.html

The Regional Alliance for Mathematics and Science Education Reform Hub

http://ra.terc.edu/HubHome/html

董事会

IDEAAAS Sourcebook for Science, Mathematics, and Technology Education

Barbara Walthall, Editor
AAAS
1200 New York Avenue, NW
Washington, DC 20005
202/326-6646
To Order:
The Learning Team
Suite 256, 10 Long Pond Road
Armonk, NY 10504
800/793-TEAM, FAX: 914/273-2227

致 谢

《科学教育改革的蓝本》一书是在教育系统内外数以百计的各方面代表人士共同努力工作和建议下完成的。它本身就说明，系统性改革能如何支持《面向全体美国人的科学》一书中提出的科学水平的远景目标。虽然本书不能反映出每个人对于《科学教育改革的蓝本》的观点，但它为改革者提出一个现实而重要的目标，即系统的各个部分应如何配合工作以达到具有科学水平的远景。本书的现行版本仅是朝着这个目标努力的一小步，它试图综合来自各个方面的意见，但并不代表已取得他们的同意和承认。下文列出的机构是这些人士在他们提出建议和意见时所属的单位。

从事“2061 计划”的成员

和“2061 计划”的其他出版物一样，《蓝本》一书是所有成员共同努力的结晶，在此谨对他们的贡献致谢致敬。杰拉尔德·库尔穆(Gerald Kulm) 对最后阶段的工作给予了悉心指导，完成了本书当前的版本和在线出版物。

安德鲁·艾尔格林（Andrew Ahlgren）
副主任

凯尔文·贝内特 （Kelvin Bennett）
计算机专家

露西亚·布伊（Lucia Buie）
行政支持专家

玛丽·安·布里尔顿（Mary Ann Brearton）
对外服务协调员

谢雷尔·德里克 （Sherelle Derrico ）
财务分析家

安·茨维克林斯基 （Ann Cwiklinski）
作家

巴巴拉·戈尔茨坦 （Barbara Goldstein）
行政支持专家

索菲亚·凯斯都（Sofia Kesidou）
副研究员

玛丽·科佩尔 （Mary Koppal）
通信主任

杰拉尔德·库尔穆 （Gerald Kulm）
计划主任

莱斯特·马特洛克 （Lester Matlock）
计划行政管理员

佛朗西斯·莫里纳 （Francis Molina）
电子资源经理

乔治·耐尔森 (George Nelson)
副主任

娜塔丽·尼尔森 (Natalie Nielsen)
作家

柯蓝·诺埃尔 (Keran Noel)
行政支持专家

约翰·欧文斯 (John Owens)
网站主管员

劳伦斯·罗杰斯 (Lawrence Rogers)
顾问

焦·艾伦·罗斯曼 (Jo Ellen Roseman)
课程表编制主任

佛·詹姆斯·鲁塞夫德 (F. James Rutherford)
主任

露丽·斯特恩 (Luli Stern)
副研究员

戴安娜·苏拉迪 (Diane Surati)
计划协调员

谢里尔·维尔肯斯 (Cheryl Wilkins)
秘书

对《蓝本》做出过贡献的前“2061计划”成员有：安德鲁·霍恩·贝克 (Andrea Hoen Beck)、凯西·康福特 (Kathy Comfort)、沃尔特·吉尔斯比 (Walter Gillespie) 和帕特里西亚·奥康奈尔·罗斯 (Patricia O'Connell Ross)。编辑顾问苏珊·约德 (Susan Yoder) 同全体成员密切协作，对最后定稿提供了弥足珍贵的支持。

“2061计划”学区中心－学校

“2061计划”学区中心–学校的协作和帮助对《蓝本》工作来说也至关重要。这些学区中心被选作改革示范点，并帮助对各种报告做出评审和反馈。

乔治亚
苏珊·马修斯 (Susan Matthews)
中心主任

威斯康星
勒鲁瓦·李 (Leroy Lee)
中心主任

费拉德尔菲亚
马林·黑尔克维茨 (Marlene Hilkowitz)
中心主任

圣安东尼奥
琼·德雷南－泰勒 (Joan Drennan–Taylor)
中心主任

圣地亚哥
丹尼恩·伊泽尔 (Danine Ezell)
中心主任

旧金山
波那德·法尔热 (Bernard Farges)
中心主任

协调员、捐助者、顾问

“2061计划”委员会的专家们就《蓝本》一书中的12个议题中的每一个题目提交了许多份报告。绝大多数协调员进入了各种委员会，这些委员会准备了背景论文，协调员们又将这些论文归纳为一份综合报告。有些情况下，协调员们征询了顾问们的意见，并且有些报告是由一组作者共同写成的。这些协调员及其班子中的全体成员奠定了目前的《蓝本》这本书的基础。

评审

韦恩·维尔奇 (Wayne Welch)(协调员)
密尼苏达大学

利·伯斯坦 (Leigh Burstein)
加利福尼亚州洛杉矶大学
森塔·赖珍 (Senta Raizen)
国家改进科学教育中心

里查德 · 沃克 （Richard Walker）
伊利诺易斯州教育部

商业

克里斯托佛 · 佩里 （Christopher Perry）
佩里注册公司

课程表联系

帕特 · 巴斯 （Patte Barth）（协调员）
基础教育委员会

鲁思 · 米切尔 （Ruth Mitchell）
美国高等教育协会

格雷厄姆 · 唐（Graham Down）
基础教育委员会

公平

沙伦 · 林奇（Sharon Lynch）（协调员）
乔治 · 华盛顿大学

马丽 · 艾特沃特 （Mary Atwater）
乔治亚大学

杰克 · 考利（Jack Cawley）
SUN 布法罗

雅克林 · 埃克尔斯（Jacquelynne Eccles）
密西根大学

奥黑 · 李（Okhee Lee）
迈阿密大学

科拉 · 马雷（Cora Marrett）（协调员）
国家科学基金会

多琳 · 罗哈斯–梅德林（Doreen Rojas– Medlin）
乔治亚州道波特县公众学校

沃尔特 · 塞卡德（Walter Secada）
威斯康星大学

格雷戈里 · 斯特法尼特（Gregory Stefanich）
北依阿华大学

阿比 · 维尔托（Abbie Willetto）
科罗拉多州 波尔德

财政

戴维德 · 蒙克（David Monk）（协调员）
科尔内尔大学

艾伦 · 奥顿 （Allan Odden）
威斯康星大学

威廉姆 · 克鲁恩 （William Clune）
威斯康星大学

高等教育

卡罗尔 · 斯图尔（Carol Stoel）（协调员）
美国高等教育协会

布鲁斯 · 阿尔伯特 （Bruce Albert）
美国高等教育协会

罗纳德 · 阿彻（Ronald Archer）
马萨诸塞州安伯斯特大学

德博拉 · 鲍尔斯（Deborah Bowles）
拉特格斯大学卡姆登校区

拉莫娜 · 布朗（Ramona Brown）
纽约市立学院

皮特 · 布克（Peter Buck）
哈佛夏季 学校

普拉塞德 · 卡拉比（Prassede Calabi）
TERC

阿瑟 · 卡门斯（Arthur Camins）
纽约市区系统建议方案

布雷恩 · 科波拉（Brian Coppola）
密西根大学

约瑟夫斯 · 戴斯寇（Joseph Diescho）
纳米比亚大学基金会

埃丽诺 · 达克沃思（Eleanor Duckworth）

哈佛大学

内奥米·费西尔 (Naomi Fisher)
伊利诺易斯州芝加哥大学

安德鲁·格里森 Andrew Gleason
哈佛大学

丹尼尔·格罗夫 (Daniel Goroff)
哈佛大学

基普·赫雷德 (Kip Herreid)
SUNY 布法罗

莱斯利·霍尼希 (Leslie Hornig)
艾利实验室

詹姆斯·卡普特 (James Kaput)
马萨诸塞州达特默斯大学

南希·考夫曼 (Nancy Kaufmann)
威斯康星大学

斯科特·兰霍斯特 (Scott Langhorst)
维吉尼亚社区学院
系统

普林西拉·劳斯 (Priscilla Laws)
迪金森学院

J. 伊万·莱格 (J. Ivan Legg)
孟菲斯州立大学

卢尔德斯·蒙特古德 (Lourdes Monteagudo)
伊利诺斯理工学院

弗兰克·默里 (Frank Murray)
特拉华大学

珍妮·纳鲁穆 (Jeanne Narum)
独立学院办公室

蒂莫西·奥沙利文 (Timothy O' Sullivan)
旧金山州立大学

里查德·帕诺夫斯基 (Richard Panofsky)
马萨诸塞州达特默斯大学

布赖恩·波拉克 (Bryan Pollack)
美国高等教育协会

鲁文·普恩特杜拉 (Ruben Puentedura)
伯明顿学院

约翰·鲁斯尔 (John Russell)
马萨诸塞大学

鲍尔·萨利 (Paul Sally)
芝加哥大学

戴维德·桑切斯 (David Sanchez)
德克萨斯 A & M 大学

朱达·施瓦茨 (Judah Schwartz)
马省理工学院

约翰·史蒂文森 (John Stevenson)
拉瓜迪亚社区学院

尤里·特里斯曼 (Uri Treisman)
德克萨斯大学

汤姆·维纳布尔斯 (Tom Venables)
卡姆登 拉特格斯大学

菲力普·瓦格里奇 (Philip Wagreich)
伊利诺斯州芝加哥大学

查尔斯·沃特金斯 (Charles Watkins)
纽约市立学院

詹姆斯·威尔金森 (James Wilkinson)
哈佛大学

基·威廉斯 (Kea Williams)
为工程中的少数族裔人全国行动委员会
桑德拉·威廉斯 (Sandra Williams)
西蒙斯学院

戴维德·威尔森 (David Wilson)
卡姆登 拉特格斯大学

材料、媒体和技术

阿兰·霍夫迈斯特 (Alan Hofmeister)(协调员)
尤塔州立大学

道格拉斯·卡内恩 (Douglas Carnine)
俄勒岗大学

里查德·克拉克 (Richard Clark)
南加利福尼亚州立大学

家长和社团

卡西·贝尔特 (Cathy Belter)
国家PTA

威廉姆·奎因 (William Quinn)
北部中心地区教育实验室

吉尔伯特·巴尔德斯 (Gilbert Valdez)
北部中心地区教育实验室

托德·费尼莫尔 (Todd Fenimore)
北部中心地区教育实验室

香农·卡西尔 (Shannon Cahill)
北部中心地区教育实验室

政策

玛格丽特·格里茨 (Margaret Goertz)(协调员)
鲁特格斯大学

黛安娜·马塞尔 (Diane Massell)
(协调员)
宾夕法尼亚大学

巴里·安哈尔特 (Bari Anhalt)
斯坦福大学
里查德·艾尔默 (Richard Elmore)
哈佛大学

贝弗利·赫特里克 (Beverly Hetrick)
顾问

迈克尔·基斯特 (Michael Kirst)
斯坦福大学

罗伯特·马林 (Robert Marine)
斯坦福大学

安德鲁·波特 (Andrew Porter)
威斯康星大学

研究

罗恩·古德 (Ron Good)(协调员)
露易斯安那州立大学

查尔斯·安德森 (Charles Anderson)
密西根州立大学

杰雷·康弗里 (Jere Confrey)
科内尔大学

谢里·德马斯特斯 (Sherry Demastes)
尤塔大学

凯思琳·费希尔 (Kathleen Fisher)
圣地亚哥州立大学

杰克·佛伦克尔 (Jack Fraenkel)
旧金山州立大学

巴厘·弗雷泽 (Barry Fraser)
克廷大学

多罗西·加贝尔 (Dorothy Gabel)
印地安那大学

詹姆斯·卡普特 (James Kaput)
马萨诸塞州达特默斯大学

戴维德·克斯纳 (David Kirshner)
露易斯安那州立大学

格洛丽亚·拉德森－比林斯 (Gloria Ladson-Billings)
威斯康星大学

诺尔曼·莱德曼 (Norman Lederman)

俄勒岗州立大学

马西亚 · 林 (Marcia Linn)
加利福尼亚州伯可利大学

马丽 · 乔 · 马吉－布朗 (Mary Jo Magee-Brown)
乔治亚大学

托马斯 · 龙贝 · 格 (Thomas Romberg)
威斯康星大学

罗宾 · 夏普 (Robin Sharp)
旧金山社区学院

詹姆斯 · 谢弗 (James Shaver)
尤塔州立大学

詹姆斯 · 伊曼斯基 (James Shymansky)
依何华大学

帕特里克 · 汤普森 (Patrick Thompson)
圣地亚哥州立大学

朱迪斯 · 托尼－帕特 (Judith Torney-Purta)
马里兰大学

詹姆斯 · 万德斯 (James Wandersee)
露易斯安那州立大学

詹姆斯 · 威特森 (James Whitson)
特拉华大学

拉里 · 约雷 (Larry Yore)
维多利亚大学

学校机构

罗伯特 · 多莫耶 (Robert Donmoyer)(协调员)
俄亥俄州立大学

拉里 · 库班 (Larry Cuban)
斯坦福大学

李克 · 利尔 (Rick Lear)
加利福尼亚州赛多纳高中

沙罗尔 · 谢克沙夫特 (Charol Shakeshaft)
霍夫斯特拉大学

西奥多 · 赛泽 (Theodore Sizer)
布朗大学

师资教育

詹姆斯 · 加尔弗 (James Gallagher)(协调员)
密西根州立大学

罗伯特 · 佛罗顿 (Robert Floden)(协调员)
密西根州立大学

马里 · 肯尼迪 (Mary Kennedy)(协调员)
密西根州立大学

查尔斯 · 安德森 (Charles Anderson)
密西根州立大学

阿方斯 · 巴特曼斯 (Alphonse Baartmans)
密西根理工大学

奥德里 · 桑帕涅 (Audrey Champagne)
SUNY 奥尔巴尼

唐纳德 · 德赖登 (Donald Dryden)
杜克大学

马西娅 · 费特尔 (Marcia Fetters)
北加利福尼亚州卡洛特大学

蒂莫西 · 戈德史密斯 (Timothy Goldsmith)
耶鲁大学

巴雷特 · 黑兹尔坦 (Barrett Hazeltine)
布朗大学

戈伦德 · 拉帕恩 (Glenda Lappan)
密西根州立大学

詹姆斯 · 莱策尔 (James Leitzel)
内布拉斯加州林肯大学

沃尔特 · 莫西 (Walter Massey)

加利福尼亚大学

威廉姆 · 麦克迪尔米德 (William McDiamid)
密西根州立大学

凯西琳 · 奥克斯 (Kathleen Ochs)
科罗拉多矿产学校

凯西琳 · 罗斯 (Kathleen Roth)
密西根州立大学

卡罗尔 · 斯托尔 (Carol Stoel)
美国高等教育协会

加里 · 赛克斯 (Gary Sykes)
密西根州立大学

肯尼斯 · 托宾 (Kenneth Tobin)
佛罗里达州立大学

西尔维亚 · 韦尔 (Sylvia Ware)
美国化学协会

肯尼斯 · 维尔森 (Kenneth Wilson)
俄亥俄州立大学

戴维德 · 翁 (David Wong)
密西根州立大学

蓝本报告评审者

这12个主题的每一主题方面的专家们对《蓝本》报告草稿进行了评审。此外,《蓝本》的其余的协调员们评审了这些草稿和报告中与他们擅长的领域有关的主题。“2061计划”草稿总结了这些评审者和协调员们的建议和评价意见,然后交给《蓝本》的协调员综合成《蓝本》的最后报告。这些专家们对这些报告的面世做出了关键性贡献。

评审

杰安 · 巴伦 (Joan Baron)
康涅狄格州教育部

保罗 · 布莱克 (Paul Black)
伦敦大学

罗尔福 · 布兰克 (Rolf Blank)
州立学校首席官员委员会

罗德尼 · 多兰 (Rodney Doran)
布法罗大学

里查德 · 杜斯克尔 (Richard Duschl)
皮兹堡大学

德鲁 · 吉托莫 (Drew Gitomer)
教育试验服务

玛丽 · 艾伦 · 哈默 (Mary Ellen Harmon)
波斯顿学院

纳 · 杰克逊 (Nan Jackson)
哈考特,布雷斯及公司

杰拉尔德 · 库尔穆 (Gerald Kulm)
德克萨斯 A 和 M 大学

杰伊 · 迈克泰伊 (Jay McTighe)
马里兰评审财团

约翰 · 李格登 (John Rigden)
美利坚物理学院

约翰 · 索罗门 (Joan Solomon)
牛津大学

艾丽斯 · 韦斯 (Iris Weiss)
霍里森研究公司

工商界

威廉姆 · 贝克 (William Baker)
AT&T 贝尔电话实验室(已退休)

爱德华 · 巴尔斯 (Edward Bales)
摩托罗拉公司

克利斯 · 克罗斯 (Chris Cross)
商业圆桌

威廉姆·琳德－斯库勒（William Linder-Scholer）
克雷研究

艾伦·麦克莱兰 （Alan McClelland）
特拉华科学联盟

卡洛·帕拉瓦诺 （Carlo Parravano）
默克科学教育学院

艾德温·普尔贝洛维茨（Edwin Przybylowicz）
伊斯特曼 柯达公司

米歇尔·蒂姆贝恩 （Michael Timpane）
哥伦比亚大学

西尔维亚·韦尔 （Sylvia Ware）
美利坚化学协会

课程联系

戈登·凯韦尔逊 （Gordon Cawelti）
课程改革联盟

阿瑟·艾丽斯 （Arthur Ellis）
西雅图太平洋大学

保拉·埃文斯 （Paula Evans）
布朗大学

戴维德·肯尼迪 （David Kennedy）
华盛顿州教育部

玛丽·汉森 （Mary Hanson）
国家科学基金协会

尤格涅·肯布尔（Eugenia Kemble）
美国教师联合会

约瑟夫·克拉依奇克（Joseph Krajcik）
密西根大学

玛丽·林奎斯特（Mary Lindquist）
哥伦布州立大学

朱迪斯·伦伊（Judith Renyi）
CHART

公正性
伯尼斯·安德森（Bernice Anderson）
教育试验服务

黛安娜·奥古斯特（Diane August）
国家研究委员会

雪莉·马尔科姆（Shirley Malcom）
美国科学进步协会

艾利斯·韦斯（Iris Weiss）
霍里森研究公司

家庭和社团

帕梅拉·巴克利（Pamela Buckley）
阿巴拉切亚教育实验室

乔伊斯·艾波斯坦（Joyce Epstein）
约翰霍普金斯大学

佩吉·努恩（Peggy Noone）
西北同辈人

米歇尔·韦布（Michael Webb）
国家大城市联合会

戴维德·威廉姆（David Williams）
西南教育发展实验室

财政

雅可布·亚当斯（Jacob Adams）
范德比尔特大学
帕特里克·加尔万（Patrick Galvin）
尤塔大学

斯蒂芬·雅克布森（Stephen Jacobson）
布法罗 SUNY

戴维德·穆贝利（David Moberly）
华盛顿州教育部

劳伦斯·皮克斯（Lawrence Picus）

南加利福尼亚大学

高等教育

艾尔弗雷德·博茨（Alfred Bortz）
迪凯纳大学

蒂莫西·戈德斯密斯（Timothy Goldsmith）
耶鲁大学

巴里特·赫兹尔蒂恩（Barrett Hazeltine）
布朗大学

艾丽斯·基欧（Alice Kehoe）
马夸特大学

朱迪思·基尔多 （Judith Kildow）
麻省理工学院

约翰·拉曼 （John Layman）
马里兰大学

勒鲁瓦·李 （Leroy Lee）
威斯康星科学院

詹姆斯·莱策尔 （James Leitzel）
林肯－内布拉斯加大学

敦肯·鲁斯 （Duncan Luce）
欧文－加利福尼亚大学

约翰·摩尔 （John Moore）
加利福尼亚伯克利大学

凯瑟琳·奥克斯 （Kathleen Ochs）
科罗拉多矿产学校
肯尼斯·威尔森（Kenneth Wilson）
俄亥俄州立大学

材料和技术

亨利·贝克 （Henry Becker）
加利福尼亚伯克利大学

加里·比特（Gary Bitter）
亚利桑那州立大学

丹尼尔·卡顿 （Daniel Caton）
安德森－威斯莱出版公司

詹姆斯·艾丽斯 （James Ellis）
生物科学课程研究

格雷戈里·杰克逊 （Gregory Jackson）
麻省理工学院

马西娅·林 （Marcia Linn）
加利福尼亚伯克利大学

戴维德·马卢夫 （David Malouf）
美国教育部

卡罗利·马楚莫托（Carolee Matsumoto）
教育发展中心

乔伊斯·迈克劳德 （Joyce McLeod）
数学、科学和卫生

戴维德·莫里森（David Morrisson）
西北地区实验室

戴维德·穆森德 （David Moursund）
俄勒岗大学

卡里·斯奈德 （Cary Sneider）
劳伦斯科学厅

赫伯特·蒂尔 （Herbert Thier）
劳伦斯科学厅

政策

彻里·雅各布斯 （Cherry Jacobus）
古德维尔工业公司

弗罗雷塔·迈克肯齐（Floretta McKenzie）
迈克肯齐集团

托马斯·香农 （Thomas Shannon）
国家学校校董协会

米歇尔 · 尤斯丹 （Michael Usdan）
教育领导学院

学校机构组织

维多利亚 · 博伊德（Victoria Boyd）
西南教育发展实验室

卡尔 · 格里克曼（Carl Glickman）
乔治亚大学

弗里德 · 纽曼 （Fred Newmann）
学校组织机构与改组国家中心

罗伯特 · 斯莱温 （Robert Slavin）
约翰霍普金斯大学

戴维德 · 朱克曼（David Zuckerman）
NCREST

师资教育

桑德拉 · 埃布尔（Sandra Abell）
帕杜大学

琼 · 迪伊（Joan Duea）
北依阿华大学

詹姆斯 · 盖茨 （James Gates）
数学教师全国委员会

约翰 · 拉曼（John Layman）
马里兰大学

沙伦 · 林奇（Sharon Lynch）
乔治华盛顿大学

谢里尔 · 梅森（Cheryl Mason）
圣地亚哥州立大学

莉莲 · 迈克德莫特（Lillian McDermott）
华盛顿大学

帕特里夏 · 迈克韦西（Patricia McWethy）
生物学教师全国协会

凯瑟琳 · 奥沙利文（Kathleen O' Sullivan）
旧金山州立大学

阿尔伯特 · 尚克尔（Albert Shanker）
美国教师联合会

巴巴拉 · 斯佩克特（Barbara Spector）
南佛罗里达大学

肯德尔 · 斯塔克韦瑟 （Kendall Starkweather）
国际技术教育协会

卡罗尔 · 斯蒂瑟（Carol Stuessy）
德克萨斯 A & M 大学

顾问

斯坦福大学的迈克尔 · 基斯特（Michael Kirst）和伍德赛德研究财团的斯蒂夫 · 施奈德（Steve Schneider）肩负准备《蓝本》报告总结之重任，以帮助“2061 计划”的成员写成关于这些主题的各章的文章。知识转移学院的罗恩 · 哈佛洛克（Ron Havelock）和米歇尔 · 休伯曼（Michael Huberman）肩负准备讨论《蓝本》读者的论文，和就如何将这项工作与“2061 计划”的其他工作联系起来提出建设性意见的使命。这些顾问们帮助将精力集中在《蓝本》的各项工作上，并将这些报告中最重要的思想和见地归纳综合起来。

对各章的评审

“2061 计划”的全体成员编写了这些报告的总结，力图在格式和语言上增加其一致性，写出了《蓝本》一书当前各章的草稿。这些草稿送呈数百人评审，他们代表了教育、科学、商业和顾客社团等方方面面的意见。许多评审者通过电话或者电子邮件表达了他们的想法和意见。有些评审是正式的书面意见，还有许多是非正式的建议。他们对《蓝本》一书的构想提出了敏锐的反应，并对总结文章进行了修改。这些都十分宝贵。

评审会议

1996年夏天举行了三次工作会议，向"2061计划"的全体成员介绍了外部的评论，讨论了某些具体题目，并对将来 的工作提出了建议。每一次会议的与会者中都有协调员、或者编写《蓝本》一书初始报告的作者，以及各州和各学校中潜在读者的代表。参加工作会议的下述人员对最后的定稿工作给予了极大的帮助。

马丁·阿普尔 (Martin Apple)
科学协会主席委员会

帕特·巴斯 (Patte Barth)
基础教育委员会

米歇尔·巴蒂斯塔 (Michael Battista)
肯特州立大学

沙伦·伯尔斯特 (Sharon Bolster)
亚利桑那州教育部

阿方斯·布奇诺 (Alphonse Buccino)
临时通信

华尼塔·克莱·钱伯斯(Juanita Clay Chambers)
底特律公立学校

希尔达·克雷斯伯(Hilda Crespo)
ASPIRA

罗伯特·当莫耶 (Robert Donmoyer)
俄亥俄州立大学

玛格丽特·达彻 (Margaret Dutcher)
密西根教育部
约翰·埃格布雷希特 (John Eggebrecht)
伊利诺斯数学和科学院

约瑟夫·埃克林 (Joseph Exline)
科学教育顾问

约翰·法克勒 (John Fackler)
德克萨斯A & M大学

詹姆斯·加拉格尔 (James Gallagher)
密西根州立大学

伊娃·加维兰 (Eva Gavillan)
美国科学进步协会

约兰达·乔治 (Yolanda George)
美国科学进步协会

罗恩·古德 (Ron Good)
鲁易斯安那州立大学

戴维德·赫尔 (David Hill)
德克萨斯州奥斯汀大学

阿兰·霍夫迈斯特 (Alan Hofmeister)
尤塔州立大学

特里西亚·克尔 (Tricia Kerr)
肯塔基州教育部

沙伦·林奇 (Sharon Lynch)
乔治华盛顿大学

詹姆斯·莱特尔 (James Lytle)
费拉德尔菲亚公立学校

玛丽娅·迈克－迈耶 (Maria Mike-Mayer)
德克萨科公司

阿尔玛·米勒 (Alma Miller)
哥伦比亚公立学校学区

戴维德·蒙克 (David Monk)
康奈尔大学

西格林·纽威尔 (Sigrin Newell)
纽约州立系统学院

阿丽西娅·帕拉 (Alicia Parra)
艾尔 帕拉公立学校

克里斯托弗·佩里 (Christopher Perry)
佩里联合公司

约瑟夫·皮特斯 (Joseph Peters)

西佛罗里达大学

卡罗琳·普雷斯科特（Carolyn Prescott）
职业研究与发展中心

约翰·鲁斯尔（John Russell）
马萨诸塞州达特默斯大学

琳达·桑德－格斯特（Linda Sand–Guest）
科罗拉多师资教育联合会

尼赫迈亚·斯密斯（Nehemiah Smith）
州长工作组成员，北卡罗林那州学校董事会联合会前主席

里查德·沃尔克（Richard Walker）
伊利诺斯州教育董事会

帕特里西娅·瓦茨（Patricia Watts）
东北路易斯安纳大学

万达·怀特（Wanda White）
乔治亚大学

詹姆斯·楚恩（James Zuhn）
德克萨斯A & M大学

设计

里日·克拉克(Liz Clark)和约翰·伊斯里(John Isely）伊斯里和／或者克拉克设计公司

生产

图表／制作：
格里特舍恩 马克思威尔公司

封面艺术制作：
凯斯琳·科尔（Kathleen Cole）

总制作：

卡罗尔·哈迪(Carol Hardy)
405 制作室

艺术研究

斯蒂夫钻石公司

美术品来源

第XIV页：哈雷彗星
奇利（Chile）1985年3月摄自智利的拉斯坎帕尼亚斯天文台

第XVII页：查尔斯·席勒（Charles Sheeler），敞开大门（*The Open Door*），1932.
都市艺术博物馆
(The Metropoliton Museum of Art.)
收藏者：艾德斯（Edith） 和
密尔顿 劳文斯
(Milton Lowenthal).
艾德斯 艾布拉姆森 劳文斯
(Edith Abramson
Lowenthal）的遗物，1991
(1992:24.7)

第106页：作者 Paul Klee，*der gefundene Ausweg*
找到了出路
(*The Way Out Discovered*)，1935.
瑞士私人收藏，© 1998
出版商：(ARS，New York）

第200页：戴维·史密斯（David Smith），
立方体 I （Cubi I），1963.
底特律艺术学院，基金协会购买，
特殊购买基金。照片
出版：底特律艺术学院
Detroit Institute of Arts,
Founders Society Purchase,
Special Purchase
Fund. Photograph
© 1996 The Detroit
Institute of Arts.

参加《蓝本》一书工作的人数极多，难以一一列出。谨向所有参加本书工作但未列出名字的人们就他们对本书的宝贵贡献一并致谢。

索引

(括号中数字为中文版章序号)

后　记

“2061 计划”丛书的翻译出版是中国科学技术协会与美国科学促进协会（American Association for the Advancement of Science）的合作项目之一，旨在促进中美双方在科学教育领域的交流与合作。“2061 计划”在美国以及西方发达国家的未来教育发展战略中具有极高的影响和地位。因此，将“2061 计划”内容系统地介绍给我国科技教育工作者及广大读者，对我国科技教育体制的改革将具有一定的借鉴意义。

科学普及出版社从牛津大学出版社购买了“2061 计划”丛书的中文出版权。美国科学促进协会也惟一授权中国科学技术协会所属的科学普及出版社出版美国“2061 计划”全部中文版图书。我们首批推出的“2061 计划”中文版核心著作有：《面向全体美国人的科学》、《科学素养的基准》和《科学教育改革的蓝本》。这三本“2061 计划”的核心著作中文版的出版将会对我国科技界、教育界以及所有关心教育改革的各界人士了解发达国家科技教育的最新理念和实施方案有所助益。

为了便于广大读者尽可能全面、系统地了解“2061 计划”丛书的整体面貌，我们在编译时尽可能保留了原书的体系、构思、观点、风格和特色。由于本书内容丰富，涉及的领域比较广泛，著者的风格、写法又各异，再加上东西方思想、认识、看法、观点上的差异及编译者的水平，虽然在编译前有一定的约定和要求，但难免有不妥之处，仅供读者参考，同时也恳请读者不吝指正。

“2061 计划”中文版图书的出版得到了全国人大常委会副委员长、中国科学技术协会主席周光召院士和许多著名科学家的关心、支持和指导。中国科学技术协会副主席、党组书记、书记处第一书记张玉台教授首先倡导将此书翻译出版介绍给中国读者，并为本书撰写了序言；中国科学技术协会副主席、中国工程院院士胡启恒及中国科学技术协会党组副书记、书记处书记徐善衍在本书的出版工作中给予了许多指导和帮助；著名科学家和教育家、清华大学校长王大中院士，南开大学原校长母国光院士，中国科学技术大学校长朱清时院士，北京大学校长许智宏院士，复旦大学原校长、现英国诺丁汉大学校长杨福家院士，国家自然科学基金委员会主任陈佳洱院士欣然担任本书系指导委员会成员，在此谨向他们表示衷心的感谢。

我们还要感谢美国科学促进协会“2061计划”主任乔治·尼尔森先生、前主任詹姆斯·卢瑟福先生，他们为该套丛书能在中国出版给予了大力支持，尼尔森先生还专门为中文版写了序言。我们还要感谢“2061计划”联络主任玛丽·考帕尔女士，她为该套丛书中文版的出版做了许多工作；感谢牛津大学出版社（纽约）版权部经理凯瑟琳·丽弗利女士在版权交易中所做出的合作和努力。

编译者

2000年12月

美国科学促进协会 是世界主要的科学团体之一，拥有14万多名会员和近300个科学、工程学、数学研究社团和科研院所。

“2061计划” 是美国科学促进协会实施的一个长期项目，旨在改革从幼儿园到12年级（十二年级相当于中国的高中三年级——译者注）的自然、社会科学、数学和技术的教育。从1985年起，该计划编制了一系列方案，用以帮助地方、州和国家的教育工作者重新设计上述领域的课程，并推动这些课程的顺利实施。本书阐述了教育的12个方面需要做出的变革，并提供了每一方面的概况及未来改革的诸多建议。“2061计划”的各个出版物之间是相互关联的，将用于规划改革。